관계 수업

관계 수업

성 상담사 치아(治我) 지음

책들의정원

프롤로그

세상에서 가장 완벽한 능력을 갖춘 남자와 여자

1.

처녀막은 성관계 또는 다양한 외부자극을 통해 유실되는 내 몸의 일부일 뿐입니다. 성관계가 없음을 타인에게 증명하는 도구로 사용하라고 내 몸에 부여된 것도 아니고, 그것이 손상될까 봐 조심해서 행동해야 하는 무엇도 아닙니다. 물론 그것을 지키고 증명도구로도 사용하고 싶은 것이 본인의 강한 신념이라면 존중하는 게 맞지만, 그저 막연하게 주입된 상식으로 그런 생각을 하고 계신 거라면 이 기회에 한번 돌아보시면 좋을 것 같습니다. 그것이 정말 내 의지와 철학으로 만든 나만의 신념인지 말입니다.

2.

많은 남편분이 오해하시는 것이 하나 있습니다. 남편도 밖에서 일하고 아내도 집에서 일하니 일의 절대량은 비슷할 테고, 그러니 설사 집안일을 도와주지 않는다고 해도 공평한 것이며, 만약 남자가 집안일을 도와준다면 오히려 고마워해야 할 일이라는 생각입니다. 물론 고마운 것은 맞습니다. 다만, 아내분이 정말로 원하는 것은 단지 집안일을 분담하는 것만은 아니라는 사실을 많은 남편분은 모릅니다. 남편분은 밖에서 친구, 동료 들과 많은 인간적 관계를 맺고 살아갑니다. 하지만, 대개 아내분들은 집에서 일과 아이 외에는 인간적 관계를 맺을 방법이 없습니다. 따라서 그런 아내분의 커뮤니케이션에 대한 욕구는 가장 가까운 남편을 향해 표출되기 마련입니다. 나를 있는 그대로 이해하고 가장 나와 소통해줄 수 있는 사람은 바로 남편이니까요. 그렇게 아내는 남편과 커뮤니케이션하기 위해, 설레는 기대를 가지고 남편에게 집안일을 도와 달라고 요청합니다. 하지만, 남편에 대한 그 기대가 실망으로 바뀌는 순간, 아내의 욕구는 분노로 변하게 됩니다.

3.
　본인이 생각하기에 '사소한' 잘못을 했다고 생각하는 남편분은 때로, 아내분이 그것으로 격하게 화를 낼 때마다, '이게 그렇게 화낼 일인가?'하고 당황해 합니다. 남편은 그렇게 아내의 분노에 어이없어하고, 아내는 그렇게 별거 아니라고 생각하는 남편에게 더 화가 납니다. 남편분이 아내분의 그 '화'의 내면에는 그 사건과 무관한 근본적인 원인이 있는 것일지도 모른다는 사실을 알았다면 그렇게 다툼이 커지면서 상대의 감정에 상처주지 않았을지도 모릅니다. 아내분은, 남편분이 보여준 그 '사소한' 잘못 때문에 그만큼 화가 났던 것이 아니라, 평소에 쌓여 있던 불만과 화가 그 잘못을 계기로 터진 것일 가능성이 큽니다. 바꿔 말하면 남편분은 그 잘못이 얼마나 사소한 것인지를 아내에게 이해시키거나, '내가 무슨 잘못을 한 거지?' 하고 억울해하시기보다는, 아내분이 우울해하거나 평소에 분노를 느끼는 이유가 무엇인지 진심으로 들어보려고 노력하고, 내가 어떻게 행동하면 평소에 아내의 우울과 분노를 조금이라도 덜어줄 수 있을까? 를 고민하셔야 합니다. 하다못해 단순히 아내분의 이야기를 들어주는 것만으로도 아내분의 화는 순식간에 가라앉습니다. 정말 '지금 알고 있는 것을 그때도 알았더라면' 하고 생각하게 되는 순간입니다.

'관계'만으로도 이렇지만, '성(性)'이라는 소재로 더 깊이 들어가 보면 우리가 가진 편견은 놀라울 만큼 더 어이없습니다.

4.

많은 남성은, 어릴 때부터 보아온 야동의 덕분(?)으로, 여성도 남성만큼 24시간 항상 마음속에 성욕이 가득하며, 뽀뽀나 가슴을 주무르기만 해도 신음하며 하반신이 젖고, 남성의 음경이 여성의 몸에 들어가기만 하면 여성은 무조건 오르가슴으로 충만할 거로 생각합니다. 절대 잘못 알고 있는 남성을 욕해서는 안 됩니다. 자라면서 유일하게 성관계의 쾌락과 즐거움을 가르쳐주신 야동 선생님께서 그렇게 알려주셨기 때문이니까요.

5.

청소년기. 우연히 접하게 된 '자위'는 나를 짜릿하고 즐겁고 행복하게 하지만, 왠지 이건 나쁜 짓이라는 생각을 하며 항상 죄책감에 시달려야 했고, 자위를 많이 하면 성기의 겉모습이 왜곡되거나 색이 변한다는 걱정에 시달려야 했습니다. 생각해보면, 지금 내 음경이나 소음순은 10년 전에도 같은 모양과 색이었는데 말입니다.

6.

'성(性)'은 왠지 숨겨야 할 것 같은 어색한 소재라, 누군가 성에 관해 진지한 대화라도 시작하면 어찌할 줄 모르는 사람들은, 일부러 과장되게 웃으며 목청 높여 음담패설을 이야기하거나 손사래를 치기 시작합니다. 가족끼리 보고 있던 TV에서 키스장면이나 베드신이라도 나오면 아빠는 헛기침하고 엄마는 과일 가지러 주방으로 가며 아이들은 온몸을 긴장한 채 이러지도 저러지도 못하고 앉아 있습니다. 도대체 이런 분위기에서 '마음껏 내 감정을 표현하는 건강한 성'을 이야기하는 게 가능하긴 한 건가요?

7.
남편은 결혼해서도 아내 몰래 야동을 보고, 그 사실을 알게 된 아내는 경악합니다. 야동시청이 남성에게 얼마나 일상적인 행위인지 알지 못하니, '나에 대한 사랑이 식었다.'라거나 '더는 나를 여자로 보지 않는다.'라고 생각하는 것입니다. 그런 말을 하는 아내를 바라보는 남편의 속은 새까맣게 타들어갑니다. '그게 아니라고~~!' 또, 일부 남성은 성욕을 해결하기 위해 성매매를 하지만, 그것이 얼마나 허탈하고 왜곡된 방법이며, 여자친구와 아내와의 성관계가 천 배 만 배쯤 더 행복하고 즐거울 수 있다는 것을 모릅니다. 밤마다 여자친구와 아내와의 성관계를 통해 미칠 만큼 행복해질 수 있는 바로 그 방법을 모르니까요.

8.

어느 날 갑자기 찾아온 조루와 발기부전에 자존심이 상할 만큼 상한 남성은, 폭풍처럼 인터넷 검색창을 두드리고, 돈 한 푼 안 들이고도 스스로 노력해서 개선할 수 있는 방법이 있는데도, 엄한 곳을 바라보며 이것저것 안 해보는 것이 없습니다. 돈도 사라지고, 때로는 건강도 사라지고, 여자친구와 아내도 사라지고, 무엇보다 인생 전체가 그렇게 점점 망가져 갑니다.

그렇게 대한민국의 남성과 여성은, 서로에 대해 제대로 알지도 못한 채, 결혼하고, 다투고, 섹스리스로 들어서면서 점점 외로워하다가, 외도하고, 이혼하게 됩니다.

대한민국에서 여성으로 살아가면서 겪는 성적경험이 얼마나 괴로운지, 남자 대부분은 모릅니다. 그녀들이 학생 때 너무나 흔하게 마주치는 바바리맨이나, 손을 바지에 넣은 채 내 방 창문을 바라보고 있는 이웃집 남자, 대중교통에서, 내 몸을 더듬거리는 소름 끼치는 손들과 어두운 골목 으슥한 구석에서 음경을 내어 놓고 그녀를 바라보며 자위에 몰입하고 있는 악마의 눈과 마주칠 때의 그 더러운 기분을 말입니다. 그런 주제를 담은 영상들이 야동이라는 이름으로 인터넷을 돌아다니며 쾌락이라는 목적으로 자유롭게 소비되는 이 땅에서 남성은 절대로 여성의 고통을 이해할 수 없습니다.

　대한민국에서 남성으로 살아가면서 겪는 성적경험 또한 그다지 즐겁지는 않습니다. 애무를 못한다고, 섹스를 너무 빨리 끝낸다고 구박받지만, 도대체 그럼 어떡해야 하는지도 모르겠고, 딱히 배울 수 있는 곳도 없습니다. 그래도 꾹 참고 여기저기 만져주며 오늘은 길게 애무해보려고 노력하지만, 아무리 애무해도 아무 느낌이 없는지, 천장만 멀뚱멀뚱 바라보고 누워 있는 여자를 보면 식은땀까지 납니다. 그럼 도대체 어디를 어떻게 만져주면 되는 건지 알려주던가, 알아서 해주기만을 바라는 것도 답답하고. 기분 좋은 곳을 모르는 내가 잘못된 건지, 어디를 만져도 반응 없는 여자가 잘못된 건지도 모르겠습니다. 성욕을 참지 못하고 연인에게, 아내에게, 달려들기라도 할라치면 짐승이라고 비난하며 거부만 당하고. 그러다가 생겨버리는 조루와 발기부전에, 자존심은 절벽으로 곤두박질치게 됩니다.

　하지만, 이 모든 것은 우리의 잘못이 아닙니다. 그것은 제대로 된 성지식을 배우고 익힐 수 없었던, 숨 막히게 닫혀만 있던 이 사회의 분위기 탓일 것입니다. 그리고 이제는 조금씩 바꿔 나가야 합니다. 그저 성관계 횟수만 늘리거나 첫 경험의 연령대가 낮아진다는 것이 '건강한 성'을 말해주는 것은 아니기 때문입니다.

　이 책에는 섹스와 관련되어 여러분이 알고 계신 잘못된 상식을 바꾸어줄 수많은 놀라운 정보와 현재 고민하고 힘들어하고 계신 성적 문제를 해결할 수 있는 다양하고 구체적인 방법들이 담겨 있습니다. 굳이 1장부터 순서대로 읽어나가지 않아도 상관없습니다. 내가 지금 가장 궁금한 부분부터 펼치고 읽어보시면 큰 도움이 되실 거라 믿습니다.

　다만, 각 챕터를 읽을 때 주의하셨으면 하는 것이 하나 있습니다. 모든 챕터의 시작은 구체적인 해결방법을 알려주기 전에, 그 소재에 대한 원리와 배경지식을 알 수 있는 이야기로 시작합니다. 읽다 보면 어려워서, 또는 이게 무슨 필요가 있을까 싶어서 뛰어넘어 바로 방법론으로 들어가려고 하는 분도 계실지 모르죠. 하지만, 우리가 건강한 섹스를 하지 못하고, 발기부전이나 조루, 불감증에 시달리며, 오르가슴을 제대로 느껴보지 못하는 가장 큰 이유가 바로 여기에 있습니다. '근본적인 원인과 이유'는 대개 골치 아프니, 우린 그저 '방법'이나 알려고 합니다. 수많은 책이나 언론에서도 다짜고짜 이렇게 하면 된다는 '방법론'으로 바로 들어가 버리죠. 길거나 어려우면 흥행이 안 되기 때문입니다. 하지만, 조금 골치 아프더라도 원인과 이유를 알면 더 빠르고 확실하게 문제를 해결할 수 있습니다. 왜냐하면, 만약 배운 어떤 방법이 내게는 먹히지 않더라도, 그 원인과 이유를 알고 있다면, 같은 원리의 다른 방법을 찾아 적용해보거나 그 방법의 응용을 스스로 적용해볼 수도 있기 때문입니다. 앞으로 읽으시게 될 이 책의 모든 소재는 그렇게 개념부터 이해하고 방법을 말하는 방식으로 전개될 것입니다. 이 책의 모든 정보를 뇌에 담고 침대로 향하시기 바랍니다. 적어도 침대에서는 어느덧 세상에서 가장 완벽한 능력을 갖춘 남자와 여자가 되어 계실 거라 믿습니다.

마지막으로, 건강한 성에 대한 이야기들은, 자칫 해부학 원서의 내용처럼 지루하고 재미없게 생각될지 모르지만, 실제로는 짜릿하고 흥미로울 뿐만 아니라 실전에서 큰 힘을 발휘하기도 합니다.

[섹스, 오래 할 수 있습니다.]

[자위, 무조건 많이 하세요.]

[조루와 발기부전에 돈 쓰지 마세요.]

[음경, 수술 없이도 커질 수 있습니다.]

[체위, 다양할 필요 없습니다.]

[오르가슴은 누구나 느낄 수 있습니다.]

[클리토리스는 당신 손바닥만큼 큽니다.]

[여자도 사정하는 거 아세요?]

[애무, 잘하는 법은 따로 있습니다.]

함께 확인해보시죠. 그리고 당장, 연인과 함께, 또 부부끼리 경험해보자고요. 도대체 얼마나 큰 변화가 올 수 있는지 말입니다. 작은 울림이 큰 변화를 만든다는 진리를 믿습니다.

성 상담사 치아(治我) 올림

Contents

프롤로그_ 세상에서 가장 완벽한 능력을 갖춘 남자와 여자 • 4

<여성> 편

알면 알수록, 보면 볼수록, 만지면 만질수록 - 불감증 • 18

남자는 오직 '명기'를 원한다 - 명기 • 48

죽(을 때까지 못 느끼)거나 혹은 느끼거나 - 오르가슴 • 72

여자도 할까? - 사정 • 100

<남성> 편

꽃보다 남자, 밥보다 자위 - 자위 • 114

당당하게 고개부터 들어 올리자 - 발기부전 • 124

당신의 잘못이 아닙니다 - 조루 • 152

노력하는 남자(의 거기)가 더욱 아름답다 - 음경 • 180

체력은 국력? 체력은 정력! - 정력 • 202

<연인과 부부> 편

토끼보다 빠른 남자, 거북이보다 느린 여자 - 섹스시간 • 230

미치도록 부드럽게, 미치도록 따뜻하게 - 애무 • 248

쉬운 것부터 차근차근 - 체위 • 306

섹스리스는 고칠 수 있는 병(病)이다 - 섹스리스 • 326

<여성>편

○ 알면 알수록, 보면 볼수록, 만지면 만질수록

불 감 증

Q 불감증이 무척 심각합니다

이십 대 여성입니다. 오래전부터 남자친구랑 교제할 때 섹스를 시도해봤는데 실패하고 그 뒤로도 연애를 항상 해왔는데 매번 실패했습니다. 전엔 그래도 사랑하면 됐지 했는데 지금은 너무 답답합니다. 시대가 바뀐 만큼 성생활도 하면서 순탄하게 연애하고 싶은데 공포증이 너무 심해서 손도 대지 못하게 할 정도예요. 강압적으로 삽입을 시도해보기도 했지만 조금만 들어오는 느낌이 들어도 아파서 심하게 비명을 지르게 되고 다리에 힘이 잔뜩 들어가 삽입이 제대로 되지 않아요. 남자친구를 충분히 믿는데도 그래요. 물론 애무해도 큰 쾌감은 없습니다. 그것 때문에 그런 걸까요?

저는 제 처녀막을 거울로 확인했어요. 병원도 가봤는데 좀 도톰한 편이라고 하고 질 구멍도 엄청 희미하게 보이는데 그걸 알게 되면서 더 겁먹은 거 같기도 하고 좀 심각해요. 진짜, 어떻게 해야 하나요. 남자친구도 잘 안 들어간다고 못 넣겠다고 하고… 저는 호기심도 많고 정말 성관계를 하고 싶은데 겁이 호기심을 이겨버려요. 기다려보는 것 말고 방법이 없을까요?

사연을 주신 내용은 전문적인 의학용어로
'질경련'이라고 합니다.

질경련은 음경이 아니더라도, 어떤 것이든 질 입구로 들어오려고 하면 질 입구가 단단하게 수축하면서 삽입할 수 없는 상태가 되는 증상을 말합니다. 반복적이 아니더라도 경험해본 여성이 15% 이상이나 되는 제법 흔한 성 장애입니다. 고소공포증이나 폐소공포증처럼 특정대상이나 상황에 대해서만 발생하는 포비아(공포증)의 일종인데, 삽입에 대한 공포가 주된 원인입니다.

포비아는 개인의 경험과는 관계있어도, 능력과는 아무 상관이 없습니다. 그런 경험이 절대 사연 주신 분의 잘못도 아니며 다른 이들보다 무언가 부족해서도 아닙니다. 누구는 허리가 길지만 누구는 다리가 길고, 누구는 여드름이 많은데 누구는 매끈한 피부를 가진 것처럼 그저 남과 조금 다른 모습이나 성향을 가지고 계신 것뿐이죠.

굳이 이런 이야기를 길게 드리는 이유는, 질경련은 흔한 성 장애임에도 많은 여성분들이 잘못된 지식으로 인해 자신의 몸과 성향에 대해 자학하면서 증세를 더욱 악화시키기 때문입니다. (생각만으로도 병을 낫게 하는 플라시보 효과를 적용한다면) 사소하게 생각하고 가볍게 여기시는 것이 좋으며, 실제로도 절대 심각한 장애가 아니랍니다.

   증상이 가볍다면 얼마든지 혼자서 치료할 수 있습니다. 인간은 원초적으로, 경험해보지 않은 것에 대한 공포가 있습니다. 다만 어떤 분은 쉽게 이겨내거나 운 좋게 인지도 못한 채 넘어가는 반면 어떤 분은 그 공포가 남보다 강하게 생각을 지배하는 것뿐입니다. 해결방법은 간단합니다. 조금씩 약하게 경험해서 공포의 강도를 줄여나가는 것입니다.

   눈을 감고 상상을 해보세요. 본인이 생각하기에 가장 따뜻하고 아름다우며 조용하고 평화로운 곳을 찾아가 바닥에 편안하게 눕습니다. 이어폰을 귀에 꽂고 치유를 위한 앱을 실행하면 더욱 좋습니다. (ex. calm) 그렇게 편안하게 누운 상태에서 역시 상상으로, 옷을 모두 벗고 다리를 약간 벌립니다. 잠시 후, 아주 가늘고 부드러운 무언가가 질 입구를 통해 내 몸속으로 들어오는 것을 상상하십시오. 무척 부드러워서 들어오는 느낌만으로도 기분이 좋아지는 것을 오랜 시간 충분히 느끼시면 좋습니다. 하루에 한 번씩 최소 한 달 이상, 이렇게 상상 속에서 조금씩 크기를 키우고 강도를 단단하게 하다 보면 (물론 같은 크기와 강도라면 하루에 여러 번 좋은 기분을 느끼셔도 좋습니다.) 어느 순간 실제로도 외부 삽입에 대한 몸의 반응이 많이 약해져 있음을 느끼시게 될 것입니다.

   물론 효과가 없다 해도 전혀 실망하실 필요가 없습니다. 돈이 조금 더 들 뿐 치료는 문제없으니까요. 산부인과 또는 여성전문 비뇨기과는 통상 질경련을 포함한 다양한 성교통 치료를 위한 별도의 클리닉을 운영하고 있으며 여자 의사 분들이 진료를 보시는 곳도 많습니다. 아무래도 혼자 진행하시는 것보다는 의료진의 도움을 받아 클리닉에서 전문적인 방법으로 조금씩 통증 역치(느낄 수 있는 최소한의 고통)를 높이는 치료를 받으시는 것이 좋을 수도 있습니다. 이렇게 하시면 대개는 3개월 이내에 증상이 호전된다고 합니다.

  더불어 증상이 조금씩 나아지기 시작하면 내 몸이 더 많은 것을 느끼고 경험할 수 있도록 불감증 극복 프로그램을 시작하는 것을 권해 드립니다. 몸이 느끼기 시작하고, 공포가 극복되기 시작하면 정말 새로운 세상이 시작될 것입니다.

성 상담사 치아 드림

개념

여성은 남성과 다르게 성감개발이 늦는 분들이 꽤 있습니다. 첫 경험부터 흥분하면서 오르가슴을 느끼는 여자분들은 매우 적은 편이죠. 여성의 성적표현을 억압하는 사회적 분위기와 가정교육, 종교, 그리고 자위에 대한 편견 등이 복합적으로 작용하기 때문입니다. 그러면서 '불감증'이라는 단어는 자연스럽게 '여성'이라는 단어와 어울리게 되었습니다. 물론 '남성 불감증'이 없는 것은 아니지만 청소년기부터 자위에 익숙하고 성적표현에 대한 억압을 상대적으로 덜 느끼고 자란 남성의 불감증 비율은 매우 낮습니다. 다시 말하면 여성을 힘들게 하는 불감증은 여성의 특성이 아니라 사회와 역사가 만들어낸 비극이라는 뜻입니다. 그리고 이 비극은 여성뿐만 아니라 남성의 불행도 함께 만들어내고 있습니다.

일반적으로 20대 여성은 섹스 행위 자체보다 남자를 사랑하는 상황에 몰입한다고 합니다. 흥분하고 가슴이 설레지만, 그건 섹스 자체보다는 사랑 때문이라는 거죠. 성(性) 학자 중에는 이런 경향을 남녀의 신체구조 또는 정신구조의 차이 때문이라고 말하는 사람들도 있습니다. 화성인과 금성인의 차이처럼 말입니다. 하지만 정말 그런 이유 때문일까요?

물론 아직 섹스에 익숙하지 않은 여성의 몸은 성교통도 잦고 간혹 느낌이 없을 때도 있으며, 몸 자체가 심각하게 삽입을 거부하기도 합니다. 실제로 섹스를 원하는 쪽도 주로 남자입니다. 하지만 분명히 성욕이 강한 여성은 존재하며, 이분들은 대개 자라면서 자유롭게 자위를 경험하고 성욕을 표현하는 데 큰 제약도 없었으며 쾌락은 즐겁고 행복한 것이라고 믿으며 성장하였습니다. 비록 20대에는 강한 성욕을 느끼지 못했더라도 나이가 들고 섹스에 대한 경험이 쌓이면서 몸이 열리고 적응하며 성감이 개발되어, 어느 순간부터는 짧은 애무에도 쉽게 흥분하는 단련된(?) 몸으로 강하게 성욕을 표현하는 여성도 꽤 많습니다.

시작부터 굳이 이런 이야기를 길게 하는 이유를 눈치채셨나요? 맞습니다. 불감증은 결코 타고났거나 내가 남과 다르게 특별한 몸을 가진 것이 아니라 사회적으로 그렇게 만들어진 가치관에 불과하다는 점을 강조하고 싶어서입니다. 즉, 불감증은 질병이 아닙니다. 약물이나 수술 등으로 해결하지 않아도 심리치료와 신체단련으로 얼마든지 더 좋은 방향으로 회복할 수 있는 '상태'일 뿐입니다.

지금 성교통이 느껴지거나 오르가슴에 이르지 못한다고 불감증인 것도 아닙니다. 나이가 젊다면 앞으로 많은 경험 속에서 조금씩 몸이 열리게 됩니다. 결혼해서 아이까지 있는 상태라면 오히려 더 쉽게 개발하고 단련함으로써 잘 느낄 수 있게 되실 겁니다.

하지만 자본주의 사회의 상업성은 불감증을 가만두지 않습니다. 기가 막힌 돈벌이 대상이죠. "불감증? 그거 완벽하게 치료해서 행복하게 해줄게. 그러니 돈 내놔." 매일 이런 메시지가 인터넷을 돌아다니며 무차별 폭격을 가하고 있습니다.

"현재 불감증이 사회적으로 큰 문제입니다. 행복한 부부관계의 가장 큰 적이죠. 불감증의 원인은 넓어진 질에 있습니다. 질 성형이나 예쁜이수술, 또는 우리가 파는 기구로 해결할 수 있습니다. 행복해지는 지름길, 어서 서두르세요.~"

질 성형이나 예쁜이수술의 가치를 깎아내리고 싶지는 않습니다. 기구도 효과가 전혀 없다고 말할 수 없습니다. 질의 탄력이 부족해서 성감이 떨어지거나 질액의 분비가 적어서 통증을 느끼는 증상은 분명히 불감증에 영향을 줄 수 있기 때문입니다. 어떤 증상에서는 분명히 수술이 도움이 되고 기구를 쓰고 효과를 본 분도 있습니다. 질 입구를 조이면 음경이 왕복운동 중에 조이는 느낌을 더 받게 되어 이전보다 잘 느낄 수 있고, 마찰면적이 넓어지니 아무래도 여성 본인도 더 느낌이 좋은 건 사실일 것입니다.

하지만 질 탄력 부족이 불감증 원인의 전부는 아닙니다. 극히 일부일 뿐이죠. 따라서 완벽한 해결책이 될 수는 없습니다. 또한 모든 이에게 적용될 수도 없습니다. 그럼에도 마치 그것들이 불감증 극복의 전부인 것처럼 과장광고로 홍보하고 유혹하는 이유는 그렇게 과장해도 속아 넘어오기 때문입니다. 그만큼 불감증을 겪는 분들의 심리는 유리처럼 약한 상태입니다. 어딘가에 기대고 싶고, 지푸라기라도 잡고 싶은 심정이라는 뜻입니다. 도대체 불감증이 뭐라고 사람들은 그렇게까지 강한 집착을 보이는 걸까요?

불감(不感)은 한자입니다. 아닐 불, 느낄 감. 느끼지 못한다는 뜻입니다. 성적인 자극에 민감하게 반응하지 못하여 성적흥분상태에 이르지 못하는 것을 불감증이라고 합니다. 자극을 느끼지 못하면 성적인 자극과 관련된 일련의 행동들이 모두 재미없고 관심 밖이 됩니다. 재미없으면 하지 않게 되고 누군가 하자고 조르더라도 거절하게 됩니다. 나만 괜찮다면 하지 않아도 그만이지만 그로 인해 상처받거나 영향을 받는 사람이 생긴다는 점이 문제입니다. 더군다나 그 사람은 내가 '사랑하는 사람'입니다.

나만 그렇고 그 사람 생각은 다르다면 여기서부터 모든 불행은 시작됩니다. "사랑한다면 그런 것쯤은 이해해주어야 하는 거 아닌가요?" 아닙니다. 사랑한다면 그 사람을 바꾸려고만 하지 말고 자신을 그 사람에게 맞춰주기도 해야 합니다. 그게 싫다면 헤어지는 게 맞습니다.

부부 사이가 서먹서먹해진 것이 단순히 오래 같이 살아서 뿐일까요? 나만 보면 괜히 짜증내고 별것도 아닌 일에 버럭 화내는 남편의 모습이 과도한 업무 스트레스나 타고난 성격 때문일까요? 불감증은 곧 성욕감퇴로 이어지고 본인의 성욕이 감퇴하면 남자친구와 남편이 외롭고 괴롭습니다. 애인이 있는데 성매매업소를 들락거려야 하고, 아내가 있는데 옆방에서 야동 보며 자위해야 한다면, 남자는 외로움과 함께 본인의 인생이 불쌍하다고 느끼게 됩니다. 아무리 사정이 전부인 것 같은, 짐승 같은 남자들이라고 해도 사랑받고 싶은 본능은 있습니다.

그래도 신경 쓰고 싶지 않다면, 사랑하는 남자를 불행하게 만들지 말고 헤어지거나 이혼하시기 바랍니다. 그게 본인과 사랑하는 남자, 둘 모두를 위해 가장 현명한 결정입니다. 하지만 헤어지기 싫다면 불감증 극복을 위해 노력하는 게 좋습니다. 장담컨대 극복하고 나면 본인에게도 좋습니다. 모를 땐 몰라도 그만이었지만 알고 나면 왜 몰랐을까 후회할 정도로 말입니다.

불감증은 정도에도 차이가 있습니다. 단순히 성적 판타지가 없는 것은 병에 비유하자면 경증입니다. 이런 분들은 성감을 조금만 개발해서 한두 번만 오르가슴을 경험해보면 불감증으로 고통받던 과거에서 쉽게 벗어나실 수 있습니다.

성에 대한 무관심을 넘어 혐오를 보이는 분들은 중증입니다. 이런 분들은 대개 불감증이 오래되고, 철저한 종교적 배경을 가지셨거나 무척 보수적인 집안 분위기에서 성장하신 분들입니다. 물론 쓰레기 같은 남자에 의해 나쁜 기억을 갖게 되신 분들도 있습니다. 이분들의 극복 과정은 정말 오랜 시간과 지극한 정성이 필요합니다. 무엇보다 본인의 의지가 가장 큰 관건입니다. 이분들은 본인 스스로 필요성을 전혀 느끼지 못하시니까요.

극복의 방법은 다양합니다. 나쁜 기억이 있는 분들은 심리학적으로 그 기억에 대한 지우개 작업부터 시작해야 할 수도 있습니다. 그 과정에서 굳이 묻어 두었던 아픈 기억을 꺼내 다시 경험해야 할 수도 있죠. 신체적으로 감각기관에 문제가 있는 분들도 있는데 그 수는 적습니다.

이 경우는 병원에서 '치료'를 받으셔야 합니다. 전혀 그렇지 않았는데 폐경기에 접어들면서 여성호르몬인 에스트로겐 분비가 급감하여 불감증을 겪는 분들도 있습니다. 이 경우 극복의 시작은 여성호르몬을 주기적으로 공급하는 것입니다. 남성에게 문제가 있는 예도 있죠. 파트너 남성이 조루라서, 남성이 애무하는 방법을 잘 몰라서, 당연하게 나도 느끼는 게 뭔지 몰랐거나 통증만 느낀 경우입니다. 해결책은? 둘 중 하나입니다. 남성의 생각과 행동을 가르쳐서 바꾸거나 상대를 아예 다른 사람으로 바꾸거나.

자, 이제 불감증 극복을 위한 구체적인 방법으로 들어가야 할 시점입니다. 하지만 그전에 반드시 강조하고 싶은 것이 있습니다. 바로 '생각'입니다. "그러든지 말든지"가 아니라 "꼭 느끼고 싶다.", "내가 사랑하는 사람에게도 기쁨을 주고 싶다.", "지금보다 더 좋은 세상이 있다는데 죽기 전에 가봐야 하지 않겠어?"로 말입니다.

우리 몸은 너무나 정직합니다. 생각이 바뀌지 않으면 절대 행동도 바뀌지 않습니다. 억지로 행동한다고 해도 효과는 나타나지 않습니다. 반대로 말하면, 생각이 바뀌면 절반은 성공한 셈입니다. 이제 행동만 바뀌면 되는데 심지어 몸이 저절로 반응해줄 테니까 말입니다.

바뀐 후 행복해하는 나의 모습, 내가 바뀐 후에 기뻐하는 내 남자의 모습, 이런 즐거운 모습들을 충분히 상상하면서 다음 장으로 넘어가겠습니다.

앞에서 불감증은 사회와 역사가 만들어낸 비극이라고 했습니다. 불감증을 치료하려면 섹스에 대해 잘못 형성된 가치관부터 바뀌어야 합니다. 그게 제가 이 책을 쓰는 이유이기도 합니다. 그러나 성적으로 가치관이 개방되어 섹스횟수만 늘어난다고 모든 문제가 해결되는 것은 아닙니다. 문제는 '방법'입니다. '어떻게?' 말입니다. 여성 불감증 극복도 마찬가지입니다. 경험이 부족해서 그렇다며 횟수만을 강조하는 것은 어리석은 조언입니다. 불감증 극복도 역시 문제는 '방법'입니다.

여성 불감증 극복의
첫 번째 방법은 '호기심'입니다.

우리는 나이가 들수록 궁금한 게 없어집니다. 더 현명하고 지식이 많아져서가 아니라 귀찮고 힘들어서입니다. 성인이 되면 호기심에도 노력이 필요해집니다.

다른 커플이나 부부는 얼마만큼 자주 섹스하고 어떻게 섹스하는지, 내 몸은 어떻게 생겼고 남자의 몸은 어떻게 생겼는지, 섹스와 관련된 부위들은 어떻게 기능하는지, 좀 더 짜릿하게 느낄 방법은 없는지, 더 오랫동안 행복하게 섹스할 수는 없는지, 바로 이런 궁금증들이 '호기심'입니다. 사실 지금 이 책을 읽고 계시는 여러분이야말로 이미 호기심을 가진 '상위 5%의 성인'일 가능성이 큽니다.

다시 호기심을 갖기로 노력했으면 해결할 방법도 찾아봐야 합니다. 호기심을 해결할 방법은 많습니다. 책을 볼 수도 있고, 영상을 찾을 수도 있고, 인터넷을 여행할 수도 있죠. 그중에서 가장 좋은 방법은 '이야기'하는 것입니다.

머릿속의 생각은 내 입에서 튀어나오는 순간 구체화되고, 상대의 경험은 내 귀에 들어오는 순간 활자나 그림보다 훨씬 더 강하게 뇌에 각인됩니다. 그러므로 애인과 남편과 친구와 이웃 엄마들과 틈만 나면 섹스에 대한 이야기를 나누어보세요. 섹스 지침서 열 권을 독파하는 것보다 훨씬 좋습니다.

"저는 아무 문제없어요. 야한 이야기를 워낙 좋아해서 종종 말하거나 듣고 있거든요. 호호호."

섹스가 음담패설이라는 이름으로 유머의 소재가 되는 이유는 무의식적으로 섹스를 부끄러운 것으로 생각하기 때문입니다. 아무리 부담스러운 소재도 유머라는 포장을 뒤집어쓰면 자연스럽게 소통되곤 하니까요. 정치적인 소재를 정면으로 들이받을 자신이 없으면 우리는 유머나 풍자를 사용합니다. 그렇게 되면 좀 더 쉽게 만들어지고 널리 유통되는 장점은 있지만, 진실이 가려질 가능성이 있죠. 유머는 흔히 사물을 과장하고 왜곡해서 전달하기 때문입니다.

우리에겐 있는 그대로 섹스를 말하며 상대를 바라볼 수 있는 용기가 부족합니다. 익숙하지 않아서이기도 하지만 내가 가진 그 민낯 속에는 즐거움과 쾌락뿐만 아니라 슬픔과 외로움, 고통도 있으니까요. 내 속의 또 다른 무의식의 나는 그걸 마주하기 두려워하죠. 남편이 술 마시고 온 새벽에 대책 없이 들이대다가 실수한 이야기나 첫날밤 둘 다 질 입구를 찾지 못해 헤매다 포기한 이야기를 하면서는 낄낄대며 웃을 수 있지만, 남편과 잠자리를 한 지 6개월도 넘은 이야기나 매번 애무 포함 5분을 넘지 않는 섹스에서 화장실 변기 같다는 상상을 해봤다는 진지한 이야기는 하기 두려운 것입니다. 나의 가장 부끄러우면서도 아픈 곳을 남에게 드러내놓고 이야기하는 훈련이 되어 있지 않기 때문입니다.

남자들은 더 가관입니다. 웃자고 자신의 음경 크기에 대해 농담을 해놓고서는 집에 와서 자기보다 더 큰 치수를 말한 친구 녀석의 이야기를 떠올리며 내 것이 작은 건 아닌지, 수술해야 하는 건 아닌지 심각하게 고민합니다. "난 하룻밤에 세 번도 사정할 수 있어." 하며 어깨를 으쓱거리다가도 집에 돌아와 "그래? 너 대단하다. 난 두 번밖에 안 되는데."라고 했던 친구의 말을 곱씹으며, '두 번이나 한다고? 나 문제 있는 거 아닌가?' 라고 생각하고 비뇨기과 진료를 심각하게 고민합니다.

유머, 좋습니다. 하지 말라는 게 아닙니다. 서로 웃고 자지러지는 즐거운 대화가 엔도르핀 생성에도 좋죠. 다만 그냥 끝내지만 마시라는 겁니다. 섹스에 대해 진지한 나의 이야기도 먼저 꺼내고, 호기심을 가지고 상대의 이야기도 들어보시기 바랍니다. 그렇게 섹스에 관한 정보도 공유하고 경험도 나누시기 바랍니다. 남편과 둘만의 편한 시간을 만들어서 서로의 몸에 대해, 서로의 욕망에 대해 이야기 나눠보시기 바랍니다. 더 많이 공부하고 더 많이 이야기할수록 섹스에 대한 거부감이나 편견은 조금씩 사라지게 될 것입니다.

"에이, 그래도 내가 먼저 말을 꺼내기가 좀….”

아닙니다. 이 책을 읽으시는 분이 무조건 먼저 꺼내셔야 합니다. 아주 잠깐의 쑥스러움만 견디면 상대도 즐겁게 또는 진지하게 자신의 이야기를 시작하게 될 것입니다. 섹스에 대한 이야기는 굳이 음담패설이 아니더라도 모두가 즐거워하는 소재입니다. 믿으셔도 좋습니다. 만약 많은 분들이 동네 술집이나 커피전문점 테이블에서 야한 이야기를 진지하게 하게 된다면 장담컨대 대한민국에서 불감증이라는 단어는 사라져 박물관에나 들어가게 될 것입니다.

그렇게 대화에 익숙해졌다면 다음으로는 불감증을 극복하기 위해 반드시 거쳐야 하는 과정으로 들어가겠습니다. 바로, '자기 몸을 사랑하는 법'입니다. 이것은 여성 불감증을 극복하는 두 번째이자 가장 강력한 방법이기도 합니다.

여성 불감증 극복의 다음 단계는 '보고 만지다'입니다.

"남자의 몸을 보고 만지는 건 좀 부끄러운데요." 남성의 음경과 고환, 몸 구석구석을 애정을 담은 눈빛으로 보고 또 보고, 만지고 또 만지는 일 역시 참 중요합니다. 이것 역시 여성 불감증을 치료하는 중요한 과정 중 하나이며 동시에 남성을 흥분시키는 애무의 역할도 하니까요. 하지만 지금 하려는 이야기는 파트너인 남성의 몸이 아닌, 여성 자신의 몸 구석구석을 보고 만지는 것, 즉 '여성 자위'입니다.

'자위'라는 단어만 들어도 경기를 일으키는 분도 계십니다. 한국사회에서 여자는 물론이고 남자에게도 아직 자위는 드러내놓고 말하기 어려운 개념이니까요. 하지만 자위행위는 단순 쾌락만 좇으며 잘못된 방법으로 소비하지만 않는다면, 나를 위로하고 존중하는 가장 현명한 방법이며 행복한 섹스를 위한 사전훈련이고 무엇보다 불감증 극복을 위한 가장 강력한 방법입니다.

시작해보겠습니다.

자신의 몸 전체를 비춰볼 수 있는 전신 거울을 하나 준비하시기 바랍니다. 그리고 그 앞에 자연스럽게 섭니다. 아직 옷을 벗는 것은 아닙니다. 내 몸과 얼굴을 꾸미려고 거울을 본 적은 많았지만, 그 속에 있는 여자를 그저 사랑하는 마음으로 가만히 바라보기만 한 적 있으신가요? 그녀의 몸 전체를 말입니다.

거울 속의 나에게 활짝 한번 웃어주세요. 지금 이 순간까지 힘든 삶의 경험도, 나를 지치게 하는 사람들과의 관계도, 다 이겨내고 이곳까지 와준 정말 대견한 사람입니다. 세상 누구보다 나를 잘 알고, 세상 모두가 나를 배신해도 내 곁에 있어줄 단 한 사람이 지금 내 앞에 서 있습니다.

미소, 새침함, 화남, 멍 때리기…. 영화배우 오디션에 온 것처럼 거울을 바라보고 다양한 표정을 지어보세요. 마지막으로 내가 표현할 수 있는 가장 예쁜 표정을 지어보세요. 마치 조금 더 예쁜 표정 하나를 찾기 위해 노력하는 사람처럼 말이에요. 포즈를 취해보셔도 좋습니다. 사진작가 앞에 선 모델처럼, 본인이 할 수 있는 가장 자극적이고 관능적인 포즈 말입니다.

모델 놀이를 충분히 했다면, 이제는 옷을 하나씩 벗어보세요. 섹스하자고 덤비는 남자도 없으니 서두를 필요도 없습니다. 내가 옷 벗기를 넋 놓고 바라보는 남자가 맞은편에 있다고 상상해보세요. 그의 애간장을 녹이듯 천천히 가장 관능적인 손짓과 몸짓으로 하나씩 옷을 벗어주는 겁니다. 내가 나에게 반할 만큼 말이에요.

어느새 거울 속의 여자는 실오라기 하나 걸치지 않은 몸에 상기된 얼굴로 나를 바라보고 있을 겁니다. 성인이 된 후의 내 벌거벗은 몸을 이렇게 제대로 본 사람이 세상에 또 있을까요? 이것만으로도 이제 당신은 거울 속의 당신과 꽤 비밀이 많아진 셈입니다.

자위

이제 침대로 갑니다. 세상에서 가장 편한 자세로 눕습니다. 지금부터는 내 몸을 만질 것입니다. 내가 좋아하는 향의 오일이나 마사지 크림이 있다면 더욱 좋습니다. 손에 듬뿍 묻혀 배, 가슴, 팔, 허벅지를 스치듯이 부드럽게 마사지합니다. 피부가 한없이 부드러워질 수 있도록 정성을 담아 마사지해줍니다. 꾹꾹 누르는 마사지가 아닙니다. 부드럽게 스치는 마사지입니다.

그렇게 온몸을 마사지하다 혹 기분 좋은 부위가 있다면 조금 더 머물러도 좋습니다. 손가락의 모양도 바꿔보고, 오른손과 왼손을 번갈아 써보기도 하고, 숱이 부드러운 솔을 사용해도 좋습니다. 사실 세상 어느 누가 이처럼 내가 가장 좋아하는 강도와 방법으로, 내가 가장 민감하게 느끼는 부위를, 이렇게 자상하게 오래도록 만져줄 수 있을까요? 상상으로 누군가의 손길을 떠올려도 좋고, 누군가의 입술이라 생각해도 좋습니다. 연예인이나 영화배우처럼 나와 멀리 떨어져 있는 사람 말고, 가능하면 내 주변에서 내 시선에 항상 걸렸거나 대화도 해본 남자가 좋습니다. 하긴 상대가 누구이건 그게 뭐가 중요하겠습니까. 지금 이 순간은 바로 내가 세상에서 가장 행복한 여자인데 말입니다.

부드럽게 허벅지를 애무하던 손이 허벅지와 허벅지 사이를 스치듯이 지나가면 몸이 움찔거리는 게 느껴지실 겁니다. 그렇습니다. 이제는 내 몸의 가장 민감한 부위를 사랑해줄 차례입니다. 하지만 사랑하기 전에 보는 것이 먼저입니다.

아까 그 전신 거울을 침대 곁으로 가져와도 좋고, 따로 손거울을 준비해도 좋습니다. 침대 머리에 등을 기대거나 베개로 등을 받쳐 올려 상체를 살짝 들어줍니다. 지금부터는 내 몸의 가장 민감한 그곳과 만나게 될 것입니다.

천천히 다리를 벌리고 무릎을 세웁니다. 이제 거울을 통해 바라보세요. 어떻게 생겼나요? 어릴 적 인체도감에서 본 것과 비슷한가요? 색은 어떻죠? 크기는요? 아, 여기가 대음순(외음부에서 가장 허벅지와 가까운 부위)이라는 부위구나. 여기부터 여기까지가 소음순(질과 요도가 위치한 부위를 살짝 덮는, 날개처럼 생긴 살)이겠네. 그들의 길이나 굵기, 촉감을 손가락으로 확인해보세요. 만질 때는 부드럽게 살짝 스치듯이 해주셔야 합니다. 내 몸에서 가장 부드러우면서 상처받기 쉬운 부위거든요.

이제 엉덩이를 하늘로 치켜들거나 옆으로 누워 한쪽 다리를 벌리고 가장 보기 어려운 곳을 확인하러 가겠습니다. 항문은 어떻게 생겼을까요? 정말 이곳은 보신 적 없으실걸요? 자세가 조금 힘들긴 하지만 그래도 이제 내 항문이 어떻게 생겼는지도 아셨잖아요. 도대체 자신의 항문을 본 사람이 세상에 몇 명이나 있을까요?

이제 천천히 눈길을 옮겨 회음부(항문과 질 사이)를 지나 더 위로 올라오면 질 입구가 보이실 거예요. 혹시 잘 안 보이신다면 소음순 좌우를 엄지와 집게손가락으로 살짝 밀면서 벌려보세요. 혹시 안쪽이 촉촉하게 젖어 있나요? 그렇다면 지금 당신의 몸이 섹스를 원하고 있다는 증거입니다. 이 정도의 자극에도 섹스할 준비가 될 만큼 민감하고 감성이 풍부한 몸이라는 증거 말입니다. 혹시 젖어 있지 않더라도 절대 실망하지는 마세요. 그저 바라보는 것만으로 그렇게 되는 사람은 많지 않으며, 앞으로 연습하다 보면 당신도 곧 이 정도의 자극만으로도 소음순이 흥건하게 젖는 몸을 갖게 되실 겁니다.

질 입구에서 조금 위로 올라오면 보일 듯 말 듯한 또 하나의 생식기관이 있습니다. 바로 요도입니다. 아, 여기서 소변이 나오는 거구나. 이제 시선을 조금만 더 올려 볼까요? 소음순이 갈라지기 시작하는 부위가 보이시나요? 이제 여기서 나만의 클리토리스 머리를 찾을 겁니다.

몸의 모든 부위가 그렇듯이 클리토리스도 사람마다 크기와 생김새, 위치가 조금씩 다릅니다. 어느 분은 잘 안 보일 수도 있고, 어느 분은 제법 동그랗고 볼록할 수도 있습니다. 클리토리스는 남성의 음경과 상동기관이고, 그중에서도 클리토리스 머리는 음경 끝 귀두와 상동이라 자극을 받거나 흥분하지 않으면 피부 밖으로 고개를 내밀지 않기 때문입니다.

잘 안 보인다면 클리토리스 위, 음모가 무성한 부위를 손바닥으로 눌러 배꼽 방향으로 살짝 밀어 올려 보시기 바랍니다. 이제 소음순이 갈라지는 부위에 쌀알처럼 조그맣게 피부를 헤치고 고개를 내미는 클리토리스 머리가 보이시나요? 피부를 밀고 있는 손바닥은 그대로 유지한 채 다른 손으로 조심조심 부드럽게 스치듯이 클리토리스 머리를 건드려 보시기 바랍니다. 찌릿한 느낌이 들거나 움찔하며 느낌이 올 거예요. 이 녀석을 기억해주시기 바랍니다. 앞으로 모든 섹스에서 나를 오르가슴으로 안내해 줄 소중한 동반자입니다.

내 몸을 보는 건 여기까지입니다. 어디 있는지 어떻게 생겼는지 알았으니 이제는 더 직접적으로 만지면서 사랑해줄 차례입니다. 본격적으로 내 몸을 만져주기 위해서는 무엇보다 '환경'이 중요합니다. 여성과 비교하면 둔감한 편인 남성들조차 자위할 때의 편안한 환경은 건강한 자위의 매우 중요한 조건이거든요. 따라서 누군가에 의해 방해받지 않는 시간과 장소를 선택하는 것은 건강한 자위의 기본입니다.

내 몸을 만지기 전에 미리 술을 한잔해도 좋고 감미로운 음악을 흐르게 해도 좋습니다. 조명은 약간 어둡게, 침대 시트는 가장 촉감이 부드러운 것으로 준비해두면 더욱 좋겠죠. 무엇보다 중요한 것은 손을 깨끗하게 씻는 것입니다.

내 몸을 만져주는 건 시간 날 때마다 자주 하는 것이 좋습니다. 경험이 반복될수록 감각의 크기도 커지는 법이니까요. 불편하시면 이 행동을 굳이 '자위'라는 이름으로 부르지 않아도 좋습니다.

내 몸을 살펴보는 자위에 익숙해진 다음부터는 굳이 거울 앞에서 옷을 벗는 것부터 시작하지 않아도 좋습니다. 여러 번 반복해서 경험했다면 이제는 옷을 모두 벗은 채 침대 위에 편안하게 누워만 있어도 내 몸은 "어서 만져 달라."라고 조금씩 반응할 테니까요.

이제 온몸 구석구석을 직접 만지며 애무하기 시작할 것입니다. 역시 내가 좋아하는 향의 오일이나 마사지 크림을 사용하면 더욱 좋습니다. 문지르듯이 만져주어도 좋고, 그저 닿을 듯 말 듯 스쳐 지나가도 좋습니다. 궁금하면 살짝 손을 모아 손바닥으로 감싸 쥐어도 좋고, 엄지와 집게손가락으로 살짝 집어 봐도 좋습니다. 내 몸에서 누군가 만져주면 기분 좋은 곳, 기분 좋아지는 애무방법을 세상 누구도 나만큼 잘 알 수는 없습니다. 모든 가능성을 열어두고 그 가능성의 모든 느낌을 다 경험하시기 바랍니다. 그중 나만의 성감 포인트와 방법을 찾는 것이니까요.

만약 나만큼 내 몸을 아끼며 만져줄 수 있는 남자가 있다면 그 남자의 손을 활용해도 좋습니다. 정성을 다해 부드럽게만 진행할 수 있다면 내 손보다 내가 사랑하는 사람의 손이나 입술이 더 강렬한 건 당연하니까요. 혹시 없더라도 내가 사랑받고 싶은, 누군가의 손이라고 생각하면 더 흥분되며 성감을 느끼기 쉬울 수도 있습니다. 그마저 없다면 아주 가까운, 실제 내 곁의 남자를 떠올리셔도 좋고요.

성감대를 찾고 성감을 느끼면서 충분히 몸이 달아올랐다면 이제 천천히 다리를 벌려 세우고 양손 모두 그곳을 향해 미끄러져 가겠습니다.

외음부는 주변에서 중앙으로, 마사지하듯 부드럽게 애무해야 합니다. 클리토리스 머리나 질 입구는 좀 더 많은 시간 동안 애무하는데 처음부터 강하게 자극하는 것이 아닌, 스치듯이 부드럽게 하다가 조금씩 강도를 높여주면서 성감을 확인하는 것이 좋은 방법입니다. 특히 클리토리스는 몸속 좌우로 길게 늘어뜨린 뿌리를 가진 조직이라는 걸 잊지 마시기 바랍니다. 클리토리스 머리뿐만 아니라 다리, 전정구의 형체를 상상하며 살 속에 묻혀 있을 법한 부위까지를 모두 애무해주세요.

특히 클리토리스 머리 부분은 신경 써서 집중적으로 애무해주시기 바랍니다. 밖으로 나와 있지 않다면 한 손의 집게손가락과 약손가락으로 클리토리스 머리 좌우의 피부를 살짝 누른 채 좌우로 벌려 머리를 나오게 한 후, 가운뎃손가락으로 자극해주어도 좋습니다. 어떤 방법이 되었건 클리토리스 머리는 정말 조심조심 상처받지 않게 다루어야 합니다. 좌우로 살짝 스치듯이 지나가고 위아래로 스치듯이 지나가다가 클리토리스 머리 위에 가운뎃손가락 지문부위를 살짝 올려놓고 조그맣게 원을 그려보세요. 느낌이 점점 강해지신다면 압력이나 움직임을 조금씩 키워도 좋습니다. 클리토리스 머리를 애무하는 것은 자위의 꽃입니다. 이 부분을 자극하는 나만의 방법을 만드신다면 실제 섹스에서 혹시 파트너가 나에게 오르가슴을 주지 못해도 스스로 내 몸을 오르가슴에 오르게 할 수 있으니까요.

자신도 모르게 뜨겁고 가쁜 숨이 터져 나온다면 움직임을 멈추고 느끼기만 해도 좋습니다. 다리에 점점 힘이 들어간다는 것은 당신이 흥분하고 있다는 증거이고, 질 입구가 촉촉하게 젖어 있다는 것은 당신의 몸이 섹스를 원하고 있다는 증거랍니다. 나도 모르게 엉덩이가 들썩이거나 질 근육을 조였다 풀고 있다면 당신은 이미 어느 정도 오르가슴을 경험하는 중입니다.

두 손 모두 외음부 애무에 집중해도 좋지만, 한 손은 자신의 유방이나 유두를 애무하면서 다른 한 손으로 클리토리스 머리나 질 입구를 애무하면 더 강한 오르가슴을 느낄 수 있습니다. 여성은 남성과 다르게 복합적이고 중복적인 애무 모두를 놓치지 않고 느낄 수 있는, 축복받은 감각을 타고났으니까요.

이 정도에서 자위를 마무리해도 좋습니다. 하지만 질 입구뿐만 아니라 소음순 전체가 충분히 젖었고 내 몸이 무언가의 삽입을 절실하게 원하고 있다면 가운뎃손가락을 질 안쪽으로 아주 천천히 조금 집어넣어 봅니다. 물론 처녀막 파열이 걱정되는 분은 삽입 자위는 하지 않으시는 게 좋으며, 삽입 자위는 개인의 취향이어서 느낌이 오지 않는 분은 하지 않으셔도 자위 쾌감에는 아무 상관이 없습니다.

삽입 자위에서 경험하셔야 하는 두 가지 느낌은 질 내부로 무언가가 천천히 부드럽게 밀고 들어온다는 느낌과 질 좌우와 위쪽에 있는 클리토리스 다리와 전정구 부분을 자극하여 느껴지는 감각을 확인하시는 것입니다. 또한 조심하셔야 할 것은 반드시 손가락을 손톱 밑까지 깨끗하게 닦고, 질 내부가 상처받지 않도록 손톱도 부드럽게 다듬어주시는 것이 좋습니다.

질 내부로 손가락을 넣었으면 배꼽방향, 즉 질벽 상단부의 약간 오돌도톨한 피부가 만져지시나요? 그 부위가 바로 그 유명한 지스팟

(G-spot)입니다. 지스팟은 사람마다 느낌이 오는 사람도 있고, 그렇지 않은 사람도 있으니 찾지 못했다고 실망하실 이유는 전혀 없습니다. 다만 만져진다면, 다른 부위를 만질 때와의 느낌 차이를 확인하시기 바랍니다. 만약 아주 특별한 감각이 느껴진다면 섹스를 할 때 배우자에게 알려주거나 나 스스로 몸을 움직여 그 부위가 자극될 수 있도록 하면 훨씬 행복한 섹스가 될 수 있을 것입니다.

이런 자위의 과정을 지금까지보다 몇 배 더 강렬하게 느끼고 싶다면 이제는 사랑하는 사람과 함께 자위하는 단계로 넘어오면 됩니다. 창피하게 사랑하는 사람 앞에서 어떻게 자위를 하냐고요? 멀뚱멀뚱 바라보는 파트너 앞에서 자위하는 게 아닙니다. 파트너를 자위도구로 활용하는 거죠. 이날은 미리 다짐을 받아 놓는 게 좋습니다. 당신의 사정은 내가 손이나 오랄 애무로 해줄 테니 내가 당신의 자위를 돕는 것처럼 당신도 오늘은 나의 자위를 도와 달라고 말입니다.

방법은 간단합니다. 파트너와 진한 애무를 진행합니다. 이때 파트너가 주도적으로 하게 두고 보는 것이 아니라, 내가 자위 중에 느끼며 기분이 좋았던 부위를 이야기해주고 내가 가장 짜릿하게 느꼈던 방법으로 만지고 뽀뽀하고 핥고 빨아 달라고 하십시오. 내가 충분히 느낄 때까지 내가 완벽히 흥분할 때까지, 그를 앞세워 오르가슴을 향해 오르시는 겁니다.

특히 클리토리스나 질 입구 자극은 파트너의 입술이나 혀를 사용하게 하십시오. 오랄 애무를 받는 것입니다. 그저 남자가 해주는 애무를 받는 것이 아니라 그때그때 어떻게 해달라, 어디를 해달라 분명하게 부탁하시기 바랍니다. 오늘은 그런 날이니까요. 이건 단순히 내가 흥분하기 위해 자위하는 데 남자를 활용하는 것만은 아닙니다. 그 사람에게 내 성감대를 인지시키고 어디를 어떻게 만져주면 내가 어떻게 반응하는지를 가르치는 꽤 중요한 일입니다. 그래야 남자가 다음 섹스에서 내가 원하는 곳을 원하는 방법으로 애무해줄 수 있을 테니까요.

그러다 만약 정말로 삽입하고 싶어 미치겠다면 아주 조금만 들어와 달라고 하십시오. 그렇게 남자의 음경이 삽입된 상태로 상대를 움직이지 못하게 하고 이제 본인이 엉덩이를 움직이면서 몸속에 들어온 파트너의 음경을 이용해 스스로 나의 흥분을 자극하시기 바랍니다. 내가 정말 기분 좋아지는 미칠 것처럼 쾌감이 느껴지는 순간, 그 순간을 그대로 멈추고 확인하시기 바랍니다. 이 자세가 본인이 가장 잘 느낄 수 있는 체위입니다.

그러다 정말 왕복운동에 의한 섹스가 미치도록 하고 싶어지면 바로 섹스를 이어가시면 됩니다. 하지만 이왕 남자를 이용하시는 날이니 그렇게 내가 지칠 때까지 느끼고 또 느끼다가 더는 못할 것처럼 진이 빠질 때까지 가보는 것을 더 추천해 드립니다. 이런 경험을 해본 여자가 얼마나 될까요? 이런 게 바로 남자친구 있는, 남편 있는 여자의 특권 아닐까요?

자위의 경험을 몇 번 반복하셨다면 이제 본인을 한번 바라보시기 바랍니다. 불감증에 고민하던 한 여자가, 섹스는 귀찮은 것으로만 치부하던 한 여자가, 어느새 세상에서 가장 잘 느끼는 여자가 되어 있을지도 모릅니다.

다시 예전의 당신 모습으로 돌아가고 싶으신가요? 아직도 "없어도 그만, 안 해도 그만."이라고 생각하시나요? 그렇게 밉던 남편이 예뻐 보이고, 지긋지긋하던 설거지를 흥얼거리며 해내고, 의미 없이 지나가던 하루하루가 오르가슴을 기다리는 설렘의 시간이 되어버리는 이 마법 같은 변화. 누가 만들었을까요? 누가 선물해주기라도 했나요? 남자친구도 남편도 세상 그 누구도 아닙니다. 바로 나 스스로 만든 것입니다. 그러니 이제는 섹스 상대가 바뀐다고 해도 내 오르가슴은 영원할 것입니다. 어떤 남자가 내게 준 행복이 아니라 내가 스스로 만든 행복이니까요.

여기까지 잘 따라와 주신 분들은 이미 깨달으셨을지도 모르겠습니다. 네, 맞습니다. '자위'는 불감증을 치료해줄 뿐만 아니라 내 성감대가 어디인지, 내가 좋아하는 체위가 무엇인지도 알게 해주고 파트너를 더 흥분하게 하는 자극제 역할도 합니다. 섹스가 왜 즐겁고 행복한 행위인지를 느끼게 해주고, 특정 남자에게 의지하는 바보 같은 의존성까지 날려주면서 내 삶에 대한 활력까지 찾아주는 만병통치약이랍니다.

이 정도인데 정말 아직도 읽기만 하고 굳이 피하면서 안 하실 건가요? 당장 책을 덮고 침대로 가시기 바랍니다.

마지막으로, 불감증으로 힘들어하시는 분들이 가장 관심 있어 하시는 러브젤에 대해 이야기해보겠습니다. 러브젤은 질 건조증이나 애액의 부족으로 발생하는 성교통을 방지하기 위해 질이나 음경에 바르고 삽입하는 윤활제입니다. 특유의 미끄러운 감촉과 점성으로 애액이 부족하여 고통받는 분들에게는 꼭 필요한 섹스도구 중 하나죠.

러브젤의 유해성에 대한 논란이 많은데, 러브젤을 단순히 '해가 있느냐 없느냐?'의 이분법으로 판단하기는 어렵습니다. 최근에는 기술과 안전성이 많이 좋아져서 믿을 만한 회사의 제품을 공식판매처에서 구매한다면 바른 후 피부 트러블이나 몸의 이상증상을 일으킬 가능성은 거의 없기 때문입니다.

지용성 러브젤의 주 성분인 실리콘 오일은 맛과 냄새가 없는 오일 형태의 액체입니다. 점성이 있으며 젖은 느낌을 만들고 식물성 오일에 비해 부드러워서 '산뜻한' 느낌이 들기도 하며 화장품에도 들어가는 친숙한 성분입니다. 하지만 실험실에서 만들어진 화학성분이며, 지용성이라 물로 씻어도 간혹 몸에 남아 모공을 막거나 피부에 응고되어 염증을 유발할 수도 있습니다.

수용성 러브젤은 물로 쉽게 씻어낼 수 있어 지용성 젤보다는 몸에 주는 영향이 적습니다. 수용성 러브젤의 주성분인 글리세린은 색이나 냄새가 없고 약간의 단맛이 있으며, 점성이 있고 공기 중의 수분을 빨아들여 보습을 유지하는 역할을 하기에 역시 피부에 바르는 화장품에 많이 사용되는 성분이지만 화학성분인 것은 마찬가지입니다. 또한 바로 그 수분을 빨아들이는 기능 때문에 피부의 수분까지 빨아들일 수 있어 오랜 기간 자주 사용하면 오히려 더 건조해질 수도 있습니다.

그렇기 때문에 질 건조증이나 애액의 부족을 해결하는 가장 좋은 방법은 섹스에 대해 좀 더 긍정적이고 적극적인 태도를 보이고, 섹스에 대한 나만의 판타지를 만들며, 내 몸이 가진 나만의 성감대를 지속적으로 개발하여, 궁극적으로 내 몸이 섹스를 즐겁고 행복한 행위로 받아들이게 하는 '감정 훈련'입니다. 여기에 하반신의 혈액순환을 원활하게 하여 애액의 분비를 도와주는 '반신욕'을 주기적으로 해준다면 더없이 좋겠죠.

만약 그런 장기적인 노력 말고 당장 삽입을 위해서 급하게 러브젤이 필요하다면 침을 활용하시기 바랍니다. 침은 빨리 마르는 단점은 있지만 약간의 점성을 지니고 있어 러브젤 대용으로 충분합니다. 우리 몸에서 생산되는 체액이므로 인체에 전혀 해가 없을 뿐만 아니라 이성이 침을 발라주는 과정 자체가 자극적인 애무가 되는 수많은 장점을 가진 천연 러브젤입니다.

○ 남자는 오직 '명기'를 원한다 명기

Q 질 조이기와 오럴 애무를 잘하고 싶습니다

남자친구와 관계를 할 때 제가 여자로서 너무 위축되는 느낌을 받아요. 저는 처음이고, 남친은 아닙니다. 관계 중에 질을 쪼여보라고 하는데 어떻게 하는지도 모르겠고, 해도 그렇게 좋아한다는 느낌이 들지도 않는 거 같더라고요.

그리고 펠라치오, 입으로 하는 오럴 애무를 해줘도 제가 못하는 것인지 핸드폰만 만지네요. 결국 제가 너무 힘들어해서 사정 못한 채로 잠이 들었어요.

이런 일이 있으니까 잠자리도 두렵고요. 오럴 애무는 어떻게 해야 잘할 수 있는지도 궁금합니다. 흔히들 말하는 명기가 되어 남자친구 만족하게 해주고 싶은데 어떻게 해야 할까요?

　남자 애무를 잘하는 법은 얼마든지 배울 수 있습니다. 처음에는 좀 서툴러도 익숙해지면 남자를 흥분시키는 것 따위 하나도 어렵지 않습니다. 만약 사연 주신 분에게 남자친구가 없는 세상은 상상하기도 어렵고, 이 사람이 없다면 난 죽은 목숨이나 다름없다면 다음의 내용을 읽으시면 자세한 도움을 받을 수 있습니다.

　하지만 만약에 지금의 남자친구가 내게 그만큼의 의미까지는 없다면, 도대체 왜 그런 노력을 하시려는 건지 한번 생각해보셨으면 좋겠습니다.

　사랑은 두 가지 이유로 위대한 경험입니다. 나 이외에는 모두 타인이었던 세상에서 나만큼이나 아니 나보다 더 위해주고 배려해주고 싶은 사람을 만나는 엄청난 경험이자, 그렇게 가치 있는 사람인지 몰랐던 나를 세상에서 가장 소중한 존재로 만들어주는 사람을 만나는 숨 막히는 경험입니다. 이 두 가지를 두 사람이 모두 경험할 수 있어야 진정한 의미의 '사랑'이 됩니다. 전자만 있다면 '희생'일 뿐이고, 후자만 있다면 '군림'일 뿐이죠. 그건 사랑이 아닙니다.

　연인 간의 문제 중에 한 사람이 일방적으로 부족하거나 잘못해서 발생하는 문제는 거의 없습니다. 따라서 해결을 위해서는 둘 다 노력하는 게 맞습니다. 어느 한쪽만 노력한다면 그건 '사랑'이 아닐 가능성이 큽니다.

    여기까지만 쓰겠습니다. 제 글을 읽은 후 판단은 본인 몫입니다. 혼자 훈련하고 노력해서 남자친구를 기쁘게 해주시거나 함께 노력하자고 진심으로 부탁한 후 두 분이서 해결해나가느냐 선택하시길 바랍니다.

성 상담사 치아 드림

"명기(名器)라는 말을
들어 보셨는지요?"

조선 시대를 배경으로 하는 에로 사극에나 나올 법한 저 단어가 대중화된 건 뜻밖에도 얼마 되지 않았습니다. 흔히 변강쇠나 옹녀로 대표되는, 역사 속의 명도와 명기는 있었지만 이들은 타고난 것이지 결코 내가 될 수 있는 개념은 아니었거든요. 그 희귀성 때문에 더욱 추앙받은 것이기도 하구요. 그야말로 한국형 히어로인 셈입니다.

하지만 여성의 사회적 지위가 상승하면서 오르가슴이라는 개념이 등장하고 이전에는 별 고민거리도 아니었던 섹스시간이 능력처럼 인식되면서 너도나도 변강쇠가 되고 싶어진 남자들처럼 여성들도 좀 더 남자를 만족시키기 위해 명기 되는 방법을 찾기 시작했습니다.

그렇다면 정말 명기라는 게 있기는 한 걸까요? 허상은 아닐까요? 만약 있다면 정말 가치는 있는 걸까요? 지피지기면 백전백승이라, 한번 알아보고 그럴 가치가 있으면 가보고 아니면 마는 거죠 뭐. 그렇다면 우선 명기가 무엇인지부터 알아봐야겠습니다.

조선 시대는 명기를 어떻게 정의했는지 알아볼까요? 연산군 11년. 1만 명의 팔도 미녀를 강제로 징집해 왕을 홀리는 데 활용했다는 소재로 전개되는 영화 〈간신〉에 등장하는 명기의 조건을 보겠습니다.

✱

"태청경에 이르길 호녀(好女)가 무엇이냐. 대물을 한번에 감싸 줄 큰 입에, 희고 고운 치열, 명주 같은 검은 머리칼에, 묘목이 솟듯 가는 발목, 비단 같은 살결, 온돌인 양 후끈한 체온에, 살집은 넉넉하고, 뼈는 대쪽처럼 가늘구나."

"또한 소녀경에 이르길 명기가 무엇이냐. 일상(一上). 옥문이 되도록 앞쪽에 위치하며, 이모(二毛). 털이 없으면 최고요, 적거나 가늘어 버들 풀 마냥 곱고, 삼수(三水). 시시각각 뜨신 물이 촉촉하게 배어나야 한다. 허나 크기로 말하자면 커도 아니요, 작아도 아니니 왕에게 솟은 한 줄기라 그리하여 딱 옥만큼이니라."

- 영화 〈간신〉 중에서

이 대사가 얼마나 정확한 고증을 바탕으로 작성되었는지는 모르겠지만 만약 그렇다면 예나 지금이나 명기의 조건은 크게 다르지 않습니다. 일반적으로 명기의 조건은 일곱 가지입니다.

하나, 탄력입니다.

질이 너무 탄력이 없으면 헐거워 느낌이 없고 탄력이 강하면 삽입이 어려울 수 있으니 내 남자의 음경 굵기와 적당하게 맞아야 하는데, 이것은 질 입구의 위치, 질 내부의 굴곡과 함께 남녀의 속궁합을 결정하는 3번째 요소이기도 합니다. 영화 속에서도 임금님의 음경크기와 같은 모형을 여성의 질에 넣어보는 장면이 나오는 것처럼 객관적인 모양이나 크기가 조건이 아니라 내 남자의 음경과 궁합이 맞으면 그것이 곧 명기입니다.

둘, 조이는 힘입니다.

음경이 질 내부로 들어왔을 때 적당히 조이고 풀어줌을 내 의지대로 반복할 수 있다면 이는 음경의 왕복운동과 함께 섹스의 리듬을 만드는 훌륭한 반주가 될 것입니다. 많은 여성분이 남성의 왕복운동 중에는 그저 눈감고 신음이나 내는 것을 전부로 생각하지만 이러한 조임과 풀어줌의 반복은 남자에게도 적당한 압력과 리듬을 주며 만족감을 크게 하고, 여성 자신에게도 성감이 더 강하게 자극되는 쾌감을 선사합니다. 남자의 왕복운동처럼 그저 조였다가 풀기를 주기적으로 반복하는 것뿐만 아니라 때로는 힘주어 조이기만 하거나 때로는 넉넉하게 풀어주기만을 하는 등 느낌과 감각, 남성의 삽입 리듬을 고려하여 본인이 더 크게 느껴지는 방법을 찾는 것입니다. 다시 말하면, 조이는 것은 남성을 위해 하는 동작이 아니라 여성인 내가 더 기분 좋기 위해 하는 동작이라는 뜻입니다. 조임과 풀림은 선천적으로 감각을 타고나는 사람도 있지만, 그렇지 않은 경우가 대부분이며 케겔 운동으로 훈련할 수 있습니다.

셋, 질 내부 온도입니다.

적당히 높은 질의 내부 온도는 남자에게 따뜻하고 편안한 느낌을 선사합니다. 그뿐만 아니라 음경의 혈액순환을 촉진해 발기를 더욱 단단하게 유지케 하는 역할도 합니다. 반대로 질 내부 온도가 낮아 남성이 차갑다는 느낌을 받게 되면 몸이 위축되고 성감이 떨어져 발기력이 약해지면서 성욕을 낮추는 원인이 됩니다. 그렇다면 남자들에게만 좋은 것일까요? 아닙니다. 질의 내부 온도를 높이는 것은 여성의 성감을 위해서도 좋습니다. 질 온도가 높다는 것은 하반신의 혈액순환이 좋다는 것이며 여성의 질도 혈액이 모이면 더 큰 쾌감을 느낄 수 있습니다. 질 내부 온도를 높이는 데는 주기적인 반신욕이 가장 좋습니다. 반신욕은 질 건강뿐만 아니라 전신 건강에도 좋은 효과가 있습니다.

넷, 질 내부 주름입니다.

젊은 여성의 질 내부는 주름이 풍부하지만 나이가 들면 출산과 노화로 탄력이 떨어져 점차 주름이 사라지고 평평하게 됩니다. 다만 질 주름은 탄력의 문제이지 돌기로서의 울퉁불퉁함과는 큰 관계가 없어 남자가 삽입 시에 이것을 느끼기는 쉽지 않습니다. 삽입에서 질 주름을 느낀다며 명기 운운하는 남자들의 경험담은 대부분 과장이라고 보아도 무방하며 이런 장점을 주장하며 질 성형을 권하는 병원을 찾아 수술하는 것 역시 어리석은 행동일 뿐입니다. 질 주름이 사라지는 것은 노화에 따른 어쩔 수 없는 현상이니 받아들이는 것이 좋으나 질 탄력은 앞서서 말씀드린 것처럼 케겔 운동을 통해 얼마든지 유지해나갈 수 있습니다.

다섯, 애액입니다.

애액은 일반적으로 질 입구 외부의 바르톨린선에서 흘러나오는 액과 요도 주변의 스킨선액 그리고 질 내부에서 흘러나오는 질액의 혼합이며, 음경이 미끄러지며 질 입구로 들어올 수 있도록 질 입구와 내부를 미끈거리게 하는 역할을 합니다. 일반적으로는 점성이 약한 무색투명한 액체이지만 점성과 색은 사람이나 상황에 따라 조금씩 다르고 흥분 정도에 따라서도 달라지며, 배란기 여부에 따라서도 조금씩 달라 때로는 사정액처럼 흰색에 강한 점성을 띠기도 합니다.

애액의 양은 적당한 것이 좋은데, 애액이 너무 적으면 성교통을 유발할 수 있고 침대 시트가 흥건히 젖을 만큼 너무 많아도 불쾌함을 주거나 자극을 느끼지 못할 만큼 미끈거리게만 할 수 있습니다. 애액의 많고 적음을 결정하는 가장 큰 요인은 '개인차'보다는 '흥분의 정도'입니다. 즉, 남자분들이 명심하셔야 할 것은 내 여자를 명기로 만들고 말고는 결국 '내 사랑의 깊이와 애무의 정성'에 있다는 것입니다.

여섯, 신음입니다.

남성이 시각 다음으로 자극을 받는 감각은 청각입니다. 애무나 삽입과 함께 들려오는 여자의 신음은 남자의 흥분을 높이는 촉음제 역할을 하게 되며, 남자에게 '내 여자를 흥분시키고 있다.'라는 만족감을 주게 되어 더욱 열심히 섹스에 몰입할 수 있게 해줍니다. 힘들고 지칠 만큼 일부러 신음을 만들 필요는 없겠지만 판소리의 추임새나 공연의 함성처럼 내가 사랑하는 사람을 응원하는 차원에서 만드는 정도라면 있는 것이 바람직합니다. 남성도 여성도 모두 청각적 자극과 비례해서 흥분의 강도가 커지기 때문입니다.

일곱, 빨리 흥분하기입니다.

당연히 애무는 여성이 충분히 흥분할 때까지 진행하는 게 바람직합니다. 하지만 이 시간이 너무 길어진다면 남자에게 섹스는 사랑을 넘어 노동이 될 수도 있습니다. 이때 여자가 좀 더 빨리 흥분할 수 있다면 남녀 모두 좀 더 빠르게 오르가슴을 향해 갈 수 있겠죠. 그렇다고 절대 일부러 흥분한 척하라는 뜻은 아닙니다. 섹스는 서로 행복하자고 하는 행위이지 결코 연기수업이 아니기 때문입니다. 다만 좀 더 일찍 오르가슴 언덕을 오르기 위해 또는 남자가 잘 만들어주지 못하는 오르가슴을 나의 힘을 더해 완성하는 의미로, 남자가 샤워할 때 미리 조금 자위를 한다거나 평소에 건강한 자위를 통해 자신의 성감을 풍부하게 개발하는 훈련을 할 필요는 있습니다. 내 남자를 위해서만이 아니라 전적으로 나의 오르가슴을 위해서 말이죠.

이상 명기의 조건을 알아봤는데, 눈치 빠른 분들은 이미 이해하셨을 거라 믿습니다. 맞습니다. 명기는 결코 타고난 운명이나 혜택이 아니라 나와 내 남자가 함께 만들어가는 경지입니다. 누구나 노력하면 명기가 될 수 있다는 것이죠. 그래서일까요? 조선 시대 양반가문에서는 시집간 딸이 남편의 미움을 사지 않도록, 즉 소박(疏薄)맞지 않게 하려고 시집보낼 때 성교육으로 '규방육보(閨房六寶)'를 강조했습니다.

일착(一窄). 질 내부가 좁고 꽉 찬 느낌이 들어야 한다. 이를 위해 약재와 뒷물로 항상 몸을 잘 다스려야 한다. 이온(二溫). 질 온도가 따뜻해야 삽입했을 때 남자가 편안함을 느낀다. 이를 위해 항상 하반신을 따뜻하게 관리하며 차가운 곳에 앉지 않는다. 삼교(三囓). 남자의 음경이 몸으로 들어왔을 때, 이빨로 음식을 썹듯이 깨물어주면 느낌이 남다르다. 사요본(四搖本). 가만히 누워 있지 말고 엉덩이를 돌려주면 남자도 여자도 그 느낌이 색다르다. 오감창(五甘唱). 신음은 남녀 모두의 성적 흥분을 자극하는 필수요소이다. 가능한 한 풍부하고 교태롭게 질러댄다. 육속필(六速必). 너무 늦게 오르가슴에 오르면 남자가 지치고 힘들 수 있으며, 남자가 사정한 후까지도 오르가슴에 이르지 못하면 내 마음도 편치 못하다. 그러니 가능한 한 빠르게 흥분할 수 있도록 노력하는 것이 필요하다.

"아는데, 난 안 할래, 그런 거 귀찮아.", "난 싱글인데 그런 거 해서 뭐 하겠어.", "맞아. 남 좋은 걸 힘들게 뭐 하려고 해."

좋습니다. 싫거나 귀찮으시면 안 하셔도 괜찮습니다. 평안감사도 저 싫으면 그만인걸요. 그런데 말입니다. 여기까지라면 굳이 제가 이 소재로 글을 쓸 생각조차 하지 않았겠죠? 결론부터 말하면 그러지들 마시고 모두 명기가 되려고 노력하시는 게 좋을 것 같습니다. 명기되는 건 선택이 아니라 필수입니다. 이미 위의 내용을 읽으면서 느끼셨겠지만, 남이 아니라 나의 쾌감과 건강을 위해서 좋기 때문입니다. 이런 걸 두고 임도 보고 뽕도 딴다고 하는 거죠. 다른 말로 일석이조. 일타삼피. 도랑 치고 가재 줍고. 쾌감에 관한 것은 명기의 조건을 나열하면서 모두 말씀드렸으니 '건강'에 관한 이야기를 조금 더 해보겠습니다.

여자 나이가 중년을 넘어서면 몸에 변화가 생기기 시작합니다. 굳이 갱년기가 아니더라도 말이죠. 목욕할 때 질 안에서 물이 뚝뚝 떨어지거나, 탕에 들어갔을 때 질 안으로 물이 들어가는 느낌이 든다면 질의 탄력이 약해지고 헐거워진 것입니다. 아무리 힘을 줘도 온몸이나 뒷목에만 힘이 들어가고 실제 조여지지 않는 것도 같은 이유이며, 섹스할 때 바람 빠지는 소리가 자주 들리는 것도 그렇습니다.

질이 헐거워지면 병균의 침입이 쉽고, 밑이 빠지는 듯한 느낌이 들다가 실제로 자궁이 내려오면서 심하면 질이 몸 밖으로 빠져나오기도 합니다. 섹스를 해도 예전보다 남편의 음경이 작아진 것처럼 느껴져 잘 느껴지지도 않으니 당연히 재미도 없어지게 되고, 소변 줄기가 약해지고, 소변 참기가 어려우며 자주 마렵다가 평소에도 조금씩 팬티에 묻어나오는 요실금으로 발전하게 됩니다.

생리가 멈추는 갱년기 이후에도 관리하지 않으면 애액의 양이 급격히 줄어 통증 때문에 섹스할 수 없는 상황까지 오게 됩니다. 아내의 몸 상태와 달리 남편은 아직 왕성한 상태라면 밖으로 도는 경우가 생길 수도 있습니다. 툭하면 염증이나 질염이 생기고 평소에도 아랫배가 뻐근하면서 항상 피곤해지는 것도 중년 이후에 생길 수 있는 몸의 변화들입니다.

마치 무슨 약을 팔기 위해서 겁을 잔뜩 주는 형세이지만 제가 드리고 싶은 이야기는 한 가지입니다. 케겔 운동, 반신욕, 건강한 자위 등 명기되는 훈련을 생활 속에서 지속적으로 한다면 여성 불감증, 요실금, 질 방귀, 질 건조증, 질염의 예방과 치료에도 도움이 됩니다. 그렇게 명기가 되어 섹스를 더 자주 하게 되면 그 자체로 다시 건강에 좋고, 폐경 이후에도 애액이 마르지 않게 해주며 여성호르몬 고갈도 늦추게 되어 정신적인 행복도 더 오랫동안 누릴 수 있습니다.

이쯤 되면 안 한다고 너무 세게 말하지 마시고, 한번 해볼게 정도로 양보하실 수도 있지 않을까요? 부탁드립니다. 속는 셈 치고 "꿩도 먹고 알도 먹는" 명기 되는 길, 같이 한번 가보시죠.

 명기 되는 방법을 조금 더 구체적으로 살펴보겠습니다. 명기되는 첫 번째 방법은 '섹스를 좋아하는 것' 입니다.

남자들은 원하는 가장 이상적인 아내의 조건으로 흔히 "낮에는 현모양처, 밤에는 요부"라는 말을 합니다. 이유는 간단합니다. 남자인 자신이 항상 섹스를 생각하는 것처럼 아내도 섹스에 적극적이었으면 좋겠다는 바람인 거죠. 남편만큼 섹스를 좋아하고 성욕이 넘치는 아내, 이것만큼 완벽한 명기의 조건이 또 있을까요?

그런데 현실은 그렇지 않습니다. "관심 없어요.", "하기 싫어요.", "하고 싶은 생각이 전혀 들지 않아요." 사실 여자분들에게는 "섹스가 좋아 죽겠어요.", "매일매일 하고 싶어요."보다는 이게 더 자연스러울 수 있습니다. 그게 바로 여자와 남자의 가장 큰 차이 중 하나이니까요. 남자는 살짝 자극만 해도 섹스하고 싶어지지만, 여자는 섹스하고 싶은 몸과 마음과 환경 그리고 사랑까지 모두 조성되어야 섹스하고 싶어지기 마련입니다.

한 TED 강연에서 어느 여자 연사는 뇌수술을 받고 회복 중에 20대 남자의 몸에서 활발하게 생성되는 남성호르몬 성분의 약을 한 달간 먹었는데 한 달 내내 섹스 생각만 나서 정말 힘들었다는 고백을 하더군요. 남자와 여자가 이렇게 다르니 호르몬이나 약물주사도 없이 여자가 지속적으로 섹스만 생각하거나 섹스를 남자만큼 좋아하게 되는 건 낯선 경험이며 결코 쉬운 일이 아닐 겁니다.

하지만 좋아할 수 있는 계기를 만들면 좋아질 수 있지 않을까요? 마치 '학생과 공부'의 관계처럼 말이죠. 공부 좋아하는 학생은 없습니다. 당연히 노는 게 더 좋죠. 그런데 공부가 좋아질 때가 있습니다. 그 과목 선생님을 짝사랑하거나, 조금씩 실력이 느는 게 느껴질 때 말입니다. 그리고 그렇게 공부가 좋아지면 성적은 자연히 따라오게 됩니다.

그렇다면 무엇이 '섹스를 좋아할 수 있는 계기'가 될 수 있을까요? 저는 명기 되는 것 그 자체가 계기가 될 수 있다고 생각합니다. 명기 되기 위한 첫 번째 방법이 '섹스 좋아하기'인 데 섹스를 좋아하려면 명기가 되어야 한다고요? 이게 무슨 말장난이란 말입니까. 하지만 사실입니다.

케겔 운동을 열심히 했거나 예쁜이수술을 한 여자 분들은 이런 말을 합니다. "남편이 무척 좋아해요.", "내가 세상에서 제일 예쁘고, 나 없으면 못 살 것 같대요." 저는 처음에 정말 이런 대사는 병원 광고에서나 나오는, 만든 말인 줄 알았습니다. 그런데 상담을 하다 보니 정말 이런 분들이 심심찮게 등장하십니다. 제가 내린 결론은 실제 물리적인 변화가 남자에게 만족을 주었다기보다는 플라시보 효과가 더 크다는 것이었습니다.

케겔 운동이나 수술을 통해 몸이 달라졌다고 생각하는 여자분들은 반드시 그것을 확인하고 싶어지고, 확인하고 싶어진 만큼 섹스에 적극적이 됩니다. 이렇게 이전과 다르게 섹스에 적극적인 아내는 조금이라도 더 남편을 만족하게 하려고 노력하니 남편을 행복하게 만들 수밖에 없고 그로 말미암아 아내가 더욱 예뻐 보이고 사랑스러워보이는 것입니다. 아내의 몸에 변화가 생겼고 그에 따라 남편의 태도가 바뀌었는데 그게 다시 아내를 섹스에 적극적이도록 만들어주는 무한루프의 선순환 구조인 셈입니다.

사실 실제 물리적인 변화 때문이건, 플라시보 효과 때문이건 아무려면 어떻습니까? 굳이 질이 좁거나 허리 돌리는 기술이 현란하지 않아도 밤마다 남편의 몸을 아끼며 섹스에 적극적인 여성이, 성관계에 소극적이고 조용하며 덤비지 않고 심지어 피하기도 하는 여성보다 훨씬 성적으로 매력적이며 사랑받는다는 명제는 분명한 것 같습니다. 자, 그렇다면 본격적으로 명기 되기 위한 물리적인 변화를 만들어 보겠습니다.

명기 되는 두 번째 방법은 '질 조이기 운동'입니다. 흔히 알고 계시는 바로 그 '케겔 운동'이며 질의 탄력, 주름, 조이는 힘을 개선해줍니다.

방법은 간단합니다. 대변을 끊듯이 항문에 힘을 줘 오므립니다. 다른 부위까지 힘을 주는 것이 아니라 항문만 조인다는 느낌으로 하는 것이 중요합니다. 또한 밀어내면서 힘을 주는 것이 아니라 몸 안으로 끌어 올리면서 힘을 주는 느낌입니다. 10회에서 시작하여 조금씩 횟수를 늘려 가면 좋고 1일 횟수도 한 번에서 점차 늘려 가면 좋습니다. 앉아서 하든 서서 하든 누워서 하든 자세는 크게 상관없습니다. 오므리고 있는 상태로 버티는 시간을 늘려 보는 것도 좋습니다. 처음에는 1회당 1초 미만이었다가 5~10초까지 늘려가는 것입니다.

　습관처럼 익숙해졌다고 생각되면 이번에는 항문을 조인다는 느낌이 아니라 질 입구에서 자궁경부까지 질의 모든 내부를 차례로 조여 들어간다는 느낌으로 힘을 주는 것도 좋습니다. 여기까지 오셨다면 진정한 '질 조이기 운동'을 하고 계시는 겁니다.

　기구나 다른 보조도구를 활용하는 것도 나쁘지 않습니다. 질 내부에 무언가를 넣고 질 조이기 운동을 하면 그냥 하는 것보다는 힘을 주기가 수월하며 질의 각 부분을 보다 자세하게 느끼면서 운동을 할 수 있기 때문입니다. 다만 이런 기구나 보조도구들이 워낙 고가인 경우가 많아 꼭 돈 주고 사고 싶은 게 아니라면 넣었다고 상상하고 운동을 해도 같은 효과를 보실 수 있습니다.

　다리를 펴고 앉은 자세에서 물체를 허벅지 사이에 두고 반복적으로 힘을 주는 것도 좋은 방법입니다. 대표적인 기구에 '필라테스 링'이 있습니다.

　필라테스 링은 몸의 근육을 조절하여 균형 잡힌 몸을 만드는 운동인 필라테스를 좀 더 효과적으로 할 수 있게 도와주는 보조도구인데, 필라테스 링으로 할 수 있는 운동 중 '앉아서 두 무릎 조이기'가 있습니다. 앉거나 누운 상태로 필라테스 링을 허벅지 안쪽에 끼우고 두 무릎을 조이는 운동인데, 도구 없이 혼자 하는 것보다 근육강화 효과가 훨씬 높습니다. 필라테스 링은 1만 원 전후의 좋은 제품들이 인터넷에 많이 있어서 비용 부담도 적은 게 장점입니다. 그 외에도 검색해보면 다양한 방법들이 인터넷에 올라와 있지만, 정작 가장 중요한 문제는 이 운동을 습관처럼 반복하느냐입니다.

간혹 질 조이기 운동과 관련하여 "그거 해봤는데 귀찮고 힘만 들지 별로 효과도 없어."라고 말하는 분이 계십니다. 그런 분에게 저는 묻습니다. 얼마나 오랫동안, 스스로 생각해도 성실했다 싶을 만큼 해보셨는지요? "오래 하는 게 중요한가요? 한 번 해도 아니라는 느낌이 팍 오면 그걸로 그만이죠."

아닙니다. 오래 하는 게 무조건 중요합니다. 실패하는 분 대부분은 하다 말다를 반복하면서 한두 달 해보다 포기한 분들입니다. 귀찮거든요. 자꾸 잊기도 하고요. 생활에 찌들다 보면 피곤해 죽겠는데 그런 것까지…. 그렇죠?

하지만 질 조이기 운동은 최소 6개월에서 적어도 1년 이상은 해야 비로소 습관이 되어 나도 모르게 조일 수 있게 되고 그렇게 일정 시간이 더 지나면 드디어 효과가 나타나기 시작합니다.

"근데, 그렇게 오래 걸리고 귀찮은 거면 그냥 수술하는 게 낫지 않을까요?" 반대하진 않습니다. 정 자신 없다면 믿을 수 있는 병원에 가서 수술 받으시는 것도 방법입니다. 다만 전 포경수술도 반대할 만큼 몸에 인위적으로 칼을 대는 것에 부정적이기에 제가 여자라면 노력하는 쪽을 택하겠습니다. 하지만 예쁜이수술이 어떤 건지 알고는 있는 게 좋을 것 같네요. 지피지기면 백전백승이니 말입니다.

속칭 예쁜이수술이라고 불리는 이 수술의 의학적 명칭은 질 봉합수술 또는 후질벽복원수술입니다. 출산, 노화 등의 원인으로 질을 둘러싸고 있는 골반 근육(PC 근육)이 손상되었을 때 변비, 설사, 변실금, 요통 등이 생기는데 이를 예방하거나 치료하기 위한 수술이죠. 수술 후 질 입구나 내부가 자연스럽게 좁아져 성감이 향상되거나 음경을 조이는 효과가 부가적으로 생기게 됩니다.

수술방법은 늘어난 질 조직을 잘라내고, 손상된 근육을 교정합니다. 대개 배우자의 음경 굵기를 고려하여 수술하지만 여의치 않을 때는 손가락 하나가 꽉 차게 들어갈 정도로 수술합니다. 이 공간은 시간이 지날수록 조금씩 늘어나기도 하고 어느 순간 멈춰서 유지되기도 하는데, 수술하고 몇 년 지나 원래대로 돌아가는 당황스러움을 예방하려면 사실 수술 후에도 주기적으로 케겔 운동으로 관리하는 것이 좋습니다. 수술해도 케겔 운동, 안 해도 케겔 운동이네요. 선택은 자유입니다.

최근에는 수술하지 않는 예쁜이수술로 '질 필러'가 유행하고 있습니다. 필러(Filler)는 말 그대로 충전재입니다. 통상 주름제거를 목적으로 얼굴의 진피층에 주사하는 물질을 질 점막에 주사하여 질벽이 부풀려짐으로써 질 내부가 축소되는 원리입니다. 병원 홍보 문구를 보면 10

분 이내 시술이 가능하며 통증이 없어서 시술 후 즉시 실생활이 가능하다고 되어 있네요. 물론 수술보다 가격이 비싸고 주기적으로 해야 한다는 단점이 있습니다.

질이 심하게 처졌거나 심지어 몸 밖으로 나온 경우나 요실금이나 변실금이 심각한 경우처럼 예쁜이수술이 꼭 필요한 사람도 있을 겁니다. 하지만 일반적으로 인체는 복원력이 있습니다. 상처가 나도 왜곡이 생겨도 어느 정도는 원래대로 돌아오려는 경향이 복원력인데, 출산 후의 질도 시간이 지나면 어느 정도는 회복된다는 게 상식입니다.

나이 들어 질의 탄력이 점차 사라지고 조이는 힘이 약해지는 것은 결국 언젠가는 막을 수 없는 현상인데 굳이 내 몸 아파 가면서까지 그래야 하나 싶은 생각이 드는 것은 어쩔 수 없습니다. 실제로 수술한 분들의 성적 쾌감과 관련한 증언에서는 본인은 좋은 거 별로 모르겠는데 남편은 좋아하는 것 같다고 말하는 분들이 대부분이니까요.

"남자들은 헐거운 여자를 싫어하지 않느냐.", "남편이 그런 이유로 자꾸 바람피우는 것 같은데 그래서 난 꼭 해야겠다."라고 말씀하시는 분들도 계십니다. 정말 남편이 아내의 질이 헐거워서 바람을 피우는 걸까요? 정말 심각하게 문제가 있지 않다면 일반적으로 여성의 질은 뻥 뚫려 있는 공간이 아니라 살이 빈틈없이 붙어 있는 관의 형태입니다. 잦은 출산과 노화로 탄력을 잃었다고 해도 웬만한 남자는 여성 질의 헐겁거나 꽉 조이는 것의 차이를 느끼지 못합니다.

다만, 질이 꽉 조여진다는 느낌을 물리적으로 쉽게 남자들에게 줄 수 있는 때가 있긴 한데 바로 삽입하여 왕복운동이 진행 중일 때입니다. 질 조이기 운동으로 충분히 단련되어 있다면 말할 것도 없지만 그렇지 않더라도 오늘 당장 남편이 삽입하여 왕복운동을 진행할 때 '질 조이기 운동'을 해보시기 바랍니다. 남편의 움찔하는 반응을 본인도 느낄 수 있으실 겁니다. 더 나아가 왕복운동에 맞춰 리듬감 있게 조였다 풀기를 반복하면 이전과는 다른 새로운 느낌을 둘 다 경험하실 수 있습니다.

왕복운동 중의 케겔 운동은 두 가지 좋은 점이 있습니다. 우선 남녀 모두 성감이 높아집니다. 음경과 질 내부의 닿는 면이 넓어져서도 그렇고 남녀 모두 더 꽉 차는 충만한 느낌을 받을 수 있어서도 그렇습니다.

또한 남성의 사정을 지연시킬 수도 있습니다. 남성의 음경을 고무호스라 생각하면 이해하기 쉽습니다. 수도꼭지를 틀어 고무호스를 타고 물이 흘러나올 때 고무호스를 손으로 꼭 쥔다면 물은 나오지 않고 대기하고 있겠죠. 음경이 고무호스와 다른 점은 오래 막고 있으면 사정 욕구가 가라앉아 조임을 풀어도 기다렸던 정액이 뿜어 나오지 않을 수 있습니다. 단순히 시간을 지연하는 것이 아니라 사정조절도 가능하다는 거죠. 다시 말하면 여성이 남성의 조루증을 치료할 수도 있다는 뜻입니다. 이 여성과 섹스하면 모든 남자가 조루 걱정 없이 오래 섹스할 수 있다? 이 경지에 이르면 그야말로 명기라 아니할 수 없습니다.

명기가 되는 세 번째 방법은 질 내부 온도를 높여주는 주기적 '반신욕'입니다. 사람의 체온은 평균적으로 36.5도이지만 분리하여 재보면 상반신이 하반신보다 조금 높습니다. 상반신에는 뜨거운 피를 생산하는 심장이 있어 지속적으로 열을 생산하고 하반신에는 배설기관이 있어 몸속의 열까지 빠져나가기 때문입니다.

세상 모든 만물이 건강해지는 원리는 같습니다. 균형을 이루는 것이죠. 뜨거워지려는 머리와 상반신을 식히고 차가워지려는 하반신을 덥히면 몸의 균형이 이루어지면서 혈액이 온몸을 힘차게 돌게 됩니다. 흔히 손발이 차다고 하는 것은 혈액순환이 되지 않는다는 뜻입니다. 하반신에 혈액이 돌아 순환이 원활해지면 자궁과 질 온도가 높아져 따뜻해지고 혈액을 통해 영양분 공급도 좋아져 자궁과 질 건강에도 좋습니다. 감각이 살아나 더 잘 느끼게 되며 분비샘의 기능도 활성화되어 애액도 풍부해집니다.

네 번째 방법은 '빨리 흥분하기'인데, 이는 다음 장인 오르가슴 편과 내용이 중복될 수 있으니 오르가슴 편에서 이야기하도록 하겠습니다.

이외에도 영화 〈간신〉을 보면, "발뒤꿈치를 들고 걸으면 회음이 긴장되어 성감이 높아진다. 무릎 펴고 걸레질을 하면 자궁이 자극되어 속살이 연해진다."라는 대사가 나오는데 모두 하반신에 긴장을 유지하는 방법이라는 점에서 질 조이기 운동과 그 맥락이 같습니다.

그 외 쉽게 할 수 있는 작은 명기 팁을 알려드리자면 음경의 왕복운동 중에 남자의 엉덩이를 살짝 쥐고 몸 쪽으로 당기는 동작을 남자의 왕복운동과 맞춰서 리듬감 있게 진행하면 남성이 왕복운동을 훨씬 쉽게 할 수 있고 본인 역시 필요에 따라 깊은 삽입을 통해 풍부한 느낌을 만들 수 있습니다. 또한 왕복운동을 할 때 골반을 조금씩 좌우, 위아래, 원형으로 움직이다 보면 더 기분 좋아지는 각도를 찾을 수 있는데, 이 움직임은 남자에게도 훨씬 다채로운 감각을 선사할 수 있습니다.

마지막으로 글 초반에 했던 부탁을 다시 드리려고 합니다. 명기가 되고자 노력하는 일차적인 이유는 역사 속의 옹녀처럼 남자들을 유혹하거나 흥분하게 만들기 위해서가 아닙니다. 우선 내 몸이 건강해지기 위해서요, 내 쾌락을 더 크게 만들기 위함입니다. 또한 사랑하는 사람과의 관계가 다정해져 좀 더 행복한 가정을 만들기 위함이며 제일 마지막 이유가 그 남자를 좀 더 짜릿하게 만들기 위함입니다. 내 몸이 바뀌면서 이 정도의 혜택이 온다면 다소 귀찮더라도, 노력과 인내가 필요하더라도, 한번 해볼 필요가 있지 않을까요?

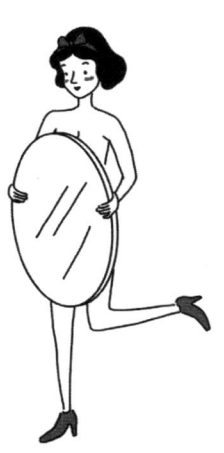

○ 죽(을 때까지 못 느끼)거나 혹은 느끼거나 오르가슴

> **Q** 오르가슴이 도대체 뭔지, 죽기 전에 한 번만이라도 느껴봤으면 좋겠습니다

저는 그 누구와 관계를 해도 오르가슴이 안 옵니다.

이건 분명히 저의 문제가 맞는 거 같은데 도무지 그 답을 모르겠고 또 해결책을 찾으려 온갖 방법을 쓰고 비용도 꽤 낭비했습니다. 저는 정신적으로 성적 상처도 없고 해부학적으로 문제는 없는 거 같은데 도대체 왜 느낌이 없는지 너무나 궁금합니다. 남들도 다 저 같은 줄 알고 살아온 제가 바보였다는 걸 비로소 알았습니다.

남자들은 저와 하는 걸 좋아하는 거 같습니다. 질이 좁고 쪼임을 잘 해주니 저들만 좋은 거겠지만 정작 저는 에로배우가 되는 겁니다 매번. 자위로는 클리토리스를 자극하는 것과 질 입구를 압박하면서 문지르면 단발성 오르가슴은 느껴집니다. 하지만 삽입 오르가슴은 정말이지 있기는 한 건지, 다들 느낀다는 게 거짓말같이 들립니다. 지적 수준이나 외모가 괜찮은 여자들이 불감증이 많다고 하는데 주위를 보니 수더분한 아줌마 같은 여자들이 진짜 성감은 좋더라고요.

캣체위, 여성 상위 별거 다 해 봐도 그냥 꽉 찬 느낌 외엔 없는데 왜 저는 평범한 다른 여자들과 다를까요?

저는 소원이 이겁니다. 죽기 전에 오르가슴이 뭔지 아는 거. 이대로

살아야 하나 보다 하면서도 아직 포기는 안 한 모양입니다. 이렇게 상담 메일을 보내는 거 보면⋯.

  이론에 대해선 많이 아는 편입니다. 병원에선 지스팟도 있다 하고요. 도대체 뭔지 죽기 전 한 번 만이라도 그 느낌을 알고 싶습니다. 구름 위를 둥둥 떠 있는 느낌인지 척추를 타고 뭔가 뇌로 나가는 느낌인지 무엇이 되었건 저에게는 모두 신세계입니다.

　삽입섹스만으로 오르가슴을 느끼는 여자는 7%밖에 되지 않습니다. 여성의 질 내부에는 성감대가 없기 때문입니다. 학계에서는 지스팟의 존재 여부에 대해 아직도 논란이 많습니다. 삽입섹스로 느껴지는 쾌감은 질 근육이 팽창하면서 질을 둘러싸고 있는 클리토리스 몸통이 자극받기 때문입니다. 따라서 클리토리스의 위치와 크기, 모양에 따라 느껴지는 감각은 모두 다를 수밖에 없습니다. 그나마 '여자위 체위'에서 오르가슴을 경험하는 여성이 많은 이유는 이 체위가 가장 클리토리스를 적절하게 자극할 수 있는 체위이며, 자신이 가장 잘 느껴지는 방향과 압력으로 클리토리스를 자극할 수 있기 때문입니다. '여자위 체위'의 본질은 그냥 남자 대신 여자가 위에서 삽입 후 왕복운동을 하는 것이 아니라, 여자가 남자를 도구로 사용해 자위한다고 보는 게 더 맞습니다.

　제가 이렇게 긴 서두를 꺼낸 이유는 사연 주신 분은 지극히 '정상'이며, 아직 섹스의 쾌감 얻는 방법을 찾지 못했을 뿐이라는 것입니다. 삽입섹스에서 큰 만족을 느끼지 못하고 소위 연기를 하는 분들은 많습니다. 심지어 연기조차 하지 않고 그저 누워있는 분들도 많습니다. 모두 어떤 방법으로 어떻게 개발하면 자신이 쾌감을 느끼는지 모르는 분들이십니다.

두 가지를 확인해보고 노력하셨으면 좋겠습니다.

첫째, 나는 정말로 나와 섹스하는 남자들을 진심으로 '사랑'했었는가?

사랑은 뇌가 하는 일입니다. 그 사람이 너무 보고 싶고, 대화하고 싶고, 눈만 바라보고 있어도 행복하고, 만난다는 생각만으로도 가슴이 설렐 때, 그 사람이 내 몸을 만지는 촉감 하나하나에도 내 몸이 전율할 수 있습니다. 그런 전율들이 모이고 증폭될 때 오르가슴이 일어나는 것입니다. 물론 감각을 타고났거나 평소에 성감대를 훌륭하게 개발한 여자분 중에는 상대가 누구든 그 경험으로 들어갈 수 있는 분들도 있습니다. 하지만 그런 경우가 아니라면 우선 나를 포기해도 좋을 만큼 정말 '사랑하는 사람'을 찾으셨으면 좋겠습니다.

둘째, 나는 내 성감대를 잘 알고 있는가?

오르가슴은 삽입 후 왕복운동으로 오는 것이 아니라고 앞에서 말씀드렸습니다. 그렇다면 진심과 사랑이 담긴 애무, 그것도 내 몸에서 가장 쾌감을 느낄 수 있는 부위와 방법으로 진행되는 애무에서 오르가슴은 시작되며 그것들이 모여 오르가슴으로 가는 계단을 하나씩 만들게 됩니다. 그리고 그 성감대는 내가 찾고, 내가 개발하며, 내가 발전시켜야 합니다.

오르가슴은 누구나 느낄 수 있습니다. 노력하느냐 하지 않느냐의 차이와 방법을 알고 있느냐 모르느냐의 차이가 있을 뿐입니다.

성 상담사 치아 드림

미국의 동물학자이자 성 연구가인 알프레드 킨제이 보고서에는 눈썹을 만지거나 무릎을 쓰다듬어 주면 오르가슴을 느끼는 여자의 사례가 나옵니다. 과학 저널리스트 메리 로치는 강연에서 매일 아침 이빨을 닦으면서 오르가슴을 경험하는 여자의 사례를 이야기합니다. 이 정도 되면 상식처럼 알고 있다 생각했던 오르가슴의 정의에 대해 다소 의구심이 생깁니다. 섹스를 통해 느껴지는 성적쾌감이 오르가슴 아니었어? 도대체 어떤 느낌이 오르가슴이고 어떻게 하면 그걸 느낄 수 있는 거지? 어쩌면 오르가슴은 저 멀리 구름 위의 이상향이 아닐지도 모르겠습니다. 우리도 모르는 사이 생활 속에서 이미 조금씩 경험하고 있을지도요.

오르가슴(Orgasm)의 어원은 오르가스무스라는 그리스어로 '젖어 있다' 또는 '부풀다'란 뜻입니다. 하지만 현대에 우리가 사용하는 이 단어의 뜻은 '성적자극을 통해 느끼는 쾌감의 절정' 정도입니다. 근데 다소 모호합니다. 성적자극의 규정도 모호하고 절정의 범위도 모호합니다. 눈썹 만지기나 이 닦는 행위도 성적자극에 들어가나요? 전기 오듯이 짜릿짜릿한 것도 절정인가요? 무엇보다 결정적으로 궁금한 건 이겁니다. "절정까지 가기 위한 특별한 방법이라도 있는 건가요?"

정의가 어찌 됐건 분명한 건 오르가슴이 허상은 아니라는 사실입니다. 의학자들이 MRI(자기공명영상), PET(양전자 단층촬영) 등을 활용하여 섹스 중 오르가슴을 느끼는 여성의 뇌를 촬영했는데, 촬영 영상을 보면 뇌의 각각 다른 30여 곳에서 평소와 전혀 다른 뇌파가 발생하고 있는 것이 확인되었습니다. 이것은 천연마약이라 불리는 신경전달물질 도파민과 애정과 친밀감을 느끼게 하는 옥시토신이 발생하고 있다는 증거입니다.

영화 〈해리가 샐리를 만났을 때〉를 보면, 샐리가 해리 앞에서 오르가슴을 느끼는 여성의 모습을 연기하는 장면이 나옵니다. 자신과 섹스를 나눈 모든 여자의 반응이 진실이라고 믿었던 불쌍한 해리를 무지로부터 구원하려는 애절한 노력이죠. 그렇다면 모든 여자가 섹스할 때마다 오르가슴을 경험하지는 않는다는 건데 도대체 왜 그럴까요?

학계에는 여성이 단순한 삽입섹스를 통해 오르가슴을 못 느끼는 것은 지극히 정상이라고 주장하는 분들이 있습니다. 여성을 오르가슴에 오르게 하는 가장 큰 공헌자는 클리토리스인데, 클리토리스는 질 바깥쪽 몸속에 묻혀 있기 때문이라는 거죠. 이들의 결론은 남성들이 좀 더 정성스럽게 특별한 방법과 인내를 가지고 클리토리스 애무를 해야 한다는 것입니다.

이렇게 클리토리스 오르가슴을 강조하는 학자들은 질 오르가슴을 부정하면서 질 오르가슴을 느끼게 한다는 지스팟(G-spot)도 허상이라고 말합니다. 마치 천사나 유니콘처럼 상상 속에나 있는 개념이라는 거죠. 이 주장에는 근거가 있습니다.

우선 해부학적으로 지스팟이 있다고 전해지는 '질 입구 안쪽으로 손가락 마디 하나쯤 되는 곳의 윗벽에, 좁쌀 알갱이처럼 오톨도톨 튀어나온 조직이 만져지는 곳'에, 일반적인 성감대의 특징처럼 신경세포가 더 많이 분포되어 있지 않습니다. 아니 사실은 질 내부 자체에는 신경세포가 거의 없습니다. 이는 자연의 섭리인데, 만약 질 내부에 신경세포가 많거나, 일부분이라도 많은 곳이 있다면 아이를 출산하면서 산모가 느끼는 고통이 지금과는 비교도 안 될 만큼 클 것이기 때문입니다. 따라서 질은 생각보다 무척 둔감한 부위입니다. 초음파나 MRI 등의 연구에서도 지스팟의 위치나 형태를 증명한 학자는 아직 없습니다.

만약 스스로 자극해봤거나 연인이 손가락을 넣어 자극해주었음에도 전혀 흥분반응을 느끼지 못했다 하더라도 절대 낙담할 필요가 없다는 것입니다. 지스팟을 자극해 오르가슴을 느꼈다는 일부 여성들의 경험도 결국 클리토리스를 자극한 것으로서, 오르가슴은 클리토리스에 의해서만 도달할 수 있다는 주장입니다.

물론 이 견해의 반대편에는 진정한 오르가슴의 절정은 지스팟 자극을 통한 질 오르가슴이라고 말하는 학자들도 있습니다. 클리토리스 오르가슴이 남성이 사정할 때 느끼는 오르가슴처럼 3초에서 길어야 10초간 이어지는 짧고 말초적인 오르가슴이라면, 질 오르가슴은 평균 20초 이상 지속되며 자궁, 질, 골반 근육(PC 근육), 항문이 반복적으로 수축하면서 발생하는 온몸을 휘감는 힘을 가진 진정한 오르가슴이라는 것입니다.

언뜻 이 이론은 클리토리스 오르가슴에 대한 주장보다 더 진보적이고 최근의 이론인 것처럼 보입니다. 그러나 사실 20세기 초 클리토리스 오르가슴을 무시하고 질 오르가슴만을 인정했던 프로이트의 잘못된 주장에서 그다지 발전되지 못한 상태입니다.

하지만 어느 쪽이 진실이건 중요한 것은 오르가슴은 분명히 존재하며, 타고난 체질상 오르가슴을 절대 느낄 수 없는 사람은 거의 없다는 것입니다. 지금까지 오르가슴을 느껴본 적이 없는 분들도 '절대불가'가 아니라 '아직'일 가능성이 크다는 것이죠.

"알겠습니다. 할 수 있으니 같이 노력해서 느껴보자는 거잖아요? 그런데 그게 도대체 어떤 느낌인데 그렇게 강조하는 건가요?"

솔직히 저 역시 여자가 아니라서 여성이 느끼는 오르가슴은 저도 궁금합니다. 여성지 기사나 인터넷, 서적 등에는 아래와 같이 표현되어 있습니다.

정신적인 표현

- 영혼과 육체가 분리되어 내 몸 밖으로 무엇인가 빠져나가는 느낌.
- 구름 위에 떠있는 느낌.
- 정신이 아득해지고 온몸이 둥둥 뜨는 느낌.

- 기절할 것처럼 정신을 잃고 온몸이 산산이 부서져 녹아버리는 듯한 짜릿함.
- 이대로 시간이 정지되고 죽어버린다 해도 후회하지 않을 것 같은 느낌.

육체적인 표현

- 허리와 엉덩이가 들어 올려지고 다리가 꼬입니다.
- 입에서는 신음과 더운 숨이 터져 나오고 평소 같지 않게 애액이 많이 나오기도 합니다.
- 소변이 나올 것 같은 느낌을 받기도 하며 다리와 발끝에 힘이 들어가고 온몸이 경직되곤 합니다.
- 나도 모르게 남자의 엉덩이를 잡아당겨 삽입을 더욱 깊게 하고 침을 자주 삼키며 눈을 뜰 수 없고 얼굴이 달아오르며 유방이 단단해집니다.

그런데 주변에서 저런 경험을 해봤다는, 그것도 자주 한다는 여자분들을 많이 만나시나요?

전 당연히 여성의 오르가슴을 느껴본 적은 없습니다. 하지만 본능적으로 위에 열거한 오르가슴에 대한 정신적, 육체적 표현 중 어떤 것은 다분히 부풀려졌다는 느낌이 듭니다. 반면, 저 정도는 아니더라도 섹스가 즐겁고 기분 좋은 경험이었던 사람의 이야기는 너무나 많습니다. 온몸이 녹아내리는 경지는 아니더라도 나도 모르게 신음도 나오고 내 남자가 너무 멋지게 보였던 경험 말입니다.

세상사가 모두 그렇지만 기대가 크면 실망도 큰 법입니다. 저는 여러분이 섹스를 통해 한 번이라도 느꼈던 그 즐거움이 바로 오르가슴이라고 생각합니다. 그리고 지금부터 제가 하려는 이야기는 당신이 평생 단 한 번도 만나보지 못한 최고 절정의 오르가슴을 만드는 방법이 아닌, 일상 속에서 여러분이 항상 느껴오던 그 즐거운 오르가슴을 좀 더 확실하게 끌어내고, 더욱 자주 느낄 수 있게 해주는 방법입니다.

"네? 삽입섹스만으로 오르가슴을 느끼는 여자는 7%에 불과하다고요?"

〈출처: LA Times 2008년 2월〉

남성들은 고개를 갸우뚱합니다. 당연합니다. 이해될 리가 없습니다. 다른 부위 만져주어 봐야 도통 소용없고, 음경애무만이 최고의 쾌락을 만끽하게 해주며, 삽입 후 왕복운동 끝의 짜릿한 사정이야말로 오르가슴의 최절정인, 단순명료한 신체구조를 가진 것이 남성들입니다. 그런 그들이 삽입 후 왕복운동이 여성 오르가슴에 무의미할 수도 있다는 사실을 어떻게 쉽게 받아들일 수 있겠습니까? 사실 영화나 야동, 심지어 학교의 성교육 자료에서도 남녀 간 사랑의 종착지는 삽입섹스인 것처럼 묘사하고 있으니 모르는 게 결코 남자들의 잘못만은 아닐 겁니다.

제가 남성을 비하한 것 같으신가요? 아닙니다. 왜냐하면, 여성도 전혀 다르지 않거든요. 남성은 자기 몸이 아니니 그럴 수 있다 하지만 여성은 자기 몸인데도 삽입섹스에서 오르가슴을 느끼지 못하는 것을 자신의 불감증 탓으로 돌리곤 합니다. "내가 그동안 오르가슴을 느낄 수 없는 방법으로 섹스를 해왔구나." 하는 깨달음 대신 "나, 불감증인가 봐. 태생적으로 전혀 느끼지 못하는 것이면 어떡하지? 잘 느껴지지도 않고 섹스가 그다지 좋은지도 모르겠어."라고 자신을 규정하면서 섹스에서 조금씩 더 멀어지고 있는 거죠. 남녀 흥분곡선의 시간차이가 남성에게 조루라는 불행을 주듯, 남녀 성감대의 차이는 여성에게 불감증이라는 불행을 주고 있는 셈입니다.

수많은 성 관련 책에는 삽입을 위한 다양한 체위가 나와 있습니다. 하지만 그게 다 무슨 소용입니까? 의자에 앉아 곡예 체조를 하든, 허벅지 근육에 알 배겨 가면서까지 여성을 들고 서서 버티든, 삽입섹스만으로는 오르가슴에 갈 수 없다는데 말입니다. 다양한 체위를 주장하는 분들에게 진심으로 묻고 싶습니다. 본인들이 말씀하시는 그 자세들, 정말 직접 해보고 그 글 쓰신 건가요? 해보니 정말 쾌감이 대단하던가요? 그래 봤자 결국 다른 자세로 하는 '삽입섹스'일 뿐인데 말입니다. 7%라지 않습니까. 7%.

이젠 제발, 환상에서 벗어나 우리 모두 '기본'으로 가시죠. 날갯짓도 못하면서 태평양 횡단을 꿈꾸는 건 바보짓입니다. 오르가슴을 느끼기 위한 기본 중의 기본 '날개 펴기', 지금부터 알아보겠습니다. 너무 기본적이라 시시할 수도 있겠지만 그래도 오르가슴에 조금 더 가까워질 수 있다 하니 속는 셈 치고 한번 가보시죠.

불감증 편에서 그랬던 것처럼 우선 '상황과 조건'부터 오르가슴을 느낄 수 있도록 최적화해두어야 합니다.

'피로'는 무조건 오르가슴의 적입니다. 정신노동이든 육체노동이든 온종일 일에 시달렸는데 쉬지도 못하고 밤에 또 섹스노동을 하라고요? 대화가 됐든, 와인 한 잔이나 감미로운 음악이 됐든, 따뜻한 목욕이 됐든, 정성 담긴 마사지가 됐든, 쪽잠이 됐든 일단 피로를 풀고 하고 싶은 기분이 들어야 오르가슴도 기대할 수 있습니다.

시부모와 한집에서 산다면 모텔이라도 잡고, 아이들이 아직 어리다면 날을 잡아 잠깐이라도 가까운 이에게 맡기시기 바랍니다. 언제나 집안일을 도맡아 하고 있다면 콧소리 나는 애교를 활용해서라도 남편에게 떠넘기고, 다 끝내지 못한 회사업무는 집에 들어오는 순간 깨끗하게 잊으시면 됩니다.

만약 부부 관계에서 대등하지 않고 남편에게 기죽어 사는 스타일이라면 오르가슴은 물 건너갔다고 보면 됩니다. 굳이 싸움이 아니더라도 권력관계부터 수평을 맞추어놓고 오르가슴을 욕심내십시오. 종교적인 이유가 있다면 신께 양해를 구하고, 섹스에 대한 정보가 부족하다면 일단 많이 배우고 익혀야 하며, 성추행이나 성폭행에 의한 나쁜 기억이 있다면 더는 미루지 말고 심리상담사나 정신건강의학과를 찾아가 털어내고 다시 시작하시기 바랍니다. 힘들다면 다시 꺼내지 않고 깔끔하게 콘크리트로 묻어버리고 그 위에 새롭게 예쁜 집을 지으셔도 됩니다. 절대 마주 서는 것만이 능사는 아닙니다. 때로는 무시하고 묻어버리는 것이 더 효과적일 때도 있습니다.

이렇게 모든 조건에서의 최적화가 이루어지고 나면 이제부터는 구체적인 '방법'에 관한 이야기입니다. 이것은 '행동'에 관한 이야기이며, '특정 부위'에 관한 이야기이기도 하고, 무엇보다 우리 모두 알고 있는 사실을 복습하는 것일 뿐입니다. 지금부터 할 이야기는 바로 남성의 음경과 상동기관인, 오직 쾌락을 위해서만 존재하는 기관, 바로 '클리토리스'입니다.

클리토리스는 역사적으로 꽤 오래전부터 주목받아 왔습니다. 의학의 아버지 히포크라테스는 아이를 갖기 위해서는 여성의 클리토리스를 자극해 흥분시켜야 한다고 주장했고 이는 오랫동안 의사들에게 상식처럼 여겨져 불임을 고민하며 병원을 방문한 환자에게 클리토리스 애무를 가르쳐주기도 했습니다.

이런 클리토리스에게도 암흑기가 있었습니다. 17세기 유럽, 잔인한 마녀사냥이 유행하던 그때, 마녀를 심문하던 남자들은 마녀라는 죄목으로 매달린 여자의 하반신을 발가벗기고 음부를 만져 부풀어 오르는 부위가 있으면 이를 악마와 섹스할 때 악마가 빨아대는 젖꼭지라고 부르며 마녀의 증거로 삼았습니다. 가슴 아픈 이 이야기에 등장하는 부위가 바로 클리토리스입니다.

19세기 이전 사람들은 클리토리스를 임신하기 위해서 자극해야 하는 중요한 부위로 생각했습니다. 하지만 19세기 에두아르드 반 베네덴 박사는 임신과 출산의 과정을 과학적으로 정확하게 밝혀냈는데, 이때부터 클리토리스가 실제 임신과는 상관없다는 사실이 알려지면서 순식간에 아무짝에도 쓸모없는 충수(맹장 꼬리) 같은 기관으로 전락하게 되었습니다.

20세기 초 정신분석학자 프로이트는 클리토리스 오르가슴의 가치를 깎아내리고 질 오르가슴만을 진정한 쾌락으로 인정하는 오류를 범하기도 했습니다. 1858년에 초판 인쇄된 헨리 그레이 박사의 책으로 지금도 의대생들이 옆구리에 끼고 공부한다는 해부학 교과서 『그레이 아나토미』의 25판(1947년 출간, 현재 40판 출간)에는 클리토리스가 완전히 빠져 버리기도 했습니다. 어느덧 의사들조차 임신과 출산에 아무 기능을 하지 않는 클리토리스를 외면하기 시작한 것입니다.

클리토리스의 진정한 면모가 제대로 밝혀진 것은 1세기 가까이 지난, 지금으로부터 불과 18년 전인 1998년 호주에서였습니다. 여성 비뇨기과 의사인 헬렌 오코넬(Hellen O'connel) 박사는 비뇨기과 학회지에 '요도와 클리토리스의 해부학적 관계(Anatomical relationship between urethra and clitoris J Urol 1998 June; 159(6):1892-1897)'라는 논문을 발표하는데, 그제야 비로소 인류는 이때까지 잘못 알려졌던 클리토리스의 진짜 모습을 확인할 수 있었습니다. 오코넬 박사가 찾아낸 실제 클리토리스는 그때까지 알려진 크기보다 무려 10배 이상 컸으며 훨씬 복잡한 기관이었기 때문입니다.

이제 클리토리스가 여성의 오르가슴과 직접적인 관계가 있다는 사실은 많은 사례와 연구를 통해 속속 밝혀지고 있습니다. 질병이나 신체기형 등의 이유로 클리토리스 제거수술을 받은 환자의 대부분이 더는 섹스에서 쾌감을 느끼지 못하거나 오히려 고통을 호소하는 것이나,

오르가슴을 느끼지 못하는 여성 중 상당수가 평균보다 크기가 작고 더 깊이 묻혀 있는 클리토리스를 갖고 있다는 점, 클리토리스의 위치가 질에서 멀리 떨어져 있으면 성적 쾌감도 그만큼 적다는 사실 등을 발견한 것입니다.

20세기 초, 나폴레옹을 배출한 유명한 보나파르트 가문의 딸이자 그리스의 왕비였던 마리 보나파르트는 자신이 섹스에서 오르가슴을 느끼지 못하는 이유를 클리토리스가 질에서 멀리 떨어져 있기 때문이라 생각하고, 200명이 넘는 여성을 모집해서 클리토리스와 질 사이를 자로 재어 자신의 생각을 증명했을 뿐만 아니라 그 결과를 의학저널에 게재했습니다. 보나파르트 왕비가 클리토리스 오르가슴을 무시했던 프로이트의 가장 소중한 제자이자 가까운 관계였다는 사실은 역사의 아이러니이기도 합니다.

섹스할 때마다 오르가슴을 느낀다는 여자를 대상으로 진행된 연구도 있습니다. 일반적인 섹스뿐만 아니라 시간이 매우 짧은 섹스에서도 자신은 황홀한 오르가슴을 느낄 수 있다고 고백한 여자의 이야기에 학자들의 관심이 집중되었고, 해부학적 진료가 진행된 후 결론은 아주 명확하게 밝혀졌습니다. 일반적으로 요도 위 소음순이 시작되는 위치에 있어야 하는 클리토리스 머리가 이 여인의 몸에서는 질 입구 바로 위에서 발견된 것입니다. 위치상 음경이 왕복운동을 할 때마다 지속적으로 클리토리스의 구성요소 중에서도 가장 민감하다는 클리토리스 머리가 강하게 자극되었을 테니 그저 축복받은 몸이라고 할 수밖에 없습니다.

이제 학자들은 크기가 큰 클리토리스는 더 많은 말초신경을 지니고 있으며, 질에 가까운 클리토리스는 왕복운동에 쉽게 자극되고, 약한 자극에도 쉽게 몸 밖으로 고개를 내미는 클리토리스 머리가 더 강한 오르가슴을 만든다는데 큰 이견이 없는 듯합니다.

하지만 더 크고, 더 가깝고, 더 쉽게 고개를 내민다 한들 무슨 소용이 있답니까? 사랑하는 그 사람이 클리토리스 애무를 하지 않는다면 말입니다. 클리토리스 애무를 하지 않는 남자는, 모르니까 하지 않을 가능성이 큽니다. 그렇다면 남자를 가르쳐야 할 여자인 당신은 당신 몸의 클리토리스에 대해 잘 알고 계시는지요? 여대생의 30%는 여성 외음부 그림에서 클리토리스의 위치를 찾지 못한다는 통계가 있습니다. 여자가 이런데 남자는 말할 것도 없겠죠.

클리토리스의 머리 부분은 대개 요도 위, 소음순이 시작되는 위치에 있습니다. 평소에는 피부에 덮여 있다가 자극을 받으면 고개를 조금 내밀곤 합니다. 자극을 받아도 고개를 내밀지 않는 예도 있는데 벗겨지는데 익숙하지 않아서 그러기도 하므로 자위 등을 통해 자주 사랑해 준다면 달라질 수 있습니다.

클리토리스에 대한 가장 큰 오해 중 하나는 생김새, 특히 크기입니다. 많은 분이 몸 밖으로 쌀알만큼 고개를 내민 정도가 클리토리스의 전부라 생각하는데 실제로 클리토리스는 남성의 음경과 거의 맞먹을 만한 크기를 지니고 있으며, 특히 몸통 부위는 질을 감싸고 있습니다. 따라서 미세하나마 왕복운동으로도 클리토리스에 진동을 전달할 수 있으며 소음순과 대음순, 그리고 허벅지로 이어지는 외음부 애무로도 클리토리스에 은근한 자극을 줄 수 있는 것입니다.

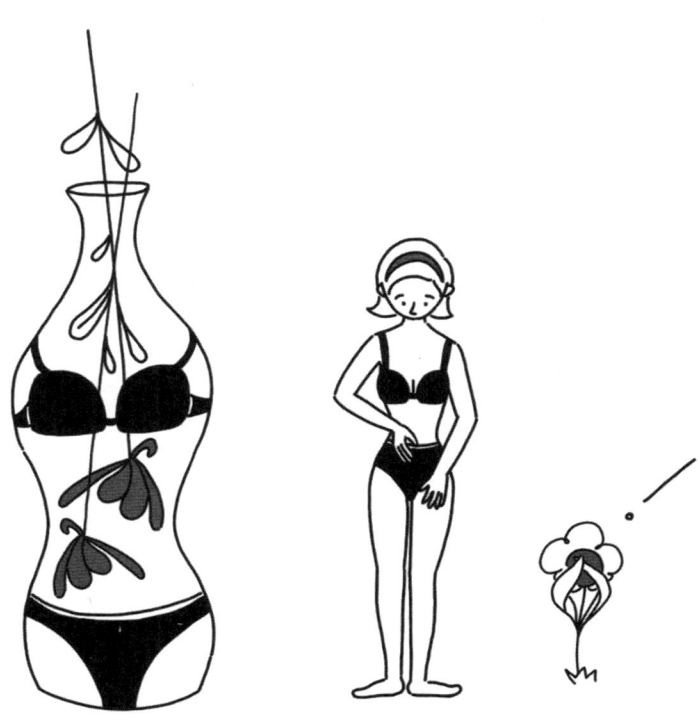

클리토리스의 가장 예민한 부위는 머리 부분이며, 이는 음경의 귀두에 해당하는데 음경의 귀두보다 2배 더 많은 8,000개의 신경세포를 가지고 있습니다. 음경의 귀두보다 2배 더 많다고 하면 여성분들은 잘 모르시겠지만 남성분들은 이게 도대체 얼마나 큰 의미가 있는 말인지 잘 아실 겁니다. 남성 애무의 꽃이 바로 귀두애무인데, 그보다 2배 더 강한 쾌감이라니요.

하지만 남성분들이 명심하셔야 하는 명제가 있습니다. 몸의 다른 부위를 충분히 애무하지 않은 상태에서의 클리토리스 자극은 통증만 줄 수도 있다는 것입니다. 클리토리스는 매우 민감한 부위입니다. 그런 만큼 몸과 마음이 충분히 흥분된 후가 아니라면 오히려 성 감각에 해가 될 수도 있습니다. 민감한 만큼 통증을 유발할 테고 통증이 느껴지는 만큼 성욕은 사라질 테니까요.

충분한 애무가 진행된 후라고 해도 바로 클리토리스 머리(튀어나오는 돌기 부분)로 직행하지는 말아 주시기 바랍니다. 노출되지 않고 몸 안에 숨어 있는 뿌리 부분의 자극을 위해 허벅지와 허리, 사타구니, 음모 등 주변 애무부터 시작해 점차 클리토리스 머리를 향해 천천히 부드럽게 나아가는 게 좋습니다. 더 자세한 방법은 '연인과 부부 – 애무 편'을 참고하시면 좋습니다.

물론 클리토리스 애무가 모든 사람을 흥분시키는 것은 아닙니다. 클리토리스 애무를 진행해도 감각이 느껴지지 않는 분들도 분명히 있습니다. 하지만 이분들도 대개는 아직 감각이 개발되지 않은 것이지 아예 불감인 것은 아닙니다. 그리고 그 감각을 개발할 수 있는 가장 확실한 능력을 갖춘 사람은 바로 여성 본인이며, 이것은 '자위'를 통해 가능합니다. 자위에 대한 자세한 내용은 '여성-불감증 편'을 참고하시면 좋습니다.

내 남자가 클리토리스 애무를 몰라서 아직 클리토리스 애무를 경험해보지 못한 여성분들이라면 체위를 활용해보시는 것도 좋습니다. 오늘 당장 은근슬쩍 파트너의 몸 위로 올라가 여자위 체위로 섹스를 즐기는 것입니다. 물론 남자가 당황하지 않게, 나도 남자처럼 위에서 해보고 싶다던가 하는 애교 섞인 말로 시작하는 것도 좋은 방법입니다.

여자위 체위는 클리토리스가 가장 쉽게 자극될 수 있으며, 본인이 자극의 방향과 강도를 조절할 수 있어 여자가 오르가슴을 느끼기 가장 좋은 자세입니다. 왕복 운동을 하며 마음껏 오르가슴을 느껴보시기 바랍니다. 명심하시기 바랍니다. 남자 위에 올라가 가만히 남자가 움직여주는 것을 기다리는 것이 아니라 직접 본인의 몸을 움직여 가장 쾌감이 높은 위치와 방법을 찾아 실행하는 것입니다. 이때 남자는 그저 내 클리토리스를 자극하는 도구일 뿐이죠.

지금까지 다소 딱딱할 수도 있는 내용을 읽으셨습니다. 내가 의사나 역사학자도 아닌데 이런 것까지 알 필요가 있나? 싶으셨을지도 모르겠네요. 하지만 내가 모른다면 더 무지한 남자를 가르치고 이끈다는 건 아예 불가능하다는 것입니다. 아는 만큼 느낄 수 있고, 느끼는 만큼 행복할 수 있습니다.

멀티태스킹 애무

흔히 남성과 여성의 차이를 이야기할 때 멀티태스킹을 예로 듭니다. 남성은 한 가지 일에 몰두하고 있으면 다른 일은 전혀 신경 쓰지 못하는 즉, 멀티태스킹이 불가능한 존재지만 여성은 음식 먹으면서 이야기하고, 동시에 스마트폰 검색까지 할 수 있는 멀티태스킹의 귀재이며 이 모든 정보가 거의 동등하게 뇌에 입출력되는 우월한 능력을 지녔다고 합니다.

여성의 멀티태스킹 능력은 섹스에서도 빛을 발합니다. 여자위 체위에서 남성이 입으로는 가슴을, 손으로는 엉덩이를 애무하면서 음경은 질에 삽입해 천천히 왕복운동을 진행하고 있다면 여성의 뇌는 어느 한 부위의 감각만 집중하여 느끼는 것이 아니라 모든 부위에서 전달되는 감각의 향연을 모두 고스란히 느낄 수 있습니다.

그뿐만 아니라 심지어 특정 성감대의 감각이 다른 성감대 감각을 증폭시켜 1+1의 답이 2가 아니라 3이 되기도 한다니 이쯤 되면 여성은 거의 쾌락을 위해 태어난 축복받은 몸이라고도 말할 수 있을 것 같습니다. 물론 내 남자가 그 축복을 일깨워주는 애정과 지식이 있어야 한다는 전제조건이 필요하지만 말입니다.

정리하면, 여성의 오르가슴을 위해서 남성은 다양한 부위를 동시에 애무하는 방법을 사용하는 것이 좋고 이렇게 자극받는 말초신경의 수가 많으면 많을수록 여성의 감각은 더 확장되고 강렬해져 오르가슴을 쉽게 느낄 수 있게 됩니다.

여성자위

만약 남자가 멀티 애무에 관심이 없다면? 섹시하게 유혹하며 가르쳐주어도 잘할 줄 모른다면? 그렇다면 이제는 답답한 남자에게만 맡기지 말고 스스로 오르가슴을 위해서 노력해야 합니다. 내 몸을 가장 잘 아는 것은 바로 나 자신이니까요.

평소 건강한 자위를 통해 자신의 몸 구석구석을 만지면서 본인의 성감대를 확인해두었다가 남성이 애무하거나 삽입섹스를 진행할 때, 본인의 손으로 그 부분을 자극해주는 것입니다. 남자가 오럴 애무를 할 때 양손으로 자신의 유두를 자극한다거나, 땀 뻘뻘 흘리며 왕복운동에만 전념하고 있을 때 한 손을 남자와 자신의 배 사이로 밀어 넣어 클리토리스를 자극해주는 것입니다.

때로는 미리 몸을 조금 흥분시켜 놓는 것도 좋은 방법입니다. 섹스를 위해 샤워하러 들어가서 온몸을 깨끗이 씻으면서 손이나 샤워기의 물줄기 등을 이용해 가볍게 자위를 시작합니다. 너무 깊이 빠져들면 남자와의 섹스가 오히려 시시해질 수도 있으니 겨울철 자동차 출발 전 3분 워밍업처럼 그저 준비운동만 하시면 됩니다. 이렇게 몸을 조금 덥혀 놓으면 그의 첫 손길 하나에도 더운 숨을 몰아쉬며 시작할 수 있습니다.

사실 조금만 더 용기를 낸다면 굳이 몰래 샤워하면서 흥분할 필요도 없습니다. 남자들은 대부분 여자는 어떻게 자위하는지 무척 궁금해합니다. 그런 장면만을 모아놓은 야동이 있을 정도죠. 그렇다면 내가 스스로 야동의 주인공이 되는 겁니다. 조금 창피하더라도 내 몸이 어떤 자극을 좋아하고 어떤 부위가 민감한지 확인하는 차원의 행동이라는 것을 분명하게 인지시킨 후, 남자가 보는 앞에서 자위를 시작합니다.

혼자 몰래 하던 행동을 내가 사랑하는 사람이 보는 앞에서 한다는 짜릿한 스릴도 느끼고, 굳이 야동이나 야한 상상 필요 없이 눈만 뜨면 남자의 벗은 몸이 보이고 여차 하면 만질 수도 있으며, 자극이 부족하면 만져달라고 할 수도 있으니, 이보다 더 자극적인 자위는 없을 것입니다. 나도 흥분하고 남자도 흥분시키는 동시에 내 몸의 성감대를 남자에게 가장 잘 가르칠 수 있는, 가장 효율적인 자위 방법 중 하나입니다.

몇 번의 작업을 통해 남자가 훌륭하게 교육되었다면 이제 같은 방법의 자위를 오로지 남자에게 맡겨 보시기 바랍니다. 물론 말만 자위이지 이때부터는 애무가 되는 거겠죠. 하지만 이전까지 남자가 하는 대로 몸을 맡기기만 했던 애무와는 차원이 다를 것입니다. 이제는 남자도 내 몸을 알거든요. 그렇게 그 기분 그대로, 오르가슴을 향해 가는 것입니다.

세상 모든 일이 그렇지만 특히 오르가슴은 학습이자 경험입니다. 전

허 경험해보지 못한 분은 죽을 때까지 경험해보지 못할 확률이 높고, 한번 경험해본 분은 다시 경험할 확률이 높습니다. 하지만 경험하지 못한다고 해서 건강에 나쁘다거나 하는 것은 아니니 경험해볼지 말지를 결정하는 것은 지극히 개인의 취향입니다.

또 오르가슴으로 느끼는 쾌락은 이상향일 수도 있습니다. 박지성 같은 선수만 바라보며 축구를 하다 보면 전국체전 대표선수로도 선발되지 못한 내 실력에 실망만 더 클 수도 있는 법이죠. 목표를 너무 높게 잡는 사람은 평생 이루어보지도 못하고 그 목표만을 바라보며 애쓰다 죽을 수도 있습니다. 실현 가능한 오르가슴만 목표로 잡으시기 바랍니다.

사실 모든 사람이 고성을 지르며, 온몸이 녹아내리는 것 같고, 하늘을 나는 것 같은 오르가슴을 느껴야 정상인 것은 아니잖아요? 사랑하는 사람과 그저 함께 있으면서 대화하다가 가끔 서로 만지는 스킨십만으로도 마음이 위로받으며 행복하다면, 굳이 소리 지르며 엉덩이 들썩거리는 오르가슴이 필요하다고 생각하지 않습니다. 실체도 없는 오르가슴 추구하려고 애쓰다가 실망하느니 때로는 그냥 마음 비우고 서로 사랑하는 마음만 잘 키워나가는 게 더 좋을 수도 있죠.

분명한 것은, 부지런하지도 않으면서 머리가 좋아서 반에서 1등 하는 녀석을 따라잡으려면 우리같이 평범한 사람들은 잠을 줄여서라도 피 터지게 노력해야 한다는 점입니다. 안 할 거면 모를까, 이왕 하기로 마음먹었다면 노력해서 경험해봐야죠. 남자 앞에서는 옷도 제대로 벗지 못하고, 사랑하는 사람 앞에서는 창피해서 야한 이야기는 꺼내지도 못하며, 헤픈 여자로 볼까 봐 자위한다는 말도 못하고, 내 몸을 만져주면 기분 좋은 곳은 알지만 차마 말할 수 없어 매번 가짜로 신음을 만드는, 소극적이면서도 닫힌 생각과 행동으로는 결코 오르가슴에 오를 수 없다는 것은 분명한 사실입니다. 오늘 당장, '건강한 자위'부터 시작하시기 바랍니다.

°여자도 할까? 사정

Q 제가 겪은 것이 여성 사정인지 아닌지 궁금합니다

왜 아직까지도 이게 흥분액이다, 소변이다가 정확히 밝혀질 수 없는 걸까요? 답답하고 안타깝네요. 그게 알고 보니 페니스든 매직펑거든 ~ 일정 부분의 압박에 의해 쏟아져 나온 소변이었다는 게 밝혀지면 전 창피한 게 되잖아요? 궁금해서 항상 관계 전에 소변보고 비우고 시작했습니다. 계속 쏟아져 나오는데 소변 냄새 비슷한 것 같기도 하고 색상도 비슷해 보일 때도 있고, 맑은 것도 같고…

시원한가? 창피하기도 하고, 오르가슴인지도 잘 모를 때도 있고 섹스 시 뇌파 측정이라도 하고 싶네요, 이게 오르가슴인지…

도대체 지스팟 3가지 자리는 어디인가요? 아신다면 알려주세요.

 의학에서 정확하게 이유가 밝혀지지 않은 증상 중 많은 것들은 일정한 패턴을 찾기 어렵습니다. '항상 이럴 때는 이렇다.'라는 중심 패턴이 명확하게 밝혀지면 종종 다른 모습이 보이더라도 그건 예외로 놓고 중심 패턴만을 연구하면 되는데 예외적인 상황이 무척 다양하면 그중 하나를 중심 패턴으로 확정하기 어렵습니다.

 또 다른 이유로는 '빈도'가 있습니다. 조루에 대한 연구는 많아도 지루에 대한 연구가 거의 없는 이유는 지루를 겪으면서 힘들어하는 사람의 비율이 극히 낮거나, 실제로는 의미 있는 숫자만큼 있어도 그게 성생활에 큰 문제가 되지 않는다고 대부분이 판단하고 있기 때문이죠. 연구의 대상으로서는 가치가 없는 셈입니다.

 흥분액이냐 사정액이냐에 대한 부분, 지스팟에 대한 자극 때문이냐 아니면 다른 메커니즘 때문이냐에 대한 부분도 임상 대상에 따라 결과치가 너무 다르게 나온다면 어느 학자도 그것을 명확하게 규정하기는 어려울 것입니다.

 학문에서야 그렇게 진행되건 말건, 즉 그것이 소변이건 아니건 우리가 크게 신경 쓸건 없다고 생각합니다. 설사 소변이라 한들 그것이 왜

민망한 일이겠습니까? 쾌락을 위해서라면 항문으로도 음경삽입을 시도하는데 말입니다. '쾌락'이라는 목적으로 모든 수단이 용인되는 것은 아니지만, 그 방법이 상대나 본인의 건강에 해를 끼치는 것만 아니라면 적극적으로 즐기는 방향으로 생각을 바꾸시는 게 좋을 것 같습니다. 또한 그것이 오르가슴이냐 아니냐도 결국 느끼는 사람의 관점일 뿐이므로 중요하지 않습니다. 내가 그렇게 느끼면서 즐긴다면 좋은 것이고, 반대라면 피하면 그만인 거겠죠.

마지막으로 지스팟의 위치는 저도 모른다고만 말씀드려야 할 것 같습니다. 이 개념 역시 여성 사정처럼 아직은 논란의 여지가 많은 가설이기 때문입니다. 지스팟 따위는 없다고 주장하는 학자도 많습니다.

성 상담사 치아 드림

 ## 사정, 여자도 합니다

이 영역은 아직 아는 분도 있고 처음 들어보는 분도 있을 만한, 낯선 소재입니다. 또한 그것이 별도의 사정액인지 소변인지에 대해서도 아직은 의견이 분분합니다. 따라서 용어도 남성의 사정과 같은 'Ejaculation'을 사용하기도 하고, (작은 구멍으로부터의) 분사라는 뜻의 'Squirt'를 사용하기도 합니다. 하지만 분명한 건 경험하는 여성이 있으며, 요도를 통해 분출되고, 시점과 느낌이 오르가슴과 관계있다는 것입니다.

여성 사정은 오르가슴처럼 사람마다 상황마다 모두 다릅니다. 경험하는 사람과 하지 않는 사람이 있고, 해도 그저 그런 사람이 있는가 하면 하는 순간 극치의 쾌감을 느끼는 사람이 있으며, 나오는 양도 그저 흘러나오는 정도인 사람부터 소변만큼 많은 양이 나오는 사람까지 다양합니다. 이 이야기를 미리 하는 이유는 여성 사정에 대한 환상부터 없애기 위함입니다.

여성 사정은 특별한 방법으로만 얻을 수 있는 쾌감도 아니고, 오르가슴을 가늠하는 척도도 아니며, 경험하지 못했다고 섹스를 제대로 즐기지 못한 것도 아닙니다. 그저 누군가는 하고 누군가는 하지 않지만 해볼 가치는 있는 '경험'일 뿐입니다.

여성 사정에 대해 제대로 된 연구 자료는 많지 않습니다. 따라서 사정액의 성분에 대해서도 의견은 분분합니다. 어떤 그룹은 여성 사정액이 섹스할 때 나오는 질 분비물의 집합체라고 주장합니다. 질벽에서 흘러나오는 질액과 질 입구 좌우의 바르톨린선에서 나오는 바르톨린선액, 요도와 질 입구 사이의 스킨선에서 흐르는 스킨선액이 함께 어우러진, 흔히 '애액'이라고 부르는 액체를 말합니다.

애액의 점도와 색깔은 사람마다 상황마다 다른데, 보통 흥분 초기에는 점성이 다소 있으면서 탁한 상태였다가 흥분이 고조되면서 점차 맑고 투명하게 바뀌기도 하며, 그 반대이기도 합니다. 냄새는 거의 없거나, 있어도 약간 시큼한 정도가 전부입니다.

하지만 애액은 성적자극으로 흥분한 거의 모든 여성의 몸에서 배출되며, 음경이 원활하게 삽입될 수 있도록 질 입구와 내부를 미끈거리게 하는 윤활 역할을 하는 액체로 각 기관의 특성상 많은 양이 분출될 수 없으므로, 여성 사정액이 애액은 아니라는 반론도 무시하기 어렵습니다.

또 다른 그룹은 여성 사정액을 지스팟(G-Spot) 액이라 주장합니다. 섹스 중 음경이나 손가락을 이용해 지스팟을 자극하면 분비물이 생기는데, 이 액체가 질벽 안쪽의 지스팟 주머니에 고였다가 오르가슴 때 질 수축과 더불어 요도로 유입되어 오줌처럼 세차게 분출되는 것이며, 무색투명하면서 성분도 오줌의 그것과는 다르다는 주장입니다. 흥분하면 질을 감싸고 있는 구해면체근이 요도를 막기 때문에 절대 소변일

리 없다는 것이죠.

하지만 이 역시 과학적 근거는 약합니다. 우선 지스팟(G-Spot)이라는 부위가 실제 존재하느냐에 대한 논쟁이 아직 진행 중이며, 해부학상 여성의 질과 요도는 완벽하게 분리되어 액이 유입될 가능성이 없고, 성분도 오줌과 유사하다는 연구결과가 있기 때문입니다.

마지막으로 여성 사정액은 결국 소변일 뿐이라고 주장하는 그룹이 있습니다. 여성 생식기 구조상 요도를 통해 배출되는 액체가 소변 이외의 액체일 가능성은 없다는 것이죠.

프랑스의 한 산부인과 병원(The Party II private hospital in Le Chesnay, France) 전문의인 사무엘 살라마(Samuel Salama)는 여성 사정을 경험하는 7명의 여성을 대상으로 연구를 진행합니다. 우선 섹스 전 초음파 검사를 통해 여성들의 방광 속 소변량을 측정하고, 소변을 채취하여 성분검사를 한 후 섹스를 진행했습니다. 이 실험을 통해 섹스 후 사정을 통해 배출된 사정액의 성분과 소변의 성분이 유사하며, 사정량과 방광에서 빠져나간 소변량이 거의 유사함을 확인했습니다. 이에 따라 사무엘은 논문에서 여성 사정액은 소변으로 추정된다고 결론지었습니다. 하지만 이 역시 실제 여성 사정을 경험한 여성들의 다수가 소변과는 냄새와 색깔이 다르다는 증언을 하고 있어서 크게 신빙성이 있어 보이지는 않습니다.

사실 개인적으로 사정액의 성분에 큰 관심은 없습니다. 사정액의 성분이 무엇이냐는 지극히 연구하기 좋아하는 학자의 영역일 뿐이며, 우리 같은 상담사들에게 중요한 것은 이 현상이 건강이나 쾌락에 어떤 의미가 있으며, 앞으로 이 현상을 겪는 분들을 어떻게 리드하느냐가 더 중요하기 때문입니다.

2014년 영국에서는 포르노에서 여성 사정을 묘사하는 것을 법으로 금지했습니다.(출처: 영국 일간지 Independent, 5 December, 2014) 여성 사정의 실체가 아직 밝혀지지 않은 상태에서 호스로 물을 뿜는 것 같은 과도한 여성 사정에 대한 연출은 일반인들에게 왜곡된 성 정보를 줄 수 있다는 판단에서입니다. 국내에서도 포르노를 통해 여성 사정 장면을 본 사람들이 여성 사정이 가능한지, 그렇게 폭포 같은 여성 사정을 경험하려면 어떻게 해야 하는지 등에 대해 포털 사이트에 질문을 올리곤 합니다. 시작(포르노 영상)이 왜곡되면서 이후의 모든 정보전달 과정이 왜곡되는 도미노현상입니다.

여성 사정은 삽입 후 왕복운동이 절정에 이르거나 질 내 특정부위를 집중적으로 자극할 때 오줌 마려운 느낌이 강하게 들면서 시작되어 강한 흥분상태에서 요도를 통해 액체를 배출하는 행위입니다. 또 소변을 보는 듯한 짜릿함과 섹스의 쾌감이 맞물려 남성의 사정과 유사한 느낌을 갖게 되지만 모든 여성이 경험하는 것은 아닙니다. 따라서 경험하지 못했다고 해서 열등의식을 가질 필요는 없으며, 본인과 배우자의 노력에 따라 얼마든지 경험해볼 수 있는, 섹스과정에서 느낄 수 있는 하나의 현상일 뿐이라 생각하면 좋을 것 같습니다.

만약 본인도 모르는 상태에서 섹스 중 오줌을 싼 느낌이 들고 엉덩이 아래가 과도하게 축축하다면 여성 사정을 경험한 것입니다. 어떤 여성분은 이 느낌이 싫고 섹스하면서 오줌 싸는 창피한 모습을 남자에게 보일까 봐 남자의 자극을 저지하거나, 섹스 도중 화장실을 가거나, 애써 그 느낌을 참습니다. 또 다른 여성분은 자극을 끝까지 즐기면서 쾌감의 절정에서 마음껏 배설하면서 오르가슴을 즐깁니다. 어느 쪽이 더 건강해 보이시는지요? 느낌이 이끄는 대로 행동하시면 됩니다.

만약 섹스 중에 오줌을 싸고 싶다는 충동이 느껴진다면, 섹스를 멈추고 화장실을 가거나 굳이 참지 말고 몸이 원하는 대로 마음껏 배출하시기 바랍니다. 그 과정에서 당신이 할 일이 있다면 그저, 그 쾌감을 온몸으로 느끼는 것뿐입니다.

오줌이 마려울 때, 화장실에 가서 마음껏 배설하면서 느끼는 쾌감을 우리는 압니다. 이 짜릿함과 성적 쾌감이 서로 반응하면서 오르가슴을 최대로 끌어올리는 것이 여성 사정이라면 앞으로는 섹스할 때 오줌 마려운 느낌이 들어도 긴장할 필요가 없습니다. 미리 사정에 대비하여 두꺼운 수건을 엉덩이 밑에 깔아 두거나 사정해도 아무 상관 없는 장소에서 남자 눈치 보지 말고 마음껏 즐기면서 사정하고 그 느낌을 경험해 보시기 바랍니다. 만약 남자가 당황한다면 이렇게 말씀해주시면 됩니다. "당신은 나를 최고로 흥분시키는 멋진 사람"이라고, "미치도록

짜릿했다."라고 말입니다.

  여성 사정을 마음껏 경험한 분들은 하나같이 입을 모아 여성 사정은 '오르가슴+α'의 느낌이라고 말합니다. 만약 그렇다면 여성 사정의 느낌은 남성 사정과 크게 다르지 않을 거라 생각되며, 신이 인간에게 허락한 범위에서의 쾌감은 앞뒤 가리지 말고 무조건 느껴봐야 하는 게 아닐까요?

<남성>편

○ 꽃보다 남자, 밥보다 자위

자위

Q 자위행위에 대해 죄의식을 갖고 있었습니다

저는 자위행위를 할 때마다 죄책감을 느꼈었는데, 지금 생각해보면 야동이나 사진을 보며 자위행위를 했던 것이 죄의식의 원인이었던 것 같습니다. 상담해주신 내용을 읽고 곰곰이 생각해봤습니다. 성장하면서 자위에 대해 정확한 정보를 얻을 수 있었던 성교육이 아예 없었고 심지어는 자위를 정죄하는 성교육을 받아왔습니다. 그러다 보니 터놓고 이야기할 수 없어 야동을 선택하게 되었습니다. 또한 야동 보는 게 부끄럽다 보니 숨기게 되고 떳떳하지 못한 마음이 들고 그래서 죄의식이 강해졌던 것 같습니다. 상담을 받고 나니 조금 마음이 홀가분해졌습니다. 앞으로 자위를 죄스럽게 생각할 필요도 없겠고, 야동을 동반할 필요가 없는 건강한 자위라면 부끄러울 것 없이 인생의 동반자로 받아들일 수 있겠다고 생각했습니다. 그리고 음란물을 동반하지 않은 건강한 자위를 경험해보니 피로감이 줄었고, 죄의식도 느껴지지 않고, 만족스러운 느낌은 강해졌습니다. 감각에만 집중하며 호흡 조절하고 사정 조절하고 다시 감각에 집중하고 조절도 가능해지고 자위를 끝냈을 때는 이런 변화가 되게 신기했습니다. 어떻게 이런 느낌이? 이런 방법이 있었구나. 참 좋았습니다.

자위, 많이 '할수록' 좋습니다.

"자위, 적당하면 몸에 해롭지 않습니다." 정도라면 모를까? 많이 할수록 좋다니요? 그럼 지금부터 본격적으로 실타래를 풀어나가 보겠습니다.

'자위'를 사전에서 찾아보면 일반적으로 "성기를 스스로 자극하여 성적 쾌락을 얻는 행위"라고 나와 있습니다. 이 성적쾌락을 얻기 위한 인간의 자위는 사실 우리의 상식보다 훨씬 어린 시절부터 시작하게 됩니다. 우리는 자위를 청소년기에 접어들면서 시작하는 통과의례처럼 알고 있지만 사실 자위는 아주 어린 아동기부터 거의 누구에게나 찾아옵니다. 모든 신체 징후가 그렇듯이 사람마다 정도의 차이가 있을 뿐입니다.

아동기의 자위는 쾌락을 얻기 위한 의도적인 행위라기보다는 기분이 좋아지니까 무의식적으로 하게 되는 조건반사 행동과 유사합니다. 자꾸 고추를 꺼내 만지는 남자아이나 툭하면 침대에 엎드려 바닥에 몸을 마찰시키며 얼굴이 붉어지는 여자아이의 행동은 성욕과 무관하게 그냥 좋으니까 계속하는 본능과 같은 것입니다. 대부분 이 시기가 지나면 자연스럽게 줄어들다가 사라지게 되고 커서는 기억조차 못 하게 됩니다. 그러므로 이 시기의 자위 행동은 가능하면, 인위적으로 금지하거나 혼내지 말고, 자연스럽게 아이와 대화하며 너무 중독되지 않을 정도로만 관리해주면 됩니다.

남자는 특정 나이가 되면 거의 모두 자위를 본격적으로 시작하게 됩니다. 저 역시 누가 하는 방법을 가르쳐준 적도 없지만 사춘기가 되면서 자연스럽게 시작하게 되었죠. 성기를 자극하면 기분이 좋아지니까 자꾸 만지게 되고 그러다 사정에 이르면 오르가슴이 느껴지므로 무미건조한 학창시절을 핑크빛으로 물들여주는 행복한 경험이었습니다.

하지만 마냥 좋기만 했던 것은 아닙니다. 일단 어느 정도의 횟수가 적당한지가 궁금했고, 너무 자주 하면 성기에 변형이 온다는 괴소문도 신경 쓰였으며, 누군가에게 들킬까 봐 언제나 노심초사해야만 했고, 나쁜 행동을 하는 것 같아 정체를 알 수 없는 죄책감이 들기도 했습니다.

여성의 경우 자위하는 분들의 비율은 남성과 비교하면 낮습니다. 이유는 여러 가지가 있겠죠. 남성과 달리 테스토스테론의 혈중농도가 옅어서 성욕을 덜 느끼게 되는 이유도 있고, 봉건적 사회 분위기에서 여성의 쾌락추구가 죄악시되었던 문화의 탓도 있을 것 같습니다.

성욕이 인정된 건 서양에서조차 오래되지 않았습니다. 중세 기독교는 부부의 섹스에서조차 성욕을 인정하지 않았고 19세기 후반 지그문트 프로이트에 이르러서야 비로소 남녀 성욕의 정당성이 인정되었습니다. 알프레드 킨지가 여성 5,940명을 인터뷰하고 1953년에 발표한 『인간에 있어서 여성의 성행위』라는 보고서에서야 비로소 여성의 자위가 세상에 알려지기 시작했습니다. 그러니 동양, 그것도 대한민국에서, 여성이 자위를 건강하게 받아들이는 건 거의 불가능했다고 볼 수 있습니다.

자위행위의 가장 좋은 점은 '성 감각'을 깨울 수 있다는 것입니다. 미국의 대표적인 성 치료사인 바바라 키슬링(Barbara Keesling) 박사는 그녀의 저서 『How to make love all night』에서 여성의 자위행위가 자신의 성 감각을 깨우는 데 얼마나 중요한 역할을 하는지 잘 설명하고 있습니다.

그러므로 자위는 절대 나쁜 행위가 아니며 남녀 모두에게 적극적으로 추천해야 할 뿐만 아니라 많이 하면 할수록 좋은 행위입니다. 다만 문제는 '방법'입니다. 자위가 성 감각을 깨우는 동시에 많이 할수록 좋은 행위가 되려면 야동을 보며 빠르게 사정을 향해 달려가는 방법으로 해서는 절대 안 됩니다.

방법

 자위가 성 감각을 깨우는 동시에 많이 할수록 좋은 행위가 되려면, 우리가 통상 알고 있는 방법이어서는 안 됩니다. 결론부터 말하면 '자위=마사지'이어야 합니다. 지금부터 이런 방식의 자위를 '건강한 자위'라고 부르겠습니다.

 지금 바로 손을 비롯한 온몸을 깨끗하게 씻은 뒤, 부드럽게 아주 천천히 자신의 음경 이곳저곳을 만져보시기 바랍니다. 이렇게 생겼구나, 새삼 깨닫게 되고 만지는 부위마다 감촉이나 느낌이 모두 다르다는 것도 알게 되실 겁니다. 사람마다 전신의 성감대 위치가 조금씩 다른 것처럼, 음경에서의 성감대 위치도 조금씩 다릅니다. 부드럽게 만지면서 내가 가장 기분 좋게 느끼는 곳과 마사지 방법을 찾아보시기 바랍니다.

 직접 음경부터 시작하지 않고 주변 몸부터 만져 들어가도 좋고, 굳이 마사지가 아니라 가볍게 쥐거나 쓰다듬는 움직임도 좋습니다. 한 손도 좋고 두 손을 사용해도 좋습니다. 방법은 각자가 개발하면 되지만 반드시 명심할 것은 '빠르게 왕복 운동하는 것'이 아니라 '부드럽게 아주 천천히 마사지하듯' 한다는 것입니다.

 건강한 자위를 위해 절대 하지 말아야 할 것이 하나 있습니다. 바로 야동이나 야한 사진으로 자극을 재촉하는 것입니다. 자극적인 요소들은 시각, 청각을 지배하고 궁극적으로 뇌 감각을 지배하여 그것에만 몰입하게 합니다. 몸을 느껴야 하는 내 감각은 사라지고 그저 소비적인 사정을 위한 행위만 남게 됩니다. 건강한 자위의 목적은 사정이 아니라 음경을 만지면서 기분 좋은 곳, 기분이 좋아지는 방법을 찾고 그 느낌을 오랫동안 즐기는 것입니다.

야동이나 야한 사진 없이, 내가 내 손으로 내 몸을 만지는데 성적 흥분이 느껴질까요? 물론 이 과정을 사랑하는 그녀가 해준다면 이는 또 다른 즐거움이겠지만 여의치 않다면 혼자도 얼마든지 가능합니다. 야동이나 야한 사진을 활용할 때와 비교하면 발기하기까지 시간이 더 걸릴 수도 있지만 굳이 빨리 발기시켜서 빨리 사정하는 것이 목적이 아니기 때문에 그 과정에서의 은은한 느낌과 즐거움을 천천히 느끼시길 바랍니다. 익숙해지실수록 발기까지 걸리는 시간도 점차 빨라지게 됩니다.

막막해하실 분들을 위해 마사지 방법 몇 가지만 나열해보겠습니다.

첫째는 회음부 마사지입니다.
음낭에서 항문까지 이어지는 부위를 가볍게 누르면서 원을 그리며 마사지합니다. 만약 중앙이 조금씩 단단하게 부풀어 오르면 회음부 전체가 아닌 부풀어 오르는 그 부위를 중점적으로 마사지해주면 됩니다. 그 부위가 바로 음경의 뿌리입니다. 이 마사지는 음경의 혈액순환을 좋게 하는 부가적인 기능도 있습니다.

<u>둘째는 음낭 마사지입니다.</u>

음낭을 한 손이나 양손으로 가볍게 쥐고 주무릅니다. 고환이 만져지면 함께 손안에 넣고 주무르면 됩니다. 세게 쥐어서 통증을 느끼지 않도록 조심하는 것이 중요합니다. 가끔 고환을 아주 조심스럽게 손가락으로 톡톡 건드려보는 것도 좋습니다. 손가락을 사용하시면 조금 더 리드감 있게 움직일 수 있습니다.

<u>셋째는 음경 마사지입니다.</u>

손가락을 사용하여 음경을 두드려 줍니다. 때리거나 강한 마찰을 주는 것이 아니라 그저 톡톡 건드리는 느낌으로 두드려 주는 것입니다. 음경 전체를 돌려가며 두드려 주면 좋습니다. 이 동작은 음경에 혈액공급을 촉진하게 됩니다. 다음은 엄지와 집게손가락으로 고리를 만들어 음경의 뿌리부터 귀두까지 피부를 살짝 쥐면서 당겨 올려 줍니다. 마치 음경을 잡아당겨 늘이는 느낌으로 말입니다. 이때 강한 힘을 주거나 너무 꽉 조이면 절대 안 됩니다. 양손으로 번갈아 하시면 좋습니다.

건강한 자위를 하기 위해서는 시간과 장소도 중요합니다. 촉박한 시간에 쫓기면서 하거나 누군가가 방해할 수도 있는 장소에서 한다면 내 몸을 느끼면서 스스로 오르가슴에 도달할 수가 없습니다. 편안한 몸과 마음을 위한 넉넉한 시간과 안전한 장소는 건강한 자위의 최대 선결 조건입니다. 기분 좋은 곳, 내 몸이 좋아하는 애무방법, 그때의 느낌을 확인하는 것 이외에 건강한 자위의 또 다른 목적은 바로 조루 극복입니다.

여성의 오르가슴 도달이 남성의 능력처럼 여겨지는 시대가 오면서 남자들에게 생긴 가장 큰 고민 중 하나는 역시 흥분의 시간차이입니다. 여성의 흥분곡선은 완만하게 상승하는 데 반해 남성의 흥분곡선은 가파르게 상승하고 그나마 사정이라는 정점 이후는 추락에 가깝게 떨어집니다. 이는 남녀 모두에게 비극입니다. 이 비극을 극복하려고 남성들은 애국가를 부르기도 하고, 허벅지를 꼬집기도 하며, 머릿속으로 애꿎은 수학공식을 풀기도 합니다. 마사지 방식의 건강한 자위는 이 아이러니를 해결해줍니다.

부드럽고 천천히 느껴지는 흥분은 실전에서 자극에 더 오래 견디는 능력의 유사 경험이 됩니다. 천천히 부드럽게 진행하는 동작은 실전 섹스의 템포를 연습할 수 있게 해주고, 다양한 방법으로의 음경 마사지는 피부감각을 단련시켜줄 것입니다. 더 욕심을 내어 사정에 연연하지 않고 점차 마사지 시간을 늘려가며 사정에 의한 오르가슴보다 마사지에 의한 오르가슴에 더 만족하게 된다면 더할 나위 없습니다. 오랜 시간 천천히 음경을 만져주면서 기분이 좋아지다가 사정하고 싶다는 생각이 들면 모든 동작을 멈추고 몸이 식기를 기다리는 것입니다. 완전히 사정감이 사라지고 나면 처음부터 다시 천천히 음경을 마사지합니다. 이 과정을 반복해 완전히 적응되어 사정 없이도 자위를 끝낼 수 있게 된다면 당신은 이제 섹스에서 조루 따위는 고민하지 않아도 되는 진짜 '강한' 남자가 되어 어느새 그녀의 흥분곡선을 함께 손잡고 오르는 멋진 파트너가 되어 있을 것입니다.

명심하십시오. 건강한 자위의 목적은 사정이 아니라 내가 내 몸을 느끼면서 오랜 시간 길고도 깊고 은은한 오르가슴을 느끼는 것입니다. 이 과정에 익숙해지고 나면 어느새 당신의 컴퓨터와 책상에서 야동과 야한 사진은 사라지고 없을 것입니다.

○ 당당하게 고개부터 들어 올리자

발기부전

Q 20대인데 발기부전입니다

자취방에서 첫 경험을 하게 되었는데요. 제가 좋아하던 친구랑 했는데 발기가 안 되더군요. 평소 자위는 문제없이 하는 편입니다. 그때 자취방이 새 건물이라 그런지 냄새가 좀 있어서 두통이 좀 있었고요. 이게 진짜 일어난 일인가 싶기도 해서 집중도 잘 안 됐었네요. 성적 쾌락보단 그냥 기분이 좋았던 것 같네요.

성적매력을 못 느껴서 그런 걸까요? 펠라치오를 하면 발기가 되는데 삽입을 했을 때 아무 느낌이 없더군요. 발기부전이라면 노력해야 하겠지만 잘 모르겠네요.

그런데 원래 섹스가 삽입했을 때 별 느낌이 없나요? 친구에게 물어보니 자기도 별 느낌 없었다고 하더라고요. 그것 때문에 발기가 풀린 건가요? 굵기가 얇아서 그런 건가요? 고민입니다.

　발기는 뇌가 하는 일입니다. 머릿속에 온통 사랑, 촉감, 쾌감, 설렘 등만 가득할 때 발기도 가장 충만하죠. 머릿속에 그 외의 것들, 예를 들면 피임, 첫 경험, 고통, 애무 방법, 콘돔 잘 씌우기, 질의 위치 등 생각해야 할 것들이 많을 경우 발기는 당연히 죽게 됩니다. 섹스는 본능으로 하시는 게 가장 좋습니다. 잘해야 한다는 강박관념이나 생활 속에서 받는 스트레스 역시 발기를 죽이는 중요한 요인입니다. 스트레스를 받으면 몸에서 일종의 독성 호르몬인 코티솔이 분비됩니다. 코티솔은 스트레스 상황에서 신체가 외부자극에 대응할 수 있도록 혈압을 높여 몸에 더 많은 혈액을 공급하고 근육을 긴장시켜 반사적인 행동을 빠르게 만드는 순기능도 있지만 위기상황에서 가장 필요 없는 기능을 정지하는 역기능도 있습니다. 바로 성욕과 생식기능입니다. 따라서 섹스 전에는 평온한 몸과 마음의 상태를 갖는 것이 좋습니다. 젊은 분이 발기부전이 되는 일은 거의 없습니다. 일시적인 현상일 뿐이며 섹스횟수가 반복될수록 점차 나아지게 되니 전혀 걱정하지 않으셔도 됩니다. 삽입 섹스에서의 느낌도 점차 알아가게 되실 겁니다.

성 상담사 치아 드림

음경의 발기상태는 3단계로 나누어집니다. 1단계는 커지는 단계입니다. 아직 단단하지는 않지만 크기는 완전발기 상태와 비슷합니다. 2단계는 단단해지는 단계입니다. 크기도 완전발기 상태가 되지만 만져보면 마치 내부에 뼈가 있는 것처럼 단단합니다. 3단계는 뜨거워지는 단계입니다. 겉뿐만 아니라 속 온도도 오르면서 질 안으로 들어가면 겨울철 핫팩 같은 역할을 합니다. 따뜻해서 갖고 있으면 기분 좋아지는 상태를 말합니다. 3단계에 이르지 못하신다면 발기부전은 아니지만 내 몸에 이상이 생기고 있다는 신호이며, 2단계에 이르지 못하는 상황부터는 발기부전이라 할 수 있습니다.

 발기부전의 대표적인 원인으로 많은 분이 '심인성'을 이야기하시지만 그건 발기부전이 반복될 때의 이유일 뿐입니다. 처음 발기부전이 나타났을 때는 명확한 물리적 원인이 있습니다. 대표적인 발기부전의 원인으로는 심혈관 질환, 야동중독, 과도한 스트레스, 운동부족 등으로 말미암은 허약체질, 수면부족, 과음, 흡연, 남녀관계에서의 심리적 위축, 그리고 탈모치료제와 당뇨에 의한 합병증 등이 있습니다. 발기부전 현상을 경험했다면 이중에서 자신의 원인이 무엇인지를 찾아내어 그 원인에 맞는 생활습관 개선이나 훈련을 하셔야 합니다. 원인이 사라지고 나면 분명히 발기부전 증세는 호전될 수 있습니다. 이러한 원인치료 없이 '심인성'이라고 자신을 위로하며 백날 생각하지 않으려고 해봤자 증상은 점점 더 심해질 뿐입니다.

"아침발기가 되지 않는 자에게는 돈도 빌려주지 마라."라는 말이 있습니다. 원인이 무엇이건 간에 발기는 남자의 자존심인데, 자존심에 상처받은 남자에게 돈까지 빌려주지 말라는 건 너무 잔인하지 않느냐고 할 수도 있겠습니다. 하지만 발기의 메커니즘이 혈액순환인 걸 고려하면 이 말은 "남의 빚보증 서 주는 남자와는 연애도 하지 마라."라는 말처럼 죽어서 돈 떼이기 전에 아예 빌려주지도 말라는 일종의 금융 조언이라고도 할 수 있습니다. 외우셔도 좋습니다. '발기의 메커니즘은 혈액순환입니다.' 이에 대한 자세한 이야기는 뒤에서 다시 하겠습니다.

10대 후반에서 20대 초반의 남성들은 종종 자신의 음경을 통제하지 못하는 경험을 하곤 합니다. 전혀 그러지 말아야 하는 곳에서 자신도 모르게 갑자기 발기가 일어나 움직이지도 못하고 우물쭈물하게 되는 곤란한 경험 말입니다. 마흔이 넘어가면 남자는 또다시 자신의 음경을 통제하지 못하는 경험을 가끔 하게 됩니다. 이번에는 반대로 꼿꼿이 서 있어주었으면 하는 상황에서 이 녀석이 전혀 말을 듣지 않고 풀이 죽는 경험입니다. 경험해보신 분들은 아실 겁니다. 전자가 '곤란함'이라면 후자는 '죽고 싶은 절망'입니다.

한껏 흥분한 사랑하는 여성이 어서 들어오라고 애원하듯 바라보고 있는데, 내 음경은 들어갈 수 없는 상태가 되어 있는 심정이란 정말 여성분들은 절대 이해할 수 없는 지구 종말을 맞은 기분입니다. 1년 365일 섹스만 생각하며 모든 것을 다 잃어도 섹스능력은 마지막까지 잃고 싶지 않은 최후의 자존심쯤으로 생각하는 남자에게 '발기부전'은 정말 '죽고 싶은 절망'일 수밖에 없을 것입니다. 이런 절망이 찾아온 분들의 이후 행동양태는 대개 이렇습니다.

우선 현실을 부정하며 일시적인 현상이라 결론 내리고 원인을 외부에서 찾기 시작합니다. 발기부전이 찾아오거나 그럴 수 있는 나이가 된 게 아니라 피곤하거나 스트레스를 받아서, 또는 음식을 잘 못 먹어서, 아니면 하고 싶지 않았는데 의무방어로 무리해서, 그도 아니면 심지어 아내의 몸이 탄력을 잃어서 등등 일시적으로 변명 가능한, 다양한 이유를 들며 애써 자신을 위로합니다.

하지만 사실 그 순간 남자에게 이유 따위는 중요하지 않습니다. 그 중 무엇으로 결정하더라도 결국 머릿속에는 '발기되지 않았다.'라는 사실만 남기 때문입니다. 그렇게 불안한 마음으로 다음 섹스에 임하게 되고 다시 발기부전이 일어나고 또 절망하고, 그렇게 흔히 '심인성'이라고 부르는 심리적인 요인에 의한 악순환이 시작됩니다.

발기부전은 심리적인 요인이 더 크다는 사실은 여기저기에서 들어 분명하게 알고 있지만 아무리 달래고 괜찮다고 머릿속에서 지우려고 노력해도 머릿속은 온통 그 생각뿐입니다. 빨간색을 상상하지 말라고 하면 머릿속이 온통 빨간색이 되는 것처럼 말입니다. 발기부전 자체도

스트레스이고, 그것을 잊으려고 하는 노력도 스트레스입니다. 머릿속이 온통 스트레스로 가득하죠.

스트레스를 과도하게 받으면 우리 몸에서는 일종의 독성 호르몬인 코티솔이 분비된다고 앞서 말씀드렸습니다. 코티솔은 스트레스 상황에서 신체가 외부자극에 빠르게 대응할 수 있도록 만드는 순기능이 있습니다. 들판에서 맹수를 만난 우리 조상이 빠르게 도망갈 수 있었던 것이나 아이가 깔린 위기상황에서 차를 드는 기적 같은 힘을 발휘하는 엄마의 비밀 역시 이 코티솔의 분비에 있습니다.

하지만 순기능이 있으면 반드시 역기능이 있는 법이죠. 들판에서 맹수를 만난 위기상황에서 가장 필요 없는 기능은 무엇일까요? 바로 성욕과 생식기능입니다. 코티솔은 과도하게 분비되는 즉시 본능적으로 그것들을 무력화시켜 버립니다. 이것이 바로 스트레스를 받으면 발기부전이 오는 이유입니다. 반대로 이유 없이 발기부전이 왔다면 스트레스를 의심해볼 수 있는 이유이기도 하죠.

평소에는 발기가 잘되다가도 일부러 자위하려고 야동을 준비하거나 큰 맘 먹고 오붓하게 호텔 잡고 분위기 잡으면 오히려 반응하지 않는 것도 지극히 심리적인 원인입니다. 우리 몸은 자율신경에 의해 무조건 반응이 가능하도록 설계되어 있기 때문이죠. 뜨거운 것을 만지면 화들짝 놀라며 손을 뗀다든가, 한번 배운 자전거 타기는 시간이 지나도 몸이 기억하는 것 등이 그 예입니다.

하지만 자율신경에 의한 무조건 반응은 의식적으로 그것을 인식하는 순간 불편해지고 자연스럽지 않은 행동으로 바뀝니다. 평생 하는 줄도 모르고 진행하던 호흡도 들이마시고 내뱉는 행동을 인식하는 순간부터 불편해지고 호흡의 간격이 불규칙해지며 심하게는 가빠지기도 하죠. 몸이 알아서 해오던 행동을 이성(뇌)이 관여하여 의식하는 순간, 불편해지는 원리입니다. 발기도 마찬가지입니다. 그저 나도 모르게 성적자극을 받으면 발기되어야 하는데, 발기를 걱정하다 보니 발기가 되지 않는 '심인성 발기부전'의 메커니즘이 시작되는 것입니다.

이것저것 다 해봐도 안 되면 이제 남자는 병원을 찾습니다. 의학의 발달로 병원에 가면 다양한 처방을 받을 수 있습니다. 삼키거나 혀에 붙이는 약도 있고, 즉각 효과가 나타나는 주사도 있으며, 보형물 삽입 수술도 있습니다. 대부분의 처방은 아주 효과적이어서 때로는 자존심까지 회복시켜 주기도 합니다. 그중에서도 남성들이 가장 많은 관심을 가지고 있고 의사들이 가장 쉽게 처방하는 것은 바로 경구용 발기부전 개선 약제(비아그라, 씨알리스 류)입니다.

음경이 발기되는 원리는 성적 흥분이 일어나면 체내 성분인 cGMP(=Cyclic GMP)가 음경해면체 내 동맥을 확장시켜 혈액을 유입시키고, 그 혈액이 다시 정맥으로 빠져나가지 않게 하는 것입니다. PDE-5 효소는 이 cGMP 성분을 분해해 혈액을 정맥으로 빠져나가게 하는데 발기부전치료제는 이 효소의 기능을 억제함으로써 발기를 유지합니다.

통상 공복에 먹는 것이 좋으며 복용 후 30분~1시간이 지나야 강직도가 충분해집니다.

경구용 발기부전 개선 약제의 경우 의학적으로 의존성이나 중독이 보고된 사례는 아직 없습니다. 약 자체로는 아무리 오래 복용해도 점차 약의 강도를 늘려가야 하는 부작용은 없다는 뜻입니다. "약 없이 발기가 안 되는 상황이 온다면 이미 중독된 거 아닌가요?" 하고 묻는 분이 계십니다. 저는 되묻습니다. "원래 약 없이 발기되지 않아서 약을 드신 게 아니셨나요?" 만약 그렇다면 약 없이 발기되지 않는 건 너무나 당연한 현상이죠. 만약 "약을 먹기 전에 항상 그랬던 것은 아니고 그러다 안 그러다가를 반복했습니다."라고 하신다면 애초에 약을 시작하지 말았어야 합니다.

발기부전은 모든 남자가 상황과 몸 상태에 따라 한번쯤 경험하게 되는 증상입니다. 살면서 종종 찾아오는 두통처럼 말입니다. 두통이 가끔 온다고 매일 두통약을 드시진 않잖아요. 두통을 유발하는 원인을 찾아 해결하는 게 우선이죠. 발기부전을 질병으로 규정하려면 증상이 매번(최소 5회 이상 연속적으로) 반복되어야 합니다.

많은 분이 오해하시는 것 중 하나가 약물과 치료의 상관관계입니다. 어떤 약물은 병의 원인에 작용하여 몸을 치료할 수 있게 기능하지만, 고혈압이나 감기약 같은 약물들은 병의 증상을 완화하는 용도이지 결코 원인을 치료하는 약물이 아닙니다. 약을 먹으면 증상이 나타나지 않으니 병이 나은 것처럼 느껴지는 것뿐입니다. 이런 약들은 끊으면 증상이 다시 나타나게 됩니다.

발기부전 개선 약물도 마찬가지입니다. 발기부전을 치료하는 약이 아니라 일시적으로 음경에 유입되는 혈액의 양을 늘리거나 빠져나가는 것을 막아 발기를 유지하는 약일 뿐입니다. 원인이 치료되지 않았으니 당연히 약물을 끊으면 증상은 다시 나타나게 됩니다. 약물 자체는 중독성이나 의존성이 없더라도 심리적인 중독과 의존성이 생길 수도 있습니다. 인간이 행하는 모든 행동과 사고에서 반복은 습관과 중독을 만들기 마련이니까요.

어떤 병이건 약물이나 수술로 가기 전 원인 치료가 먼저입니다. 제가 약물복용을 반대하지 않는 이유는 단 하나, 다분히 심리적인 이유입니다. 프로야구 연패의 늪을 벗어나는 가장 좋은 방법은 1승이라도 올리는 것입니다. 1승의 소중한 경험이 사기를 올리고 이기는 방법을 찾아주니까요. 마찬가지입니다. 약물에 의해서라도 일단 자신감이 붙게 되면 이후 약물 없이 진행되는 섹스에서 자신감을 회복할 수도 있습니다. 물론 복불복입니다. 바로 의존성으로 이어질 수도 있으니까요.

따라서 발기부전 초기부터 병원을 찾는 건 자신의 몸에 무책임한 행동입니다. 발기부전은 생명을 좌우하는 병도 아니므로 무엇이든 스스로 해보고 그래도 안 되면 마지막에 병원을 찾아가도 아무 문제가 없습니다. 이제부터 스스로 해볼 수 있는 것이 뭔지 확인해볼 텐데 그 전에 꼭 드리고 싶은 이야기가 있습니다.

혹 이 글을 읽는 분이 40대 이상으로 나이가 좀 있으시다면 섹스 중에 한두 번 발기가 죽었다고 쉽게 실망하거나 스스로 발기부전이라 진단 내리지 마시기 바랍니다. 젊고 싱싱한 20대가 아니라면 당연한 일입니다. 피부의 탄력이 사라지고, 주름이 생기고, 흰 머리가 나고, 눈이 침침해지는 것을 당연한 노화의 과정이라고 생각하시는 것처럼 발기가 죽는 것 역시 그렇게 생각하시면 됩니다. 그런데 발기가 죽는 건 맞는데, 왜 '발기부전'은 아닐까요?

남자가 성적자극을 가장 민감하게 감지하는 기관은 '눈'입니다. 이것은 여성보다 남성이 야동에 과하게 중독되는 이유이기도 하죠. 하지만 나이가 들면 시각으로 들어오는 감각에 무뎌지게 되어 이때부터는 촉각에 의해 성적흥분을 유지해야 합니다. 벗은 여자 몸을 봐도 그다지 감흥이 없고, 야동을 봐도 예전처럼 발기되지 않는 건 이런 이유 때문입니다. 또 일방적으로 상대를 애무하다 자연스럽게 발기가 죽는 현상도 같은 이유입니다. 지극히 자연스러운 현상이죠. 당황하실 것 하나도 없습니다. 이제부터는 촉각 위주의 성적자극이 필요한 것뿐입니다.

촉각 위주의 성적자극을 위해서는 남자분이 애무할 때 여자분도 좀 더 적극적으로 남자분의 몸을 애무하셔야 합니다. 아내분이 익숙하지 않으시다면 남편분이 진심으로 부탁하시기 바랍니다. 이제까지 벗은 몸으로 누워만 있어도 남편분이 흥분할 수 있었다면, 이제부터는 애무를 같이해야 남편분이 흥분을 유지할 수 있다고 말입니다.

남편이 중년이 되었다면 여자분들은 '내가 여자로서의 매력이 사라졌나?' 같은 쓸데없는 생각을 할 시간에 어떻게 남편에게 더 적극적으로 돌진해서 만져주고 애무할지를 고민하시는 게 낫습니다. 촉각까지는 자신이 없다면 신음을 더 크게 내거나, 참을 수 없는 쾌감이 들어온 듯이 몸을 더 큰 동작으로 비비 꼬거나, 소리를 지르거나 양손으로 남자의 몸을 꽉 쥐거나 과격하게 쓰다듬는 정도의 자극만이라도 하신다면 남편의 흥분을 돕게 될 것입니다.

발기와 관련하여 또 하나 남자들이 쓸데없이 집착하는 것이 바로 발기했을 때의 '각도'입니다. 10~20대의 발기는 거의 배꼽에 닿을 만큼 각도가 높지만 이후 나이가 들면서 점점 각도가 줄어들다가 나중에는 발기되더라도 땅과 거의 수평이 됩니다. 하지만 사실 이 현상은 발기부전과 깊은 관계는 없습니다. 발기 시 음경의 각도는 음경 상부에 있으면서 음경과 치골을 연결하는 현수인대에 의해 결정되는데, 이 역시 몸의 일부로 노화의 영향을 받는 것뿐입니다. 그걸 발기부전의 증상이라 여기고 당황하는 대신 당연한 현상으로 마음 편하게 받아들이고 나면, 앞으로 제가 말씀드리려고 하는 방법들에 의해 조금이나마 나아진 모습이 더욱 소중하게 느껴지실 겁니다.

발기는 음경의 혈관이 확장되어 혈액이 음경 내부로 모여든 후 빠져나가지 않고 머물면서 생기는 현상이라고 앞에서 말씀드렸습니다. 쉽게 말하면 발기를 일으키는 건 다른 무엇도 아닌 '혈액'이라는 뜻입니다.

이 원리를 증명하는 사례가 있습니다. 바로 혈압약을 먹으면 가끔 부작용으로 발기부전이 온다는 사실입니다. 언뜻 보기에 고혈압은 혈액순환이 원활하지 않아서 생기는 병이고 혈압약은 그걸 치료하는 약인데, 그렇다면 '혈압약을 먹으면 오히려 발기부전이 호전되어야 하는 거 아닌가?' 라고 생각할 수도 있습니다. 하지만 이건 혈압약의 원리를 몰라서 할 수 있는 생각입니다.

혈압약은 고혈압을 치료하는 약이 아닙니다. 혈관 내 높은 혈압을 낮춰주기만 하는 약입니다. 고혈압은 대개 혈관에 노폐물이 쌓여 혈액의 원활한 흐름이 방해되면서 심장에서 멀리 있는 말초혈관까지 충분한 혈액이 공급되지 않자 심장이 더 강한 펌프질로 혈액을 내뿜어 혈관 내 압력이 높아지는 현상입니다. 근본적인 치료는 혈관 내 노폐물을 걷어내 혈액순환을 다시 원활하게 하는 것이죠.

하지만 혈압약은 심장의 펌프질을 인위적으로 약하게 만들어 혈압을 낮추거나, 몸의 수분을 배출시켜 혈관 내 수분의 양을 줄여 혈압을 낮추거나, 혈관을 확장시켜 혈압을 낮추는 3가지 방식 중 하나에 해당합니다. 그저 혈관의 압력을 낮추는 것뿐이죠. 혈압약을 한번 먹으면 계속 먹어야 한다는 것은 원인 치료가 아니므로 먹지 않으면 곧바로 혈압이 다시 상승하기 때문입니다.

그럼 생각해보겠습니다. 음경의 말초혈관이 좁아짐으로써 피가 모자라니 더 강한 압력으로 피를 공급하느라 혈압이 높았는데 인위적으로 혈압을 낮추면? 맞습니다. 음경 말초혈관까지 발기를 위한 충분한 혈액이 공급되지 않겠죠. 이것이 가끔 혈압약이 발기부전을 일으키는 이유이며, 다시 말해 발기를 일으키는 원인물질이 바로 '혈액'이라는 증거입니다.

그렇다고 혈압약을 먹지 않으면 발기가 잘된다는 뜻은 아닙니다. 고혈압 자체가 혈액순환이 안 되어 생기는 병이니 고혈압인 분은 이미 발기력 자체에 문제가 생기기 시작했다고 보시는 게 맞습니다. 생활습관을 통해 고혈압을 치료하는 노력을 해야 발기력도 나아질 수 있습니다.

역기를 드는 힘은 이두박근, 삼두박근, 가슴근육에서 나옵니다. 역기를 잘 들고 싶다면 이 근육들을 강화하면 좋습니다. 머리카락의 굵기와 건강은 모근과 두피의 영양상태가 좌우합니다. 탈모를 방지하고 싶다면 모근과 두피를 항상 건강하게 유지해야 합니다. 같은 원리입니다. 발기부전을 치료하고 싶다면? 그렇습니다. 혈액순환을 원활하게 하면 됩니다.

"아침발기가 되지 않는 자에게는 돈도 빌려주지 마라."라는 말을 다시 곱씹어 보겠습니다. 왜일까요?

아침발기의 원인은 아직 학계에서도 정확하게 확인된 바는 없습니다. 밤새 모인 소변으로 부풀어진 방광이 전립선을 자극하기 때문이라는 이론도 있고 수면 중에 남성호르몬 분비가 왕성해져서 그렇다는 논리도 있습니다. 하지만 가장 큰 호응을 받는 것은 잠이 들면서 신체가 이완되고 머리와 팔다리에 몰려 있던 피가 필요 없어지면서 몸 중앙으로 자연스럽게 몰리고 이 혈액이 음경으로 유입되면서 생기는 현상이라는 이론입니다. 그렇게 되면 산모 뱃속 태아의 발기도 설명됩니다.

아침발기가 되지 않는다는 건 혈액순환이 잘되지 않는다는 것이고, 혈액순환이 잘되지 않는다는 건 혈관이나 심장의 상태가 좋지 않다는 뜻이며 이는 곧 뇌졸중 등으로 갑자기 죽을 가능성이 크다는 뜻이기 때문에 돈을 빌려주면 떼일 수 있다는 것입니다. 이걸 반대로 비틀면 모범답안이 나옵니다. 혈관이나 심장을 건강하게 만들어 혈액순환을 원활하게 하면 발기부전이 치료될 수 있는 거죠.

모든 남자가 유레카를 외친 세기의 발명품 비아그라 역시 애초부터 정력제로 개발된 게 아니었습니다. 협심증 치료제로 개발되던 중이었습니다. 심장에 산소와 영양을 공급하는 관상동맥의 지름이 줄어들어 심장근육의 기능에 문제가 생기는 협심증을 치료한다는 건 쉽게 말하면 혈액순환을 원활하게 한다는 것입니다. 이리저리 살펴봐도 발기부전과 관련된 모든 이야기는 결국 기-승-전-'혈액순환'입니다.

그래서 발기부전을 극복하는 첫 번째 방법은 '반신욕'입니다.

18세기 네덜란드 출신의 세계적인 명의였던 헤르만 부르하버는 '의학사상 최고의 비밀'이라고 쓰인 노트 한 권을 남겼습니다. 그 안에는 이런 말이 적혀 있었죠. "머리는 차갑게 하고 발은 따뜻하게 하라. 그러면 당신은 세상의 모든 의사를 비웃게 될 것이다."

사람의 체온은 평균적으로 36.5도이지만 따로 재보면 상반신이 하반신보다 조금 높습니다. 상반신에는 뜨거운 피를 생산하는 심장이 있어 지속적으로 열을 생산하고, 하반신에는 배설기관이 있어 몸속의 열까지 빠져나가기 때문입니다. 세상 모든 만물이 건강해지는 원리는 같습니다. 균형을 이루는 것이죠. 뜨거워지려는 머리와 상반신은 식히고 차가워지려는 하반신을 덥히면 몸이 균형을 이루면서 혈액이 온몸을 힘차게 돌게 됩니다.

음식을 적게 섭취하면 장수한다는 말은 과식하면 소화를 위해 위장으로 피가 몰리면서 몸의 다른 부위는 차가워져 체온의 균형이 깨지기 때문입니다. 암환자의 체온이 정상인보다 낮은 것도 암과 싸우기 위해 그 부위에 혈액이 몰리기 때문이며 과로와 스트레스가 건강에 좋지 않은 이유 역시 과도한 혈액이 뇌로 몰리면서 안 그래도 차가운 하반신이 더욱 차가워지기 때문입니다.

반신욕은 따뜻한 물에 하반신을 담금으로써 온몸의 혈액순환을 원활하게 해주는 목욕법입니다. 왜 전신이 아닌 하반신만을 담가야 하는지 이제 아시겠죠? 여기서 하반신은 욕조에 다리를 펴고 앉았을 때 배꼽 아래까지를 말합니다.

반신욕 시스템을 집에 갖추려면 돈이 많이 든다고 생각하는 분들이 많은데 인터넷 검색창에 '반신욕'이라고 치면 집에 있는 욕조의 뚜껑이 될 수 있는 1~2만 원짜리 제품에서부터 욕조까지 포함해도 4~5만 원이면 되는 제품까지 얼마든지 저렴하게 구매하여 간편하게 사용할 수 있습니다. 그도 귀찮다면 샤워할 때 따뜻한 물로 5분 정도 하반신만 덥히셔도 좋습니다.

다만 물 온도는 40도가 넘지 않아야 한다든가, 20분 이상 몸을 담그지 않는다든가, 몸에 질병이 있을 때는 정상일 때와 다른 방법으로 해야 한다는 등 몇 가지 지켜야 할 규정이 있습니다. 그 외에도 인터넷에는 반신욕과 관련해 수많은 정보가 있으니 충분히 알아보고 하시는 게 좋습니다.

무엇보다 가장 중요한 건 오늘 저녁이라도 당장 시작하시라는 겁니다. 세상에서 가장 한심한 사람은 살 때마다 로또에 당첨되지 못하는 사람이 아니라 로또를 사지도 않으면서 "나는 운이 없어. 로또에 한 번도 당첨돼 본 적이 없다니까."라고 말하는 사람입니다.

발기부전을 극복하는 두 번째 방법은 '골반운동'입니다.

심장에서 내려오는 혈관이나 뇌에서 내려오는 척수신경은 모두 중추와 골반, 천골 등을 지나 음경에 다다르게 되므로 골반을 의도적으로 움직임으로써 이 부위의 건강을 유지한다는 것이 골반운동의 핵심입니다.

방법은 자신의 체력에 맞고 쉽게 할 수 있는 동작으로 자기가 직접 만들면 됩니다. 예를 들면 크게 원을 그리며 골반과 허리를 돌려준다거나, 방송에서 흔히 저질댄스라 불리는 것처럼 골반을 반복적으로 위로 튕겨 올린다든가, 모델이 워킹하듯이 발을 디딜 때마다 좌우로 번갈아가며 골반을 밀어낸다거나, 밸리댄스를 하듯이 격하게 골반을 터는 것 등입니다. 어떤 방법을 사용하건 몸에 무리가 가지 않는 강도로 해야 하며 음경으로 향하는 혈관과 신경을 자극한다는 상상을 하며 움직이는 것이 중요합니다.

골반운동을 도와 발기부전 개선에 도움을 줄 수 있는 생활 스포츠도 있습니다. 바로 자전거와 등산입니다. 자전거와 등산은 모두 상반신보다는 하반신을 주로 움직이는 운동입니다. 하반신의 움직임은 하반신에 더 많은 혈액 공급을 요구하고, 그렇게 하반신으로 흘러들어온 혈액은 하반신을 따뜻하게 해주어 이를 통해 전신의 혈액순환이 원활해지는 원리입니다.

우리는 주변에서 자전거나 등산을 통해 발기부전 개선의 효과를 봤다는 경험자들을 종종 만날 수 있습니다. 이유도 모르고 시작해서 효과를 본 그분들은 소 뒷걸음질로 쥐 잡은 격이죠. 하지만 무엇이든 지나치면 안 하니만 못 한 법입니다. 자전거와 등산은 물론이고 헬스장에서의 무리한 하체운동으로 무릎관절이나 허리가 고장 나서 고생하는 분들도 분명히 있습니다. 명심하시기 바랍니다. 하체가 아니라 '혈액'입니다. 그래서 자전거와 등산에도 방법적인 팁이 필요합니다.

자전거를 탈 때도, 등산을 할 때도, 계단을 오를 때도 발목이나 무릎을 사용하면 금방 힘들어지고 무리가 갑니다. 하지만 골반을 사용한다는 느낌으로 움직임을 주면 이야기는 달라집니다. 다른 말로 하면 '요추전만을 유지하며'입니다.

인간의 척추를 옆에서 보면 자연스럽게 S자형으로 굽어진 것을 확인할 수 있는데 목 부분이 얼굴 쪽으로 휘어진 것을 경추전만(頸椎前彎), 허리 부분이 복부 방향으로 휘어진 것을 요추전만(腰椎前彎)이라고 합니다. 인간의 몸은 원래의 모습대로 유지될 때 가장 효율적으로 기능하는데 운동할 때도 요추전만을 유지하면 적은 힘으로도 큰 효과를 볼 수 있습니다. 예를 들어 등산을 하거나 계단을 오를 때 엉덩이를 뒤로 최대한 빼고 가슴을 젖힌 상태를 유지하면 힘이 덜 들고 숨도 덜 차는 것을 느낄 수 있습니다. 스프링이 충격을 흡수하는 원리를 생각하시면 이해하기 쉽습니다. 척추도 적당히 굽어 있을 때 충격흡수가 원활하기 때문입니다.

자전거 역시 마찬가지입니다. 엎드린 자세로 양쪽 손목에 무게를 싣고 달리거나 발목이나 무릎의 힘으로만 페달을 돌리는 것이 아니라, 허리를 펴고 무게중심을 골반에 둔 채 최대한 골반을 이용해 페달을 돌린다는 느낌으로 타면 힘이 덜 들면서도 골반운동이 되는 것을 느낄 수 있습니다.

운동과 관련하여 마지막으로 드리고 싶은 이야기는 규칙적으로 무리하지 않고 하는 것이 더 중요하다는 것입니다. 규칙적인 운동은 심장박동 수를 늘려 몸을 덥히고 이는 다시 원활한 온몸의 혈액순환으로 이어지게 됩니다. 그러나 무리한 운동은 혈관의 압력을 한계치 이상으로 높이게 되어 오히려 부작용을 일으킬 수 있습니다. 예를 들어 자전거를 탈 경우 30분에서 1시간 정도의 라이딩이 가장 좋으며 반드시 쿠션 있는 안장이나 바지를 착용하시기 바랍니다. 전립선에 가해지는 과도한 자극은 발기부전을 고치려다 발기불능으로 직행하는 역효과를 낼 수도 있습니다.

발기부전을 극복하는 세 번째 방법은 '금주'입니다. 술은 중추신경을 마비시켜 성적흥분이 뇌로 향하는 것을 차단하고 혈관을 확장시키는 일산화질소의 분비를 방해합니다. 평소에는 문제가 없다가도 술이 많이 취하면 꼭 발기부전을 경험하는 분들은 정확하게 술이 원인입니다. 저는 아직 술고래이면서도 건강한 발기력을 가진 '아저씨'를 만나

본 적이 없습니다. 또한 알코올 중독자 중 발기부전 환자의 비율이 일반인과 비교하면 6배나 높다는 수치도 이를 증명하고 있습니다.

발기부전을 극복하는 네 번째 방법은 '금연'입니다. 특히 담배 성분 중 니코틴은 혈관에 스며들어 동맥 내막 세포를 손상해 플라크 형성을 촉진하는데 이 플라크는 혈관 내 혈액 흐름을 방해하는 원인이 됩니다. 또 니코틴은 동맥 자체를 수축시켜 음경 동맥으로 유입되는 혈액의 양을 감소시키기도 하며 남성호르몬의 생성을 억제하기도 합니다. 인체에 백해무익하다는 담배가 발기부전에는 더 엄청난 악역을 하는 셈입니다.

발기부전에 영향을 미치는 것 중에는 '탈모치료제'도 있습니다. 남성호르몬 과다는 남성 탈모의 원인 중 하나입니다. 이것 때문에 "남자가 대머리이면 정력이 좋다."라는 속설이 나온 것입니다. 이 남성호르몬의 이름은 '디하이드로테스토스테론(Dihydro-testosterone)'으로 전립선의 성장, 머리카락을 제외한 체모의 성장, 앞머리 또는 정수리의 탈모에 관여합니다. 아시아 인종보다 이 호르몬이 풍부한 백인이 몸에 털이 많으면서 탈모가 더 많은 이유가 여기에 있습니다.

디하이드로테스토스테론은 역시 남성호르몬의 하나인 테스토스테론이 파이브알파 리덕타제(5a reductase)라는 이름의 효소를 만나면서 만들어집니다. 프로페시아나 프로스카 등의 탈모치료제는 모두 이 효소를 억제함으로써 디하이드로테스토스테론의 생성을 막아 전립선 비대증을 치료하려는 목적으로 개발된 피나스테리드 성분의 제재들입니다. 쉽게 말하면 협심증 치료제 개발 중에 부작용으로 우연히 발기촉진이 확인되면서 비아그라가 개발된 것처럼, 전립선 비대증 치료제 개발 중에 부작용으로 우연히 탈모가 치료되는 것이 확인되면서 프로페시아라는 탈모치료제가 개발된 것입니다.

물론 디하이드로테스토스테론이 테스토스테론처럼 성욕이나 발기력 등에 직접적인 영향을 주지는 않습니다. 하지만 이 역시 남성호르몬이므로 전혀 영향이 없다고 볼 수도 없습니다. 무엇보다 이 약을 드시는 분 중 성욕감퇴 증상을 호소하는 분들이 분명 있다는 점이 중요합니다. 따라서 이 성분의 탈모치료제를 처방받았다면 일단 탈모치료를 진행하다가 눈에 띄게 성욕감퇴나 발기부전 등의 부작용이 보이면 고민해보시는 게 좋습니다. 탈모와 발기부전 중 어느 쪽을 먼저 해결할 것인지 말입니다.

마지막으로 꼭 드리고 싶은 말씀은 발기부전의 개선은 절대 급하게 생각하지 마시라는 것입니다. 최소 6개월 이상은 규칙적으로 몸을 관리한 이후에야 비로소 효과를 기대하는 게 맞습니다. 우린 비아그라를 먹는 게 아닙니다. 시작하고 바로 효과를 보는 방법이 있었다면 남성 삶의 질 향상에 이바지한 대가로 노벨상을 받을지도 모를 일입니다. 우리 인생이 100살까지이고 여러분의 나이가 이제 40이라면 아직 반도 살지 않으신 겁니다. 조급할 이유가 하나도 없습니다. 남은 60년을 행복하게 살 수 있다는 데 말입니다.

그러지 말아야 하는 상황과 장소에서 음경이 커져서 곤혹스러워 해본 적이 있는 혈기왕성한 남자들도 가끔은 모든 태세가 완비되어 진격 나팔소리만 기다리고 있다가 발기가 잦아들어 '헉!' 하고 진땀이 날 때가 있습니다. 도무지 이유를 모르겠고 아무리 달래도 녀석이 말을 듣지 않을 때 우리는 '드디어…. 내게도?' 하면서 걱정하기 시작합니다.

하지만 일시적인 발기부전은 누구에게나 찾아올 수 있는 자연스러운 현상이며, 여성을 장시간 애무하다 보면 음경해면체에 고여 있던 혈액이 빠져나가면서 자연스럽게 경직상태가 이완되는 경우도 생기기 마련입니다. 음경해면체 내부에 너무 오래 혈액이 머물게 되면 해면체가 고사하는 상황이 발생하므로 오랜 애무 중 발기가 풀리는 증상은 이를 방지하기 위한 우리 몸의 자기방어적 메커니즘의 일종이라 할 수 있습니다.

물론 짧은 애무에서 발생하는 일시적인 발기부전은 성적자극의 부족이 더 큰 원인입니다. 발기는 매우 예민한 녀석이어서 물리적인 접촉과 정신적인 자극 모두에 영향을 받습니다. 여성을 애무하는 동안에도 내가 진심으로 몸이 달아 있는 상태가 아니라 여성을 기쁘게 해주고 싶다는 의무감이 작용한다면 애무하는 동안 얼마든지 발기는 잦아들 수 있습니다. 이건 너무나 정상적인 반응이라 신경 쓸 필요도 없을 정도입니다.

이때 중요한 건 사실 여성의 반응입니다. 섣불리 남성의 몸을 판단하거나 발기가 풀린 것에 실망하지 말고, 손이나 다른 신체부위를 사용한 공격적인 애무로 음경의 재발기를 도와주면 대부분은 발기력을 되찾게 됩니다. 물론 이때도 중요한 건 집중과 흥분입니다. 남자들은 시각과 청각 등 말초적인 자극에 쉽게 흥분하지만 여성이 음경을 손으로 쥐고 왕복운동을 해주더라도 건성이라는 느낌이 든다면 발기는 돌아오지 않을 수도 있습니다. 백해무익한 게 야동이지만 이럴 때는 도움이 되기도 하죠. 야동에 등장하는 여자들처럼 "난 당신의 음경이 너무 좋아. 탐스러워. 언제나 나를 흥분시켜."라며 애무를 한다면 단순한 남자들은 당신의 어설픈 연기력에도 완전히 속아 넘어갈 것입니다.

이처럼 파트너인 여성이 발기를 살려주는 방법이 가장 좋지만 모든 여성이 항상 남자들의 마음처럼 적극적이진 않습니다. 또한 사랑하는 여인 앞에서 잦아든 음경을 자존심의 몰락으로 생각해서 결코 보여주기 싫어하는 남자들도 있습니다. 그렇다면 여성도 모르게 무언가를 준비해야겠죠? 그것이 바로 필살기입니다. 필살기는 '사전 예방'과 '직전 처방'의 두 가지로 나눌 수 있습니다.

'사전 예방법' 중 하나는 통풍이 잘되게 하는 것입니다. 남자가 입는 속옷에 트렁크라는 제품이 있습니다. 구조상 음낭을 압박할 수밖에 없는 삼각형 속옷이나 최근 유행하는 드로즈 등과 비교하면 음낭건강에 가장 최적화된 제품이죠. 아저씨 속옷이라고 무시하는 사람들도 있지만 음낭건강에 이바지하는 과학적 원리와 효능을 알게 된다면 앞으로는 절대 무시하실 수 없으실 겁니다.

사실 속옷이나 바지는 안 입는 게 제일 좋습니다. 통풍이 잘되어 음낭이 숨을 쉬면 건강할 테고 건강한 음낭은 건강한 정자와 남성호르몬을 생성하게 되니까요. 허리에 천 조각 하나 두르는 원시부족의 남성들이나 과거 치마 형태의 하의를 입었던 남자들에게 발기부전의 개념이 없었던 것은 결코 우연이 아닙니다. 물론 아무 곳에서나 통풍을 고려하는 건 바바리 맨이나 하는 몰지각한 행동이기에 통풍은 공공장소가 아닌 곳에서 스스로 알아서 하시는 게 좋습니다.

사전 예방의 또 다른 방법은 지속적인 음낭자극입니다. 매일 일정 시간 운동하면 건강에 좋은 것처럼 매일 일정 시간 음낭을 자극해주면 남성호르몬 분비에 좋습니다. 방법은 다음과 같습니다.

우선 손을 따뜻하게 한 후 음낭을 감싸듯이 쥐고 부드럽게 마사지합니다. 다음은 엄지를 제외한 네 손가락을 사용하여 음낭을 아래에서 위로 가볍게 톡톡 두드려줍니다. 절대 강하게 해서는 안 되며 가벼운 자극이 전달될 수 있는 정도의 세기가 좋습니다. 마지막으로 음경의 뿌리와 음낭을 동시에 손안에 넣고 감싸 쥔 다음 천천히 잡아당겼다 놓아주는 행동을 반복합니다.

여기까지가 한 세트인데, 처음에는 한 세트에 5분 정도만 진행하다가 상황과 여건에 따라 조금씩 시간과 횟수를 늘려 가면 좋습니다. 이 방법은 평소에 주기적으로 하셔도 좋지만, 관계를 갖기 직전에 하시면 발기부전을 방지하는 효과도 있습니다. 그래서 필살기입니다.

음낭 자극이 끝나면 음경을 손가락으로 톡톡 가볍게 두드려주는 것도 좋습니다. 절대 세게 하면 안 되고 그저 '톡톡'입니다. 음경 전체를 돌아가며 두드려 주면 음경 밖에서 머물던 혈액이 자극을 따라 음경 안으로 조금씩 들어오게 됩니다.

오줌을 참는 것도 방법의 하나입니다. 단, 정말 급한 상태인데 참으라는 게 아니라 조금 요의가 느껴지는 정도라면 굳이 화장실을 다녀오지 말고 섹스를 진행해도 좋다는 뜻입니다. 오줌을 참으려고 힘을 주면 BC 근육이 자극되는데, 바로 이 근육이 음경의 발기와 사정을 관장하는 근육이기 때문입니다.

다음은 '직전 처방'입니다. 직전 처방은, 사랑하는 사람의 몸은 지금 바로 나를 원하는데 내 몸이 준비되지 않은 바로 그 순간 사용하는 방법이며 사람마다 효과는 조금씩 다릅니다.

우선 엄지와 집게손가락으로 음경의 뿌리 부분을 둥글게 감싼 후 천천히 조였다가 풀기를 반복합니다. 이렇게 하면 혈액이 귀두로 올라가면서 단단하지는 않더라도 어느 정도의 발기가 유지되는 것을 확인하실 수 있습니다. 이때 손가락에 조금 더 힘을 줘 혈액이 빠져나가지 않게 조여 주면, 바람 빠진 풍선 일부를 손으로 쥐면 손에 들어가지 않은 나머지 부분이 팽팽하게 부푸는 원리처럼, 음경이 다소 팽팽해진 것을 보실 수 있습니다.

이제 팽창한 음경을 천천히 질에 삽입한 후 손가락의 압박은 유지한 채 왕복운동을 시작합니다. 왕복운동으로 자극이 느껴지면 점차 몸의 혈액이 음경 주위로 모이게 되는데, 이때 천천히 손가락의 힘을 빼면 혈액이 음경 내부로 유입되기 시작합니다. 완전히 발기된 후에는 더는 손을 사용하실 필요가 없습니다.

하지만 필살기는 정말 필살기일 뿐입니다. 발기도 되지 않는 음경으로 어떻게든 삽입을 해보려고 노력하는 남자는 여자들이 꼽는 잠자리에서의 '꼴불견남' 순위에 들어갑니다. 여성에게 '삽입'은 필수조건이 아니라 충분조건이기 때문입니다. 유사시 발기력이 부족하다면 필살기를 사용해서라도 삽입을 시도하는 것보다는 사랑이 담긴 충분한 애무로 마무리하는 것이 더욱 남자다운 행동일 수 있습니다.

○ 당신의 잘못이 아닙니다

조루

Q 조루가 극복되어 너무나 행복합니다

치아님의 글이 정말 저에겐 엄청난 변화를 가져왔는데요. 오랜 기간 경험해온 심한 조루 증상에서 어느 정도 해방된 것 같아, 감사의 메일을 보냅니다. 전 적잖은 나이지만 지금까지 짧고 의무적인 만남의 그저 그런 연애만 하다가 최근 정말 사랑하는 게 뭔지 알 수 있게 해준 여친을 만나게 되었습니다. 자위 말고는 경험이 많지 않지만, 자위든 관계든 정말 심할 정도의 조루 증상을 인지하고 있었는데요.

지금의 여친과 처음 관계에서 조루증으로 실망을 주고 싶지 않아 인터넷을 뒤지며 병원 수술까지도 생각했고 수많은 검색을 하던 중 우연히 치아님을 알게 되었습니다.

처음엔 이런저런 그럴싸한 내용 뒤에 조루용품 광고가 나오겠지 했는데, 그게 아니었고 글들을 하나하나 볼 때마다 정말 느껴지는 것도 많고 충격도 받고, 깨달음과 감명도 많이 받았습니다. 글 대부분을 정독하였고, 이제야 제대로 된 성교육을 받았다는 느낌입니다. 좀 더 일찍 알았으면 더 좋았을 텐데요.

저에게 실제로 일어난 변화는, 일단 수년간 모은 무려 수십 기가의 야동을 현자타임도 아닌데 미련 없이 삭제할 수 있게 만드셨습니다.

10년도 넘은 중독에서 해방 됐네요(여친덕도 있지만요^^)

블로그 글들을 보고 개선을 위한 노력도 실행에 옮겼습니다.

1. 케겔운동, 첨엔 순간적으로 힘을 주는 것도 너무 힘들었는데 어느 정도 익숙해지니 점점 오래 힘주는 게 가능하더군요.
2. 건강한 자위법(사정하지 않는…)
3. 반신욕까진 상황상 못 하지만 혈액순환 개선을 위한 노력도 하게 되었습니다.
4. 다행히 개선을 위한 방법 중 한 가지는 최근 몇 년 꾸준히 해왔습니다.

자전거를 엄청 타면서 하체운동은 많이 했는데 이것만으로는 효과는 없었는데요.

그리고 이런 노력을 하던 중 생각보다 빨리 상황이 찾아왔습니다.

여친과 관계 시 야동처럼 급하지 않게 치아님께 배운 대로 부드럽고 천천히, 진심을 담아. 음…. 더 이상의 자세한 설명은 생략합니다.

여친도 제가 원하는 대로 도와주어 제게 맞는, 사정감이 늦는 체위를 찾은 것도 도움이 많이 되었네요. 여친이 오르가슴까진 아니어도 많이 느껴진다는 이야기를 해주었고 오랜 시간 관계 중 서로 아주 좋았고 행복감을 느꼈네요. 심지어 왜 이렇게 체력이 좋으냐는 소리까지

듣다니…. 상상도 못 해본 일이네요.

오랜 시간 경험한 조루증상으로 막연한 두려움을 항상 느끼다가 이제는 어느 정도 극복이 된 것 같아 매우 기쁩니다. 꾸준히 노력하면 더 좋아질 거라 생각됩니다.

우연히 알게 된 치아님께 너무나 많은 도움을 받아, 감사의 뜻을 표합니다. 고맙습니다.

개념

역사적으로 조루라는 개념이 등장한 건 얼마 되지 않았습니다. 사실 조루는 동물 세상에는 없는 개념이기 때문입니다. 몇몇 특별한 개체를 제외하고 실제로 동물들의 섹스시간은 길지 않습니다. 동물들에게 섹스하는 시간은 천적의 공격으로부터 가장 완벽하게 무방비 상태가 되는 순간이므로, 빨리 끝내고 본래의 생활로 돌아가는 게 중요하기 때문입니다. 예를 들어 토끼는 삽입하고 단 몇 초안에 사정을 끝내며, 심지어 백수의 왕 사자도 30초가 넘지 않습니다.

하지만 천적이 없는 인간은 섹스를 쾌락으로 발전시켰고, 프로이트가 여성의 성적쾌감으로서의 오르가슴을 이야기하여 사회적 반향을 일으키면서부터 조루라는 개념이 본격적으로 등장하게 됩니다. 이런 분위기는 20세기 초 여성참정권의 실현으로 여성의 사회적 지위가 높아지고 여성이 남성과 동등한 권리와 쾌락을 주장하면서 더욱 힘을 얻게 됩니다.

흥분곡선의 차이로 내 남자와의 섹스에 만족하지 못했던 여자들은 더 오랜 시간 나를 만족하게 해주는 남자를 찾아 떠났으며, 그렇게 버려진 남성들은 무너진 자존심을 지키기 위해서라도 조루를 극복해야 하는, 이전 세대에는 없었던 새로운 숙제를 얻게 된 것입니다.

가끔 여성분들의 대표적인 오해를 상담 중 마주하곤 합니다. 남자들은 이기적이라서 자기 쾌락밖에 모른다는 것입니다. 여성은 아직 흥분이 되지 않았는데, 삽입하고 혼자 몇 번 왕복 운동하더니 사정하고 자 버린다고 서운해합니다. 물론 아직도 일부 남성들은 여성의 쾌락을 무시하는 가부장적 가치관을 지니고 있는 것이 사실입니다. 그런 남자들은 분명히 이기적이라는 비난을 받아 마땅합니다. 하지만 가부장적 가치관에서 벗어난 요즘의 남자들은 이기적이라는 오해에 억울해할 수 있습니다. 제 주변만 살펴봐도 여자가 만족하건 말건 본인의 쾌락만 채우고 섹스를 끝내고 싶어 하는 남자는 없으니까요. 다만 자신의 의지와 별개로 참고 또 참고 싶어도 사정해버리는 것입니다. 물론 조루 탈출의 의지가 오로지 여성의 쾌락을 배려하는 기특한 마음에서만은 아닙니다. '여자를 만족하게 한다.'라는 명제는 남성에게는 능력이나 자존심과 같은 문제이기 때문입니다.

어떤 이유가 되었건 대부분의 남자들은 노력합니다. 조금 더 길게 섹스시간을 유지해서 여성이 오르가슴을 느낄 수 있도록 말입니다. 여성분들도 이 점은 믿어주셨으면 좋겠습니다. 다만 노력이 쉽지 않을 뿐입니다. 참아 보려, 참아 보려 노력하지만 자신도 모르게 몸에서 정액이 뿜어져 나오게 됩니다. 참다가 견디지 못해서 나온 것일 뿐 마음껏 사정한 것도 아니어서 쾌감도 그다지 크지 않으며, 심지어 사정지연에 실패했다는 낭패감에 기분까지 우울해집니다. 그러니 비록 조루여서 마음에 들지 않더라도 가끔은 등이라도 한번 토닥여 주시는 게 어떨까 싶습니다.

포털사이트 검색창에 '조루'라는 단어를 치면, 우선 볼 수 있는 것은 엄청난 양의 병·의원 검색광고입니다. 그 외의 것들 역시 상업적인 성격을 띠고 있는 것이 대부분입니다. 순수한 의도로 게시된 글은 잘 검색이 되지 않죠. 이유는 간단합니다. '발기부전'과 '조루'는 남성 성기능과 관련된 시장의 전부라고 해도 과언이 아니기 때문입니다.

포털사이트가 검색으로 장사한다는 걸 잘 모르는 분들은 검색된 페이지의 상단에서부터 하나씩 클릭해 읽어 내려오다가 결국 특정 병원을 방문하기로 마음먹게 됩니다. 하지만 그것이 정답이 아니라는 사실은 하다못해 같은 키워드를 구글 검색창에만 입력해 봐도 알 수 있습니다. '조루억제훈련법', '아내와 함께하는 남편 조루 극복방법', '조루 100% 탈출비법' 등 굳이 약을 먹거나 병원에 가지 않아도 혼자서 또는 그녀와 함께해볼 만한 다양한 방법을 만날 수 있습니다.

병원치료를 부정하는 건 결코 아닙니다. 이제는 많은 분이 불필요성을 인지하고 있는 '포경수술'도 반드시 해야 하는 사람이 있는 것처럼, 발기부전이나 조루 역시 반드시 병원에 가서 물리적인 치료를 받아야 하는 사람도 있습니다. 하지만 그런 분들을 제외한 대부분은 돈 들여 병원에 가지 않고 가장 자연적이면서도 건강한 방법으로 노력해보다가 그래도 안 되면 마지막에 병원을 찾아도 늦지 않습니다. 발기부전이나 조루는 때를 놓치면 점점 더 악화하여 결국 치유할 수 없어지게 되는, 암과 같은 질병이 '결코' 아니기 때문입니다.

조루에 대한 의학적 정의는 뜻밖에 복잡하고 어렵습니다. 하지만 전 의사가 아니므로 간단하게 정의하겠습니다. 조루는 '내 의도와 상관없이' 빠르게 사정하는 것입니다. 조루를 치료한다는 것은 곧 내 맘대로 사정을 조절할 수 있게 된다는 것입니다. 이는 사정까지 걸리는 절대시간은 중요하지 않다는 뜻이기도 합니다. 예를 들어 어떤 남자가 1시간을 섹스하고 싶었는데, 50분을 다 못 채우고 사정했다면 그 남자도 조루입니다. 정해진 절대시간이 없다는 것은 조루가 질병이 아니라 우리가 모두 가지고 있는 '습관'일 뿐이라는 것을 의미합니다. 습관은 고치면 그만입니다. 제가 지금부터 알려 드릴 내용은 바로 그 '습관'을 고치는 방법입니다.

이 글을 읽고 있는 어떤 분은 벌써 들뜨기 시작할지도 모르겠습니다. "아니, 내 맘대로 사정을 조절하다니? 이젠 불행 끝 행복 시작이야. 여보, 기다려. 내가 오래오래 해서 홍콩 가게 해줄게." 하지만 조금 진정해주셨으면 좋겠습니다. 방법을 배우기 전에 먼저 남성들이 반드시 버려야 하는 잘못된 편견이 하나 있습니다. 바로 '섹스시간은 길면 길수록 좋다.'라는 사고방식입니다. 이 사고방식이 비아그라를, 음경의 신경절제수술을 부추기는 원흉입니다. 남자들에게 극도의 스트레스를 안기는 공공의 적이기도 하죠.

만약 음경의 신경을 차단하여 조루가 치료되고, 섹스시간이 전보다 길어졌다고 가정하겠습니다. 어찌 됐건 섹스 시간이 길어졌으니 사랑하는 그녀는 전보다 더 행복해졌을지 모릅니다. 그럼 끝인가요? 당신은 어떻게 되는 건가요? 당신의 쾌감은 그대로 포기하실 건가요? 당신은 남자로서의 자존심 하나 세우기 위해 평생을 그렇게 '섹스=노동'의 공식으로 살아갈 자신이 있으신지요? 내가 즐겁지도 않은 행위를 도대체 무슨 영광을 보겠다고 그렇게 열심히 하는 걸까요? 헬스장에 온 것도 아닌데 30분 내내 땀 뻘뻘 흘리다가 사정하면서 5초 반짝 기분 좋은 게 진정 자신을 위하는 방법인지요? 아닙니다. 남자도 섹스가 즐겁고 기다려져야죠. 30분 내내 행복해야죠. 이후 알려 드리는 모든 조루극복 방법은, 섹스는 양보다 질이 더 중요하며, 여자뿐만 아니라 남자도 함께 즐거워야 한다는 전제에서 출발합니다.

　이런 말이 있습니다. "마찰을 통해 단련하면 감각이 무뎌져서 조루 예방에 좋다." 이 논리는 포경수술을 합리화하는 데도 적극적으로 활용됩니다. 이런 믿음을 바탕으로 때수건으로 귀두를 문지르거나 뜨거운 모래에 음경을 묻고 단련시키는 사람도 있습니다. 물론 터무니없는 이론은 아닙니다. 단련을 통해 피부감각이 무뎌지면 적어도 자극에 더 오래 버틸 수 있게 되는 건 사실입니다. 다만 단련되는 만큼 내 감각과 쾌감은 사라지고 또 너무 과도하면 오히려 상처를 입을 수도 있으니 조심하셨으면 좋겠습니다. 또한 사정을 조절하는 근육은 몸속에 있습니다. 겉은 마찰에 대한 지구력을 키우는 정도로만 단련하고 오히려 속을 집중해서 단련해야 조루를 다스릴 수 있다는 것입니다. 다시 말

쏟드리지만 사랑하는 그녀뿐만 아니라 본인의 감각이나 쾌감도 포기하지는 않았으면 좋겠습니다. 남녀가 함께 느끼고, 흥분하며, 행복해야 하는 게 섹스인데 말입니다.

조루와 관련된 수술은 대개 귀두로 가는 감각신경을 제어하여 사정감을 늦추는 수술입니다. 조루의 원인이 귀두 감각의 예민함에 있는 분들에게는 다소 효과가 있습니다. 그러나 사실 조루의 원인은 이 외에도 수없이 많습니다. 신경을 제어하는 방식에는 신경을 아예 잘라버리는 방식과 무력화하는 방식이 있으며, 무력화하는 방식에도 수술에 의한 방식과 필러주입에 의한 주사방식이 있습니다.

앞서 발기부전 편에서 혈압약이나 감기약의 메커니즘을 말씀드렸습니다. 이 약들이 해당 병을 치료하는 약이라 알고 있는 것은 대표적인 오해라고 말입니다. 증상을 줄여주는 약들이기 때문에 절대 약에만 의존하지 말고 반드시 원인을 찾아 개선하는 일을 병행해야 합니다.

조루도 마찬가지입니다. 조루는 분명히 원인이 있는 증상입니다. 그것이 심리적인 요인이건, 물리적인 요인이건 말입니다. 모든 것을 다 해봤지만 정말 해답이 없었다면 병원에 가서 시술이든 수술이든 마지막 수단을 활용해봐야겠지만, 그전까지는 스스로 원인을 찾아 치료할 수 있도록 노력해봐야 합니다. 1년이 걸리든, 3년이 걸리든, 10년이 걸리든 그게 내 몸을 건강하게 만드는 원인치료 방법이라면 말입니다.

 조루를 이해하려면 '세로토닌'이라는 물질부터 알고 가는 것이 좋습니다. 세로토닌은 뇌의 시상하부 중추에 존재하는 신경전달물질로, 행복한 감정을 느끼게 합니다. 흥분, 열정, 쾌락을 느끼게 하는 도파민과 반대로 평온, 안정, 행복한 느낌을 전달합니다.

또한 세로토닌은 기분을 조절하고 식욕, 수면, 근육의 움직임, 기억력 등에도 영향을 미칩니다. 세로토닌이 부족하면 오는 대표적인 증상은 '우울증'입니다. 그리고 이 우울증 치료를 목적으로 세로토닌이 머무는 시간을 늘리기 위해 개발된 성분이 다폭세틴, 졸로푸트 등입니다.

그런데 협심증 치료제로 개발되던 실데나필 성분이 발기에 특별한 효능이 있다는 게 밝혀져 비아그라가 개발된 것처럼, 우울증 치료를 목적으로 개발되던 항우울제 성분이 조루에도 특별한 효능이 있는 것으로 밝혀집니다. 그렇게 개발된 약이 바로 조루치료제 '프릴리지'입니다.

남성의 사정 메커니즘을 살펴보면 음경에서 시작된 성적자극이 척수를 타고 올라와 뇌의 사정중추에 도달한 후 사정중추에서 내려진 사정신호가 다시 척수를 타고 내려와 BC 근육을 자극합니다. 이 BC 근육은 정자와 정액이 모여 있는 전립선을 자극해서 요도 밖으로 정액을 분사하게 만듭니다.

이때 사정중추에 세로토닌이 풍부하면, 척수를 타고 올라온 신호에 사정중추가 민감하게 반응하지 않기 때문에 사정신호도 내려 보내지 않게 됩니다. 조루증상이 있는 분들은 세로토닌의 생성이 남보다 적거나, 더 빠르게 고갈되는 분들입니다. 그리고 프릴리지는 생성된 세로토닌이 재흡수되지 않고 사정중추에 남아 사정을 억제하는 역할을 하게 만드는 약입니다. 다소 복잡하고 어려우셨나요? 자, 머리 아픈 이론은 다 잊고 이거 하나만 기억하시면 됩니다.

'세로토닌이 풍부하면 조루증상이 개선된다.'

그렇다면 일상생활에서 세로토닌 분비를 촉진하는 방법도 있을까요? 네, 있습니다. 아주 쉬운 방법들입니다. 잠을 충분하게 자는 것, 햇빛을 많이 쬐는 것, 야외활동을 하면서 자주 걷는 것, 자주 웃는 것, 주기적으로 운동하는 것.

본인에게 조루증상이 있다면 평소에 저 행동과 반대로 살고 있지는 않은지 점검해보고 노력해서 생활을 개선하셔야 합니다. 물론 이 방법만으로 조루가 개선되기는 어려울 수 있습니다. 생활패턴을 바꾼다는 것은 성격을 바꾸는 것만큼이나 어려운 일이니 단시간에 이루어지기도 어려울 거고요. 그래서 함께하면 좋은 물리적인 방법들도 필요한 것입니다.

건강한 자위

조루예방을 위해 해야 하는 첫 번째 물리적인 훈련은 '건강한 자위'입니다.

일반적으로 남자들이 자위하게 되는 상황은 두 가지입니다. 야동처럼 나를 흥분시키는 무언가를 보다가 음경을 쥐고 왕복운동을 시작하는 경우와 아침 기상 직후나 혹은 낮이더라도 갑자기 음경이 발기하며 자위하고 싶은 욕구가 생겨 왕복운동을 시작하는 경우입니다.

어느 경우이건 누군가에게 들킬까 봐 긴장하는 것과 가능하면 빠르게 처리하고 일상으로 복귀하려는 상황은 공통적이며, 이런 식의 자위가 바로 조루의 원인이 됩니다. 이런 자위가 반복되면 내 몸은 섹스의 가장 큰 쾌감을 '사정할 때 느끼는 감각'이라 믿어 버립니다. 그렇게 사정에 눈이 먼 나의 뇌는 섹스의 목표를 항상 '사정'으로 설정해 버리고 결국 빨리 사정하여 그 쾌감으로 가고 싶다는 욕망만 뇌에 남게 됩니다.

이런 자위에 익숙해진 남자가 여유를 가지고 천천히 느끼면서 충분한 시간 동안 진행되는 섹스의 즐거움을 알 수 있을까요? 흥분의 시작에서 사정까지의 짧은 러닝타임. 결국 자신도 모르는 사이에 우리는 이런 자위를 하며, 스스로 '조루'를 만들고 있었던 것입니다. 해결방법은 간단합니다. 자위를 처음 시작하는 10대도, 이젠 자위를 거의 하지 않는 40대도, '건강한 자위'를 다시 시작하는 겁니다.

우선 야동이나 사진 같은 자극적인 대상을 제거하십시오. 그 자리에는 오로지 나의 손과 음경만을 놓아두시기 바랍니다. 자위(自慰), 말 그대로 이제는 내가 내 것을 아껴주는 겁니다. 어떻게 생겼는지 한 번 더 바라보고, 만지고, 쓰다듬어 주고, 기분이 좋아지는 부분을 찾으며 천천히 부드럽게 흥분을 높여가는 거죠. '자위 편'에서 이미 조금 말씀드린 내용입니다. 더 깊이 들어가 보겠습니다.

사정은 완전히 잊으시기 바랍니다. 자위의 목표는 사정이 아니라 나를 사랑하고 나를 기분 좋게 만드는 것입니다. 사정 후에 쾌감이 잦아들어 더는 내가 나를 기분 좋게 할 수 없다면 사정은 자위의 방해꾼일 뿐입니다. 그렇다면 거기까지 가지 말아야죠. 성적 흥분정도가 1에서 10까지이며 사정하는 지점을 10이라고 한다면, 앞으로는 7~9 사이에서 자극을 멈추시기 바랍니다. 흥분이 가라앉으면 다시 자극을 시작하는 겁니다. 이 과정을 반복하여 몇 번이고 사정 근처까지 갔다가 돌아오는 연습을 하고 나면 서서히 사정을 조절하는 능력을 발견하게 됩니다.

물론 처음엔 힘들 것입니다. 누군가는 그렇게 사정없이 자위를 끝내면 한동안 아랫배가 뻐근한 울혈이 오기도 합니다. 사정욕구가 마구 몰려오는데 참으려니 너무 힘드신가요? 괜찮습니다. 많이 힘들면 그냥 사정하세요. 대신 이번에 8까지 갔다가 못 참고 사정했다면, 다음에는 6, 7쯤에서 멈추시기 바랍니다. 시간이나 반복횟수, 흥분 정도는 점점 늘려 가면 됩니다.

사정욕구를 참으면서 조절한다? 이 경지는 결코 몇 달, 몇 회의 반복으로 얻어지지 않습니다. 하지만 일단 얻고 나면 조루 극복 외에도 좋은 점이 하나 더 있습니다. 사정에 대한 스트레스가 사라지고 나면 사정으로 가는 동안의 자극을 더욱 민감하게 느끼는 감각을 얻게 됩니다. 사정으로 느끼는 강렬하지만 다소 허무한 쾌감과는 비교도 안 되는, 짜릿하면서도 오래 이어지는 쾌감 말입니다. 그리고 이 경험은 섹스에 그대로 적용됩니다. 자위뿐만 아니라 실전 섹스에서도 사정조절이 필요하다는 뜻입니다.

섹스의 흥분 메커니즘에서 남자들이 오해하고 있는 가장 의미 없는 두 가지 행동이 있습니다. 바로 '빠른 왕복운동과 힘'입니다.

빠른 왕복운동은 사정할 때 느끼는 순간 쾌감을 극대화합니다. 자신이 너무 기분 좋으니까 여자도 순간 쾌감을 느낄 거라고 생각합니다. 야동에서도 왕복운동이 빨라지면 여자의 신음이 커지니까요. 현실에서는 항상 그렇지는 않습니다. 가끔은 빠른 왕복운동이 흥분감을 높여 주기도 합니다. 하지만 그 이후는 어떻게 하시겠습니까? 사정으로 당신은 녹초가 됐지만 여성은 아직 흥분상태라면 말이죠. 명심하시기 바랍니다. 빠른 왕복운동은 여성 오르가슴의 방해꾼이자 남성 조루 극복의 적입니다. (천천히 즐기는 섹스의 쾌감은 '연인과 부부-섹스시간 편'을 참고하시면 좋습니다.)

남자는 역시 '힘'이라 생각하시나요? 섹스는 벽에 못 박는 행동이 아닙니다. 섹스할 때 남자의 힘이 필요한 경우는 단 한 순간도 없습니다. 제발 질 깊숙이 쾅쾅 밀어 넣으며 왕복운동을 하지 마십시오. 착각입니다. 그녀가 내지르는 지금 그 신음은 '좋아서'가 아니라 '아파서'일 가능성이 더 크답니다.

자위로 자신만의 페이스를 익히셨다면 이제 실전 섹스로 들어가 보겠습니다. 실전 섹스에서도 '사정감까지 가지 않고 멈추고, 식히고, 다시 오르고'의 원칙은 자위와 마찬가지입니다. 그리고 섹스의 원칙은 단 하나이고 변하지 않습니다. '천천히 부드럽게' 말입니다.

삽입 전에 음경의 귀두와 질 입구를 부드럽게 마찰시킵니다. 마치 귀두와 질 입구가 길고 오랜 키스를 나누듯이 천천히 오랫동안 부드럽게 스치며 만나도록 말입니다. 남성분들도 느껴보시기 바랍니다. 음경의 귀두는 가장 신경이 예민한 부위라 집중만 하면 질 입구의 부드러운 감촉과 주름의 굴곡이 하나하나 다 느껴지실 겁니다. 이런 신비로운 경험을 놔두고 도대체 왜 다짜고짜 밀고 들어가시는 건지요?

때로는 이 과정에서 흥분한 여성이 다리나 양손으로 당신의 몸을 끌어당길 수도 있고, 거친 숨을 내쉬며 귓속말로 빨리 들어오라고 말할 수도 있습니다. 웬만하면 본인의 페이스를 유지하시기 바랍니다. 원할 때 줄 듯 말 듯 안 주면서 더욱 애타게 하라는, 유치찬란한 밀당의 조언 따위가 절대 아닙니다. 당신의 페이스를 유지하는 게 중요하다는 뜻입니다. 평소 건강한 자위에서 익혀두었던, 당신이 느끼면서 흥분하는 당신만의 페이스, 그 페이스대로 천천히 올라가면 됩니다. 여성은 '사정'이라는 낭떠러지가 없으므로 흥분하면 무한대로 원하는 경향이 있습니다. 그녀의 페이스대로 따라가다 보면 자제력을 잃고 낭패를 볼 수도 있습니다.

이렇게 입구 마찰을 끝냈다면, 다음은 귀두 정도의 삽입입니다.

비어 있는 원형의 공간으로 음경이 들어가는 게 아닙니다. 질 내부를 꽉 채우고 있는 살을 천천히 밀고 들어갔다가 천천히 나오는 것입니다. 너무나 부드러운 질 내부의 살들이 당신의 귀두를 꼭 감싸 쥐는 그 느낌을 놓치지 말고 하나하나 다 느끼시기 바랍니다. 섹스하는 기쁨과 행복은 바로 그렇게 세포 하나하나에까지 전달되는 '느낌'들의 향연이니까요.

본격적으로 깊은 삽입이 진행되는 진도에서도 '천천히 부드럽게'를 잊지 마시기 바랍니다. 물론 여성의 흥분 정도를 살피면서 왕복운동의 속도를 약간 빠르게 하는 것은 좋습니다. 속도의 변화는 오르가슴을 향한 강한 자극이 되니까요. 그러나 본인의 흥분 정도가 위험수위만큼 높아졌다고 느껴지면 여성이 아쉬워하더라도 절대 삽입을 고집하지 말고 천천히 빠지는 것이 좋습니다. 상대에게 양해를 구할 수 있다면 더욱 좋겠죠. 빠르게 빠지다가 만나는 한순간의 강한 자극은 사정이라는 낭떠러지로 당신을 밀어내는 무시할 수 없는 복병이니까요.

질에서 빠져나왔다면 흥분이 식을 때까지 넋 놓고 기다리지 말고 사랑하는 사람의 몸을 탐험하시기 바랍니다. 삽입섹스 중이었다면, 이때의 애무는 좀 더 자극적인 부위와 방법이 좋습니다. 유두나 유륜, 클리토리스나 소음순, 대음순 등의 부위를 입술이나 혀로 애무한다면 더할 나위 없겠죠.

이렇게 흥분을 올리고 다시 식히는 것을 반복하다 보면 자신도 모르게 조금씩 사정 조절이 가능하게 되는 것을 느끼실 수 있습니다. 그리고 어느 순간 사라진 사정에 대한 걱정과 스트레스를 더 민감해진 감각과 쾌감의 즐거움이 채우고 있음을 발견하게 될 것입니다.

 ## 케겔 운동과 BC 근육

    발기부전이나 조루에 관심 있는 남자 분들이나 아이를 낳아 본 경험이 있는 여성분들은 아마 '케겔 운동'이라는 단어를 들어보셨을 겁니다.

    20세기 중반 미국의 산부인과 의사였던 아놀드 케겔 박사는 골반 밑을 지나는 근육인 골반저근을 발견하게 됩니다. 케겔 박사는 이 근육을 주기적으로 수축하고 이완시키면 여성 질 근육을 건강하게 회복하여 요실금을 예방하거나 치료할 수 있다는 것을 발견했습니다. 이 골반저근이 영어로 Pubococcygeus muscle, 즉 'PC 근육'입니다. PC 근육을 단련한 여성은 요실금만 예방할 수 있는 것이 아니라 삽입섹스 시 음경을 좀 더 강하게 조일 수 있게 되어 남성에게 더 큰 만족감을 줄 수도 있습니다.

    귀를 자기 의지대로 펄럭거릴 수 없는 것처럼 PC 근육만 움직이면서 단련시키는 건 불가능합니다. 대신 쉽게 움직이고 힘을 줄 수 있는 다른 근육을 자극함으로써 PC 근육을 함께 단련시킬 수 있습니다. 그게 바로 괄약근, 즉 대변을 볼 때 덩어리를 자르는 항문 주위의 동그란 근육입니다. 쉽게 말해, 항문을 조이면 PC 근육이 단련됩니다.

    여성에게 있다면 같은 사람인데 남성에겐 없을까요? 그리고 여성의 섹스에 도움이 된다면 남성에게도 어떤 식이라도 도움이 되지 않을까요? 그래서 흔히 남성들에게도 이 케겔 운동이 추천되는 것입니다. 앉아 있을 때나 운전할 때, 심지어는 소변 볼 때도 주기적으로 괄약근 조이는 훈련을 해서 강한 남성이 되라는 조언을 받습니다. 하지만 정확하게 말하면 이건 틀린 정보입니다. 여자와 남자의 케겔 운동은 대상 부위가 다르기 때문입니다.

남성이 섹스에 도움 받을 목적으로 단련하면 좋은 근육은 BC 근육(Bulbocavernosus muscle, 구해면체근)입니다. BC 근육은 음경 뿌리를 감싸고 있는 근육입니다. 오줌을 눌 때 힘을 주어서 오줌발을 끊는 근육이 BC 근육이며, 혈액을 음경 해면체와 귀두 끝으로 보내는 역할을 하는 것도 바로 이 BC 근육입니다. 따라서 이 근육을 단련하면 발기부전에도 특별한 효과가 있습니다. 여성의 경우 BC 근육은 질을 감싸고 있으며 질 수축에 관여합니다.

BC 근육의 또 다른 기능은 사정할 때 밀고 당겨지면서 정액을 펌프질하는 것입니다. 정액은 수도꼭지에서 물이 나오는 것처럼 연이어 줄줄 콸콸 나오지 않습니다. 마치 펌프질을 하며 물총을 쏘듯 간헐적으로 뿜어 나오는데, 여기서 펌프질의 역할을 하는 근육이 BC 근육입니다. 사정관을 둘러싼 BC 근육이 수축하고 이완함으로써 정액이 나온다면 사정관을 조이면서 못 나오게 하는 역할도 할 수 있겠네요. 맞습니다. 이게 바로 조루극복에서 BC 근육이 중요한 이유입니다.

하지만 뇌에서 신호를 보내 사정감이 충만하여 정액이 막 분출되려 할 때 BC 근육을 조이는 것은 거의 불가능합니다. 사정의 쾌감을 마음껏 느끼기 위해서라도 좋지 않습니다. 따라서 BC 근육을 단련한다는 것은 평소에 단련해서 삽입 후 왕복운동 중에 자연스럽게 BC 근육을 조여 사정을 지연시키는 효과를 보는 원리이지, 정액이 분출될 때 마치 고무호스를 쥐듯이 사정관을 조일 수 있다는 뜻은 아닙니다.

BC 근육 역시 PC 근육처럼 처음부터 그 근육만 골라서 움직이며 단련하는 건 쉽지 않습니다. 하지만 괄약근 조이기 운동인 케겔 운동을 하면 미세하게 함께 움직이게 됩니다. 그래서 남성분들에게도 케겔 운동이 추천됩니다. 그러나 여성분들처럼 케겔 운동만 해서는 큰 효과를 볼 수 없습니다. BC 근육은 허벅지 안쪽 근육과도 연결되어 있으므로 괄약근 조이기 운동과 함께 허벅지 근육강화 운동도 병행해야 합니다. '발기부전 편'에서 골반운동을 언급하면서 자전거와 등산 등을 추천한 것은 바로 허벅지와 골반 근육 강화를 통해 BC 근육을 단련하기 위함입니다.

허벅지 근육과 정력의 관계는 실생활에 다양한 사례가 존재합니다. 흔히 축구선수가 정력이 세다는 소문은 근거 없는 속설이 아니라 이런 인체공학적 원리에서 나온 말입니다. 반대로 지하철이나 버스 등에 앉아 허벅지를 벌리고 있는 소위 쩍벌남은 허벅지 근육이 허약해서 생기는 현상입니다. 그러므로 쩍벌남은 옆 사람에게 무례한 사람이기도 하지만 스스로 '난 정력이 약한 사람입니다.'라는 부끄러운 고백을 하는 셈이기도 합니다.

하루 대부분을 사무실에 앉아서 일하는 비즈니스맨이나 운동도 하지 않으면서 출퇴근까지도 자동차를 애용하는 사람들은 BC 근육을 단련할 기회가 없습니다. 그래서 사무직 종사자는 육체노동을 하는 분들에 비해 발기부전이 빨리 오고 조루가 많을 수 있습니다. 마님이 젊은 서생보다 자기 집 돌쇠에게 더 관심을 두는 것도 같은 이유겠죠. 그러므로 현대 남성분들은 자투리 시간에 틈틈이 케겔 운동을 하고 허벅지를 단련하는 게 좋습니다. 오랜 시간의 훈련으로 동작이 익숙해지고 BC 근육을 느낄 수 있는 정도가 되면, 그때는 BC 근육만을 움직이며 훈련하는 것이 더 효과적일 수 있습니다.

중요한 건 언제나 이론보다 실천입니다. 케겔 운동이나 허벅지 근육 단련으로 실제 섹스에서 효과를 보려면 최소 1년 이상은 꾸준히 단련해야 합니다. 또 지속적으로 하던 운동을 쉬면 만들어졌던 근육이 없어지는 것처럼, BC 근육 역시 훈련을 쉬면 다시 약해지게 됩니다.

건강한 섹스를 위해 매일 괄약근을 조이고, 허벅지 근육을 단련시키시기 바랍니다. 지금 의자에 앉아 있다면 10번 정도 괄약근을 조여 보고, 발뒤꿈치를 붙이고 벌어진 허벅지에 힘을 주어 무릎을 붙였다 떼었다 해보시기 바랍니다.

대변을 끊듯이 항문에 힘을 줘 오므립니다. 다른 부위까지 힘을 주는 것이 아니라 항문만 조인다는 느낌으로 하는 것이 중요하며 괄약근 뿐만 아니라 BC 근육까지 함께 움직인다는 느낌으로 하시면 좋습니다. 처음에는 10회 정도에서 시작하여 조금씩 횟수를 늘려 가는 것이 좋고, 1일 횟수도 하루 한 번에서 점차 늘려 가면 좋습니다. 앉아서 하든 서서 하든 누워서 하든 자세는 크게 상관없습니다. 오므리고 있는 상태로 버티는 시간을 늘려 보는 것도 좋습니다. 처음에는 1회당 1초 미만이었다가 5~10초까지 늘려 가는 것입니다.

케겔 운동이나 허벅지 근육 단련하기는 최소 6개월에서 적어도 1년 이상은 해야 비로소 습관이 되어 어느새 나도 모르게 조이고 있는 하반신을 발견하게 됩니다. 그렇게 일정 시간이 더 지나면 드디어 효과가 나타나기 시작합니다.

케겔 운동이나 허벅지 근육 단련하기를 맨몸으로 하기 어렵다면 필라테스 링을 활용하는 것도 좋은 방법입니다.(여성-명기 편 참고)

인내는 쓰고 열매는 달다고 했던가요? 그렇게 성실하게 훈련하다 보면 언젠가는 사정의 욕구에서 해방되어 여유로워진 자신의 모습을 보게 될 것입니다.

약을 먹으면 발기가 오래가고, 기구를 사용하면 음경이 단단해지며, 수술하면 사정도 지연시킬 수 있습니다. 때문에 성격 급하고 당장 효과가 보이지 않으면 낙심하는 성격을 가진 분들은 제가 알려 드리는 방법에 쉽게 실망하거나 포기하실지도 모릅니다. 하지만 분명히 말씀드릴 수 있는 건 사람마다 기간과 효과의 차이는 있을지 몰라도 인내를 가지고 꾸준히 하시면 반드시 성과를 보실 수 있다는 사실입니다. 그래도 당장 오늘 밤에 특별한 이벤트가 있어서 빠르게 효과 보는 방법이 없을까 고민하는 분들을 위해 몇 가지 필살기를 공유합니다. 아마 몇몇은 이미 알고 계시는 분들도 많을 것 같습니다.

약간의 술

많은 남성분들이 술을 마신 상태에서 조루가 극복되거나 심지어 지루를 경험하신 적이 있으실 겁니다. 적당량의 알코올은 뇌의 사정중추를 마비시켜 사정을 지연시키는 역할을 하기 때문입니다. 하지만 항상 효과가 있던 게 아닌 것도 기억하시죠? 왜일까요? 중요한 건 적당하게 마셔야 한다는 것입니다. 과하게 마시면 음경으로 흘러들어 가야 할 피가 알코올에 의해 온몸으로 퍼지게 되어 아예 발기 자체가 안 될 수도 있기 때문이죠. 물론 '적당하게'의 기준은 사람마다 다르며 그것은 자신만이 알 수 있습니다.

속도 조절

계속 말씀드리지만 왕복운동의 빠른 속도는 조루의 근본원인입니다. 삽입 후 왕복운동 중에 사정욕구가 생기면 무조건 속도를 줄이거나 아예 멈추는 게 좋습니다. 흥분하기 시작한 여성이 걱정되시나요? 여자분들은 삽입이 섹스의 전부라고 생각하지 않습니다. 일단 질 밖으로 나온 후 삽입에 버금가는 강렬한 애무를 진행하시기 바랍니다. 속도 조절보다는 애무가 목적인 것처럼 말이죠. 그렇게 짜릿한 애무를 진행하다가 완전히 사정욕구가 사라졌다는 느낌이 들 때 천천히 다시 시작하면 됩니다.

자세와 위치

쾌감을 느끼는 부위는 사람마다 모두 다릅니다. 클리토리스 자극에도 느낌이 없는 여자분이 있고, 여자위 체위에서만 오르가슴을 느끼는 분도 있으며, 뒤에서 삽입하는 체위에서 가장 큰 쾌감을 느끼는 남성분도 있는 법입니다. 이처럼 특별히 나에게 자극적인 자세와 위치가 있다면 반대로 아무리 자극해도 느낌이 오지 않는 자세와 위치도 있지 않을까요? 맞습니다. 아무리 왕복 운동을 해도 사정욕구가 일어나지 않는 자세와 위치가 모든 남성분에게는 분명히 있습니다. 체위만을 말하는 게 아닙니다. 질 내부에서의 음경이 닿는 위치 등도 포함됩니다. 또는 한쪽 다리를 접는다던가, 팔을 펼 수 있는 한도까지 편 상태로 바닥을 밀면서 상체를 든다든가, 얕은 삽입에서의 왕복운동이라든가, 반대로 아주 깊은 삽입을 유지한 채로의 왕복운동 등 사례는 무궁무진합니다.

따라서 웬만한 왕복운동으로는 사정욕구가 잘 일어나지 않는 본인만의 자세와 위치를 찾으시기 바랍니다. 그리고 그 자세를 적극적으로 활용하는 겁니다. 물론 그렇다고 너무 한 자세만 고집하면 자칫 지루할 수도 있으니 일단 사정지연 자세를 찾았다면 다른 자세를 활용하다가 사정욕구가 생기면 재빠르게 달려가는 피난처로 활용하셔도 좋습니다.

복식호흡

복식호흡은 가슴으로 하는 흉식호흡과 달리 아랫배를 사용하는 호흡입니다. 아랫배를 내밀면서 깊이 숨을 들이쉬고 3~5초간 멈췄다가 아랫배를 들이밀면서 숨을 내쉬면 됩니다. 복식호흡은 단순히 호흡만으로도 몸의 흥분을 가라앉히고 심신의 안정을 찾게 도와주는 효과가 있습니다. 이 때문에 요가나 동양의 선 수련에서 가장 먼저 배우는 기본 수련법이 바로 복식호흡입니다. 이젠 사정욕구가 느껴질 때 애국가를 부르지 마시고 몸에도 좋은 복식호흡을 하시기 바랍니다.

음낭 당기기

우리 몸에는 신기한 반응들이 참 많은데, 음낭도 그중 하나입니다. 사정욕구가 강하게 올 때 음낭을 만져보시면 작게 오그라들어 몸에 착 달라붙어 있는 것을 확인하실 수 있습니다. 정액을 음경으로 쏘아 올리기 위한 준비자세인 셈이죠. 그렇다면 준비자세를 해제시키면? 맞습니다. 사정이 지연되겠죠.

음낭을 손으로 살짝 감아쥐고 몸의 반대 방향으로 조심스럽게 잡아당겨 보세요. 사정욕구가 급격하게 약해지는 것이 느껴지시나요? 이 상태로 왕복운동을 할 수 있다면 사정없이 오랫동안 섹스를 즐길 수 있습니다. 이렇게 강력한 방법이 왜 필살기이냐고요? 해보시면 아실 겁니다. 유지하기도 쉽지 않을뿐더러 모양새도 그다지 좋지 않습니다.

음경 조이기

왕복운동 중 사정욕구가 너무 강해서 막 배출될 것 같다면 질에서 음경을 꺼내어 음경 뿌리 부분을 엄지와 집게손가락으로 링을 만들어 조여줍니다. 잠시 그 상태로 있으면 잠시 후 사정감이 급격하게 줄어드는 것을 느낄 수 있으실 겁니다. 이 방법의 가장 큰 단점은 사정욕구를 가라앉히는 것이 아니라 분출을 막는 것이므로 조이기 위해 질에서 음경을 꺼내다가 마주치는 약한 자극에도 사정을 해버려 타이밍을 놓칠 수 있다는 것입니다.

여자위 체위

남자가 하늘을 바라보고 다리를 편 상태로 눕고 여자가 그 위로 올라가 남자와 얼굴을 마주 보며 왕복운동을 진행하는 체위가 여자위 체위입니다. 여자위 체위는 여성 본인이 느낌이 오는 부위에 남성의 음경을 스스로 마찰시킬 수 있는 장점이 있어서 남자위 체위에서 오르가슴을 못 느끼는 여성도 이 체위에서는 오르가슴을 느끼곤 합니다. 또한 남성도 힘들게 땀 뻘뻘 흘리면서 운동하지 않고 편안하게 누워만 있어도 섹스의 즐거움을 만끽할 수 있는 권장 체위죠.

이 체위에서 사정감을 덜 느끼는 남성이 뜻밖에 많습니다. 물론 모두 그런 것은 아닙니다. 남자위 체위에서 나만의 페이스대로 속도를 조절하던 분들은 여자위 체위에서 속도를 마음대로 조절할 수 없으므로 '속도 조절을 통한 사정지연 전략'이 무용지물이 될 수 있습니다. 내 몸 위에서 흥분한 여자가 내 사정감을 고려해서 왕복운동의 속도를 조절할 리는 절대 없으니까요.

이때 이 체위에서만 사용 가능한 필살기가 있습니다. 무릎을 약간 세우고 엉덩이를 살짝 들어 올리는 것입니다. 조심해야 하는 건 너무 높게 무릎을 세우거나 엉덩이를 들어 올리면 여성이 왕복운동을 할 수 없게 된다는 것입니다.

○ 노력하는 남자(의 거기)가 더욱 아름답다   음경

Q 뚱뚱하고 음경도 작아서 고민이었습니다

안녕하세요. 20대 남자입니다. 저는 이제껏 뚱뚱한 채로 살아왔고, 못난 제 모습을 보며 내가 이렇게 뚱뚱한데, 여자들이 과연 좋아할까 라는 생각에 여자친구는 꿈나라 얘기였고 매일 야동을 보며 자위해왔습니다. 그런데 올해 초 치아님의 글을 보고 저도 바뀌어야겠다는 생각에 야동을 끊고 건강한 자위와 다이어트를 시작했습니다. 그리고 5개월이 지나 저는 20kg을 감량해 외모에 대한 자신감을 얻게 됐습니다. 또한 항상 함몰 음경인 줄 알고 수술까지 고려했었던 부분도 살을 빼고 나니 그동안 성기의 많은 부분이 살에 파묻혀 있었다는 것을 알게 됐고 믿기 어려울 정도로 달라졌습니다. 저의 다이어트 자극제가 되어주신 치아님께 항상 감사하게 생각하고 있습니다.

이렇게까지 변하고 나니 또 다른 고민이 생겼습니다. 주변 친구들은 한 번씩은 연애 경험이 있어 그 경험담을 말해주는데 정말 부럽더군요. 저는 그동안 스스로 못났다고 생각하고 여자를 멀리해왔기 때문에 친한 여자도 없을뿐더러 자괴감이 느껴질 정도입니다.

다른 사람들에게는 제가 바보처럼 보이겠지만, 저한텐 무척 큰 고민입니다.

　우선 다이어트에 성공하여 외모에 자신감을 되찾고 자신의 실제 음경 크기도 되찾으신 것에 대해 진심으로 축하드립니다. 사람들은 종종 "자신감을 가져.", "할 수 있다고 생각해.", "긍정적인 사고가 중요한 거야."라고 이야기하지만 저는 생각이 조금 다릅니다. 그런 자신감이나 긍정적인 사고가 그냥 가지려고 노력한다고 해서 가져지는 것이라면 도대체 살면서 안 되는 게 뭐가 있을까요? 실제로 생각의 변화를 만들려면 계기가 필요합니다. 사연을 주신 분께서는 계기를 만들고, 자신감도 얻고, 실질적인 음경의 모습까지 찾으셨으니 정말 이보다 더 좋을 순 없습니다.

　인생 경험이 풍부한 분들이 젊은 분들에게 종종 하는 조언이 있습니다. 잘나갈 때 멈출 줄 아는 지혜가 필요하다고 말입니다. 무언가 일이 잘 풀릴 때 사람들은 끝도 없이 잘될 것 같은 생각에 종종 무리하게 일을 진행시키는 경우가 있습니다. 그 후유증은 애초의 성과를 상쇄시킬 만큼 치명적이기도 하죠. 살을 빼고, 자신감을 되찾고, 음경 크기도 되찾으셨으니 이제 궤도에 오르셨습니다. 이참에 여자친구를 얻는 일까지 한달음에 달려가고 싶은 마음은 이해하지만, 결코 조급해하실 필요는 없습니다. 세상은 그럴 만한 사람에게 그럴 만한 가치를 부여하게 되어 있습니다. 그저 순리대로 살아가시면 됩니다. 마음을 열고 이전처럼 기회를 거부하지만 않는다면, 사랑스러운 여자친구가 곧 나타나실 거라고 확신합니다.

성 상담사 치아 드림

 개념

지방의회 남자의원의 해바라기 수술이 구설에 오른 적이 있습니다. 수술한 걸 동료 의원에게 과시하려는 의도에서 벌어진 해프닝이었죠. 속칭 해바라기 수술은 음경확대수술의 일종입니다. 음경의 귀두 둘레에 울퉁불퉁하게 보형물을 삽입하는 수술인데 위에서 보면 마치 해바라기 같다고 해서 그렇게 불립니다. 이 수술을 하는 이유는 간단합니다. 그렇게 하면 섹스할 때 여자의 질을 더 자극할 수 있고 그럼 자연스럽게 여자들의 로망남이 될 거라는 환상 때문입니다.

남성 여러분, 제발 이제는 잘못된 상식에서 벗어나셨으면 좋겠습니다. 여성의 질 내벽에는 감각세포가 거의 없습니다. 아무리 해바라기 만들어 자극한다고 해도 크게 달라질 게 없다는 뜻입니다. 또한 여성의 질 내부는 정말 연약한 피부조직이어서, 극도로 흥분하여 질액이 충분히 배출된 상태가 아니라면, 특이하게 생긴 음경이나 이물질로 강요된 마찰은 오히려 질 내부에 깊은 상처를 낼 수도 있습니다. 그런 남자와 또다시 섹스하고 싶은 여자가 있을까요? 해바라기는 그저 남자들만의 왜곡된 로망일 뿐입니다.

여성이 마음을 빼앗기는 남자는 환상적인 섹스 테크닉을 구사하는 남자가 아닌 '자신을 진심으로 아끼고 사랑해주는 남자'라는 사실을 절대 잊지 않으셨으면 좋겠습니다. 남자들이 우상처럼 생각하는 '카사노바'는 절대 음경이 크거나, 특별하게 생겼거나, 테크닉이 뛰어난 사람이 아니었습니다. 수많은 여자와 관계를 맺게 한 그의 특별한 능력은 여자의 이야기를 들어주는 경청능력과 마음에 공감하는 능력, 그리고 따뜻한 매너와 진심이었습니다. 정말 여자에게 인기 있는 남자가 되고 싶다면 이제부터라도 제발 여자의 마음도 모르면서 김칫국부터 마시는 행동은 그만하시기 바랍니다.

한국의 모 대학 교수팀이 20대 남성을 대상으로 설문조사를 했습니다. 설문에서 자신의 음경이 크다고 응답한 사람은 고작 4%였습니다. 작다고 응답한 사람은? 무려 25%였고요. 하지만 작다고 응답한 사람들 중에 실제로 측정해보니 평균 음경 크기보다 작았던 사람은 단지 5%에 불과했습니다.

실제로 음경 크기에 대한 통계는, 대부분이 평균에 가까운, 정규분포의 형태를 보인다는 것이 정설입니다. 가운데가 산처럼 높고 좌우로 급격하게 낮아지는 그래프 말입니다. 비정상적으로 크거나 작은 사람은 극히 소수라는 거죠. 그럼 도대체 왜 남자들은 자신의 음경이 타인보다 작다고 생각하는 걸까요?

한 심리학자는 이에 대해 설득력 있는 이론을 제시합니다.

Muller-Lyer의 막대처럼 바라보는 시선의 각도에 따라 크기의 왜곡이 생기기 때문이라는 것입니다. 같은 사물이라도 위에서 바라보면 작고 왜소해 보이기 마련입니다. 영상이나 사진에서도 사물을 실제보다 작고 왜소하게 표현하려면 위에서 바라보는 하이 앵글(부감)을 사용합니다. 같은 크기의 음경일 지라도 자기 것은 위에서 보게 되므로 왜소해 보이고, 타인 것은 앞에서 보게 되므로 크기의 왜곡이 없다는 것입니다.

실제 섹스에 미치는 영향을 봐도 크기나 굵기에 대한 집착은 무의미합니다.

마스터즈와 존슨의 연구기록에 의하면 질 내부의 흥분을 만드는 감각 포인트들은 주로 입구에서 5cm 안쪽에 많이 분포되어 있다고 합니다. 이론적으로 음경의 길이가 5cm만 되면 이성을 흥분시키는 데 아무런 문제가 없다는 뜻입니다. 그뿐만 아니라 질의 평균 길이가 9cm인데, 음경의 평균길이는 11cm이니 정말 길이는 아무 의미 없어 보입니다.

굵기도 마찬가지입니다. 잦은 출산으로 질의 탄력성을 많이 잃은 일부 여성을 제외하면 일반적인 여성의 질 내부는 공간이 거의 없다고 봐야 합니다. 이론적으로 여성의 질은 남성의 굵기에 맞춰 넓어지는 반응을 하기 때문에 음경의 굵기는 크게 문제 되지 않는다는 뜻입니다. 굵기 선호도와 관련해 농담 같은 대답 중 하나인 "귀 후비는 데 굵은 나무토막과 가는 이쑤시개 중에 어떤 게 더 시원하겠니?"라는 말을 생각해봐도 굵기는 섹스 만족도의 큰 변수가 되진 않는 것 같습니다.

음경 크기가 그다지 중요하지 않은 또 다른 이유는 여자에게 성적 만족감을 주는 요소는 크기 이외에도 수없이 많기 때문입니다. 충분한

시간의 애무, 사랑의 속삭임, 부드러운 터치, 진심과 정성이 담긴 손길, 부드럽게 천천히 진행하는 삽입, 넉넉한 왕복운동 시간과 적당히 단단한 발기력 등 정말 많습니다. 이렇게 조건이 많다는 것은 남자들에게 막막함일 수도 있겠지만 그만큼 다행일 수도 있습니다. 이 중 한두 가지가 부족해도 나머지를 사용하여 얼마든지 여성에게 만족감을 선사할 수 있으니까요. 음경 크기가 평균보다 과도하게 큰 남자 중에서 여성에게 만족감을 선사하는 남자가 몇 퍼센트나 되겠습니까.

실제 모 병원에서 실시한 "음경은 큰 게 더 좋은가요?"라는 설문조사에서 남성은 95%가, 여성은 고작 27%가 "그렇다."라고 대답한 걸 보면, 남성과 여성의 음경 크기와 굵기에 대한 인식차이는 분명해 보입니다.

하지만 아무리 이렇게 설득해도 남자들은 별 소용이 없습니다. "그렇다 해도 작고 가냘픈 것보다는 굵고 큰 게 낫지."라고 생각하기 때문입니다. 이건 굳이 여자를 만족하게 하는 목적이 아니더라도, 키나 근육을 비교해 자신만의 서열을 만드는 지극히 동물적인 수컷본능에 의한 행동이라는 생각이 듭니다. 그리고 이게 본능에 의한 것이라면, 식스팩을 만들고 키높이 구두를 신고 우쭐해하는 자기만족의 행동처럼, 음경을 크고 굵게 만들어서 자신감을 더하는 것도 몸에 해가 되지만 않는다면 뭐가 문제겠느냐는 게 제 생각입니다.

그럼 이제 섹스에 그다지 도움이 되진 않지만 자신감 충전의 차원에서 음경을 크고 굵게 만드는 방법을 공유해보겠습니다.

그전에 먼저 해야 할 일은 '현재 상태'를 확인하는 일이겠죠. 현재 상태를 알아야 6개월이나 1년 후에 변화가 있는지도 비교확인이 가능할 테니까요. 두루마리 휴지를 다 쓰고 나면 휴지의 동그란 모양을 잡아주던 휴지 심이 남습니다.

제품마다 조금씩 다르지만 휴지 심의 평균 길이는 대략 11cm 전후이며 둘레는 12cm 전후입니다. 발기한 상태에서 휴지 심에 음경을 넣었을 때 닿을 듯 말 듯 들어가면 굵기는 평균이며, 휴지 심 끝과 귀두 끝이 같으면 길이 역시 평균입니다. 물론 가장 크게 발기했을 때 기준입니다. 이 기준으로 본인의 현재 상태를 확인했으면 이제 꾸준히 단련한 뒤 6개월, 1년 후에 다시 측정해보시기 바랍니다.

 "지금보다 더 길어질 수 있는 음경의 여분은 몸속에 있다." 지금부터 할 이야기의 결론입니다. 음경의 길이에 대해 이야기를 하려면 제일 먼저 이 '숨겨진 뿌리' 이야기를 해야 합니다.

음경은 해면체에 혈액이 유입되어 커지고 단단해지다가 점점 뜨거워지는 '발기'라는 메커니즘을 지니고 있습니다. 발기를 통해서만 음경은 질 속으로 들어갈 수 있고, 그 속에서 사정함으로써 종족을 번식할 수 있는 것입니다. 그런데 이 발기 메커니즘의 성향에 특이하면서도 바람직한 현상이 하나 있습니다. 발기는 모든 이에게 나름 평등하다는 것입니다.

예를 들어 길이가 긴 음경은 발기되었을 때 평소 길이의 40% 정도만 커지지만, 길이가 짧은 음경은 발기되면 평소 길이의 120%까지도 늘어납니다. 결론적으로 발기되지 않은 평상시 음경의 길이는 다양할 수 있지만, 발기 후 음경의 길이 차이는 크지 않다는 것입니다.

또한 살이 찌거나 복부비만이 생기면서 자신의 음경이 이전보다 작아진 것 같다고 말하는 남자들을 종종 볼 수 있습니다. "똥배에 가려서 안 보이니까 그렇지." 하고 놀리는 친구에게 그분들은 진지하게 말합니다. "재 봤거든. 정말 작아졌거든." 물론 반대로 살이 빠지면서 음경까지 커졌다고 자랑하는 남성분들도 분명히 있습니다.

어떻게 이럴 수 있을까요?

이 두 가지 이야기가 가능한 이유는 바로 몸 밖으로 보이는 음경이 우리 몸이 지닌 음경 전체가 아니라는 사실 때문입니다. 남성의 인체 해부도를 자세히 보시면 몸 밖으로 보이는 음경의 크기는 전체 음경 크기의 1/3 정도인 것을 확인할 수 있습니다. 나머지 굵고 긴 2/3 부분은 평상시 몸속에 숨어 있는 것입니다. 이 부분을 한번 찾아볼까요? 본인의 음경을 잠시 발기시켜주시기 바랍니다. 손가락으로 음경의 두께와 단단함을 확인하면서 뿌리 쪽으로 내려가 주십시오. 음경이 살 속으로 사라지는 부분에서도 살 위로 두께를 확인하면서 계속 이어 내려갑니다. 이렇게 확인한 음경의 뿌리는 음낭 중심을 거쳐 회음부(허벅지 사이)를 지나 거의 항문 근처까지 이어지게 됩니다.

그래서 사람들이 말하는 음경의 길이는 실제 음경의 길이라기보다는 '살 밖으로 나온 부위의 길이'라고 보는 게 맞을 것 같습니다. 또한 비만인 분의 음경이 작아 보이는 이유는 다른 남자보다 더 두터운 살이 음경을 가리고 있기 때문입니다. 살이 10kg 찔 때마다 음경의 길이는 1cm씩 줄어든다는 말이 있을 정도이니까요. 또 평소에는 차이가 나더라도 발기 시 음경 차이가 크지 않은 것도, 몸 밖으로 더 나올 수 있는 여분의 음경이 몸속에 숨어 있기 때문입니다.

자, 이제 원리를 알았으니 굳이 더 말을 안 해도 음경을 키우려면 어떡해야 할지 아시겠죠? 맞습니다. 과거 한 TV 광고 문구처럼 '숨겨져 있는 1인치'를 몸 밖으로 꺼내면 됩니다. 그 1인치 꺼내는 방법을 이야기하기 전에 먼저 꼭 드리고 싶은 몇 가지 당부가 있습니다.

첫째, 이 방법을 사용한다고 해서 몇 cm씩이나 음경이 길어지는 것은 아니라는 것입니다. 그 정도의 길이 변화를 원하신다면 다른 방법을 알아보시기 바랍니다. 둘째, 혹시 비만이신 분은 반드시 살을 빼는 노력과 함께 진행해주시기 바랍니다. 셋째, 과도한 힘으로 음경에 무리를 주면 길어지기는커녕 오히려 음경에 골절이 생기거나 발기불능으로 갈 수도 있습니다. 그러니 제발 욕심을 버리고 마사지 수준으로만 진행해주시기 바랍니다.

자, 이제는 구체적인 방법을 알아보겠습니다.

준비

모든 동작 전 음경의 상태는 따뜻하게 해주는 것이 좋습니다. 사전에 반신욕 등의 방법으로 음경을 덥혀 놓으면 혈액순환이 촉진되면서 음경 조직이 더 쉽게 마사지와 스트레칭에 적응할 수 있습니다.

마사지

회음부에서 귀두까지, 음경 전체를 양손을 이용해 귀두 방향으로 나아가면서 마사지하듯 부드럽게 조물조물, 문질문질 해줍니다. 횟수는 5~10회에서 시작하여 할 때마다 조금씩 늘려가는 것이 좋습니다. 절대 강하게 누르거나 과도한 힘을 주지 말고 부드럽게 마사지하듯 주무르고 문질러야 한다는 것을 명심하시기 바랍니다.

스트레칭

이번에는 조금 더 노골적으로 음경을 몸 밖으로 꺼내는 동작입니다. 엄지와 집게손가락으로 링을 만들어 음경뿌리를 잡은 뒤 살짝 조이고 역시 귀두 방향으로 잡아당기듯 스트레칭을 합니다. 이때 너무 강한 힘으로 잡아당기지 않도록 조심하며 상하좌우 정면의 다섯 방향으로 번갈아가며 스트레칭해줍니다. 각 방향으로 당긴 상태를 10초 이상 유지하는 것도 좋습니다.

비벼주기

마지막 동작은 양 손바닥 사이에 음경을 두고 막대로 불을 피우듯 가볍게 비벼줍니다. 정말 불붙일 기세로 세게, 빠르게 하라는 것이 아닙니다. 제발, 부드럽게 해주시기 바랍니다.

이상의 동작을 시작하고 어느 시기가 오면, 일시적으로 발기력이 저하되는 현상이 있을 수 있습니다. 이는 음경이 새로운 길이에 적응하는 과도기에 흔히 발생할 수 있는 현상이며 통상 1개월 이내에 정상적인 상태로 돌아오게 됩니다. 하지만 천하의 보약도 체질에 따라 누군가에게는 독이 될 수도 있는 법이니, 만약 생각보다 오랫동안 발기력 저하가 이어진다면 반드시 강도를 낮추거나 훈련을 중지하시는 게 좋습니다.

'길이'에 대한 이야기는 여기까지입니다. 사실 길이보다는 굵기에 집착하는 남자분들이 더 많을지도 모르겠습니다. 여성의 질은 음경의 굵기에 맞게 확장하지만 아무래도 굵은 음경의 꽉 차는 느낌이 더 좋을 것이고 잦은 출산으로 탄력을 많이 잃은 질이라면 현재의 음경으로는 다소 헐거운 느낌을 받는 분들도 간혹 있으니 말입니다.

굵기

호흡이 이루어지는 원리를 알고 계십니까? 인간의 호흡은 산소가 코와 입을 통해 폐로 들어와 포도송이처럼 생긴 폐포를 둘러싼 모세혈관 사이에서 이산화탄소와 교환되어 다시 배출되는 과정을 말합니다. 이론적으로 더 많은 공기가 유입되면 더 많은 산소가 몸으로 공급될 수 있으니 좋겠지만 폐포 자체는 커지거나 새롭게 생겨나지 않습니다. 그렇다면 도대체 운동선수들이 말하는 '폐활량 증가'란 무엇일까요?

폐활량은 끝까지 들이마신 후 다시 내뱉을 수 있는 공기의 양을 말합니다. 폐포가 커지거나 새롭게 생겨나지 않는 상황에서 폐활량 증가의 비결은 바로 흉곽의 구조에 있습니다. 흉곽이란 폐를 바구니처럼 둘러싸고 있는 뼈대인데, 흉곽의 내부가 흉강이며 이 흉강을 최대한 크게 확장시키면 점차 상하 지름이 커지면서 좀 더 많은 공기가 유입되어 자연스럽게 폐활량이 증가하는 것이죠. 이 원리가 그대로 음경 굵기 확대에 적용됩니다.

음경의 세포 자체는 새롭게 생기거나 커질 수 없습니다. 즉, 이론적으로 한번 성장이 완성된 음경은 결코 더 굵어질 수 없는 거죠. 하지만 음경이 더 굵어질 때가 있죠. 바로 발기했을 때인데, 발기는 세포 자체의 변화가 아니라 해면체라는 조직에 혈액이 흘러들어오면서 생기는 현상입니다. 그렇다면 더 많은 혈액이 흘러들어올수록 음경은 더 굵어질 것입니다. 또한 더 많은 혈액이 들어오게 하려면 혈액이 들어올 수 있는 해면체 내부의 공간을 늘려야 하는 거겠죠. 이 공간을 늘리는 훈련법을 '밀킹(Milking)' 또는 '젤킹(Jelqing)'이라고 합니다.

인터넷에서 검색해보시면, 흔히 이 훈련법은 아랍사회에서 남성들 사이에 전해 내려오는 전통적인 성기확대 민간요법이라고 나옵니다. 정말 모든 아랍 남성들이 이 훈련을 하고 있는지와 그에 따른 효과라고 언급되는, 아랍 남성들 음경의 평균 사이즈를 저는 믿지 않습니다. 다만 아랍 남성의 음경 길이와 굵기가 평균보다 높은 것은 사실이므로, 아주 미세한 차이라도 분명히 음경 굵기의 확대는 가능하다고 생각됩니다. 만에 하나 전혀 효과가 없더라도 동작 그 자체만으로도 음경 마사지의 효과는 있어 보이니 손해 볼 건 없는 훈련법입니다.

다만, 소중한 내 음경의 건강을 사수해야 하므로 이번에도 반드시 지키셔야 하는 두 가지 전제가 있습니다.

첫째, 시작 전에 반드시 음경의 상태를 따뜻하게 유지해주어야 한다는 것입니다. 반신욕 등의 방법으로 음경을 덥혀 놓거나 온팩이나 담요 등으로 음경을 따뜻하게 해주어야 혹시라도 생길 수 있는 음경의 손상을 최소화할 수 있습니다. 둘째, 절대 과하지 않게 마사지 수준으로 해야 한다는 것입니다. 통증이 느껴질 만큼 과도한 힘을 준다면 오히려 후회하게 될 것이라는 경고를 분명히 드립니다. 음경은 매우 민감한 부위입니다. 과도한 힘을 사용하면 위에서 언급한 정맥 손상을 비롯하여 음경 피부조직의 손상이나 마찰에 의한 열상, 화상, 심하면 골절까지도 올 수 있습니다. 다시 한 번 부탁드립니다. 제발, 과도한 욕심은 삼가주시기 바랍니다.

이제 동작을 시작해보겠습니다. '밀킹'은 말 그대로 '소 젖 짜기' 동작입니다. 목장 체험 행사 등에서 소 젖 짜기를 한 번이라도 해보신 분이라면, 더 이상의 설명은 읽지 않으셔도 바로 시행할 수 있으실 겁니다.

우선 회음부 부위를 부드럽게 마사지해주면서 음경을 발기시킵니다. 삽입에 필요한 발기상태가 100%라면 70~80% 정도 발기된 상태가 밀킹하기 좋은 발기상태입니다. 이 이상의 발기상태에서의 밀킹은 정맥에 손상을 줄 수도 있습니다. 한 손으로 음경의 뿌리 부분을 엄지와 집게손가락으로 둥글게 말아 쥐고, 70% 발기된 음경 속 혈액이 빠져나가지 못하도록 조여 줍니다. 그렇다고 제발 너무 세게 조이진 말아주세요.

다른 손 엄지와 집게손가락으로 역시 음경의 뿌리 부분을 쥐고 귀두 방향을 향해 우유를 뽑아낸다는 생각으로 손가락을 하나씩 접으면서 조여 줍니다. 손가락을 다 접는 데 걸리는 시간은 대략 3초입니다. 혈액은 손가락에 의해 점점 음경 끝으로 몰리게 되고 새끼손가락까지 다 접힌 상태가 되면 귀두 부위가 약간 팽창해 있는 것이 보이실 겁니다. 너무 오래 쥐고 있으면 조직에 손상이 올 수도 있으니 새끼손가락까지 접고 나면 바로 모든 손가락의 조임 상태를 풀어주고 잠시 쉬었다가 다시 조여 줍니다.

모든 동작이 끝나고 나면 다시 음경을 따뜻하게 해주어 음경 내 혈액순환을 원활하게 해주어야 확장된 해면체를 유지할 수 있습니다. 횟수와 강도는 본인의 사정에 따라 조절하지만 명심할 것은 절대 욕심을 부려 음경을 상하게 해서는 안 된다는 것입니다. 이렇게 밀킹 동작을 매일 계속하면 해면체 공간이 조금씩 넓어지고 견고해져서 언젠가는 이전과 차이가 생긴 본인의 음경상태를 확인하실 수 있을 것입니다.

젤킹은 밀킹의 업그레이드 버전이라고 하지만 제가 보기에 윤활제 없이는 불가능한 동작이며, 밀킹만으로도 충분하다는 판단이 들어 권하고 싶지 않습니다. 다시 말씀드리지만, 그렇게 길이와 굵기가 조금 늘어났다고 해서 여자가 그것 때문에 더 내 몸에 집착하는 일은 없습니다. 실제 여자를 움직이는 것은 '사랑'과 '마음'이라는 사실을 절대 잊지 마시길 부탁드립니다.

밀킹의 횟수와 강도는 본인의 사정에 따라 조절하는 것이지만, 명심할 것은 절대 욕심은 버려야 한다는 것입니다. 이런 훈련이 절대 혈관에 무리를 주는 강도여서는 안 된다는 뜻입니다. 그저 마사지 정도라고 생각하시는 게 가장 좋습니다.

특히 젤킹은, 밀킹의 업그레이드 버전이라고 하지만 윤활제 없이는 불가능한 동작일 뿐만 아니라 혈관에 무리를 줄 수도 있는 행위입니다. 제가 젤킹을 권하지 않는 이유가 바로 여기에 있습니다.

젤킹은 음경에 물리적인 압박을 가함으로써 불가피하게 혈관의 손상을 줄 수도 있는 방법입니다. 물론 인체는 기본적으로 회복의 메커니즘을 지니고 있으므로 손상된 모세혈관은 2~4주 안에 회복이 되겠지만, 복구된 혈관이 이전처럼 정상적으로 기능한다는 보장은 없습니다. 또한, 혈관이 터져 혈관 밖으로 혈액이 빠져나온 어혈 상태가 지속되는 동안, 음경의 혈액순환이 원활하지 않아 기능적 손상으로 이어질 수도 있습니다.

음경발기의 원동력이 바로 혈관인데, 그 혈관에 손상을 준다는 것은 영원한 발기부전의 어두운 터널로 스스로 들어가는 어리석은 행동입니다. 다시 말씀드리지만, 그렇게 길이와 굵기가 조금 늘어났다고 해서 여자가 그것 때문에 더 내 몸에 집착하는 일은 없습니다. 실제 여자를 움직이는 것은 '사랑'과 '마음'이라는 사실을 절대 잊지 마시길 부탁드립니다.

○ 체력은 국력? 체력은 정력!

정력

Q 사정하지 않으면 고환이 아픕니다

안녕하세요. 저는 미혼 남자입니다. 치아님의 글을 보며 많은 걸 배우고 있습니다. 건강한 자위에 대한 글도 보고 많은 걸 고치게 되었고요. 그런데 몇 가지 문제가 생겨 고민하고 또 고민하다가 글 남깁니다.

옛날엔 야동을 좀 많이 보며 자위했는데 요즘은 야동 보는 횟수가 제법 줄었습니다.(치아님 덕분에) 근데 저는 자위를 하면 사정 직전까지 오르가슴을 올리고 멈췄다가 또 오르가슴을 끌어올리기를 반복하고 사정을 안 하려고 합니다.

뒤처리가 귀찮아서 그런 것도 있어서요. 며칠 그렇게 자위를 하니 고환이 아프더라고요. 아랫배(고환과 연결된 부분)도 통증이 오더라고요. 약간 정액을 모아만 두고 분출을 못 하는 그런 느낌? 고환 마사지를 살살 해봐도 통증이 사라지지 않아서 자위로 사정했더니 괜찮아지더라고요. 고환과 전립선에 문제가 없는 거겠죠?

건강한 자위를 실천하시면서 야동을 보는 횟수도 줄어드셨다고 하니 진심으로 축하드립니다. 점점 더 좋아져 나중에는 야동 없이도 자위할 수 있게 되실 겁니다. 이것이 바로 '건강한 자위'입니다.

음경은 흥분하면 발기하게 됩니다. 발기는 혈액이 음경 해면체로 몰리면서 발생하는 현상인데 이렇게 발기를 위해 음경과 고환, 골반 주위로 잔뜩 몰려 있던 혈액은 '사정'이라는 과정을 통해 긴장이 해소되면서 자연스럽게 다시 온몸으로 순환하게 됩니다. 그런데 흥분과 발기만 하고 사정을 하지 않으면 이 긴장이 한동안 해소되지 않거나 오랜 시간에 걸쳐 천천히 해소되곤 합니다. 이때 혈액이 모여 있는 아랫배나 회음부 또는 고환에 뻐근한 느낌이 들면서 통증이 느껴지는데 이를 '울혈'이라고 합니다. 말씀하신 증상은 고환이나 전립선의 문제가 아니라 혈액의 문제입니다. 따라서 고환이나 전립선에는 큰 문제가 없으며 익숙해지면 느끼는 횟수도 줄어들게 되실 겁니다. 정 힘드실 때는 고환을 비롯한 주변부를 오랫동안 마사지해주시면 훨씬 통증이 가라앉는 것을 느끼실 수 있습니다.

성 상담사 치아 드림

참자!

남자라면 한 번쯤은 들어보았을 단어, 접이불루(接而不漏). "섹스는 하되 사정은 하지 않는다."라는 뜻입니다. 가장 오래된 중국 의학서인 황제내경(黃帝內經)에 수록된 소녀경(素女經)에 담긴 말인데, 이렇게 해야 건강하게 오래 살 수 있다고 하네요.

이 말이 힘을 얻고 사람들 사이로 퍼져 간 데는, 도교의 건강한 철학이 담긴 소녀경이라는 책의 신뢰도도 큰 몫을 했겠지만, 주장하는 바가 우리가 흔히 지닌 고정관념을 깨는 놀라움이 있어서일 것입니다. 남자가 섹스하는 것은 다분히 사정하기 위함이며, 남자는 사정할 때 가장 큰 오르가슴을 느낀다 생각했는데 '사정하지 않아야 오래 산다'니? 그럼 도대체 '무슨 재미로 섹스하란 말인가?'라는 생각인 거죠.

내용을 더 자세하게 들여다보면 에너지에 해당하는 '기(氣)'에 대한 이야기와 기의 순환, 그리고 도교의 단골 소재인 '생명' 이야기까지 우리네 평범한 사람들이 이해하기에는 다소 어려운 철학적 배경지식이 그 안에 펼쳐져 있습니다. 쉽게 정리해보면 이렇습니다. '정액은 생명을 만드는 물이므로 생명 에너지로 가득하다. 그것이 남자의 몸에서 빠져나간다는 것은 생명 에너지가 빠져나가는 것이므로 오랫동안 건강하게 살고 싶다면 섹스는 많이 하더라도 사정은 하지 않는 것이 좋다.' 동양에 살면서 동양적 사상에 익숙한 우리에게는 고개를 끄덕이게 하는 점이 분명히 있습니다.

이와 유사한 내용은 허준의 동의보감에도 나옵니다. '정액은 여자 몸에 들어가면 아이를 만들고, 자기 몸에 간직하면 몸을 기르는 보배와 같으니 헛되이 사용하면 몸이 약해지고 쉬이 늙어 생명이 줄어든다.' 일종의 경고처럼도 들립니다.

이 옛 성현의 지혜들이 언뜻 고개를 끄덕이게 하는 것은, 사정하고 난 후의 몸 상태를 남자들이 잘 알고 있기 때문입니다. 운동선수의 경우를 보면 중요한 경기를 앞두고 선수의 외박을 금지하는 규칙도 존재합니다. 젊은 시절을 화려한 여성편력과 함께 보낸 남성의 노년이 그다지 아름답지 않은 주변의 사례를 봐도 이해가 되는 부분이 있습니다.

이 사상을 말하는 분들은 더 나아가 '사정하지 않고 오래 섹스하면서 여러 번 오르가슴을 느끼자.'라는 멀티 오르가슴 이론을 주장하기도 합니다. 원래 남자는 사정할 때 단 한 번, 극치의 오르가슴을 느끼는 법입니다. 하지만 사정을 조절하게 되면 일시적이고 자극적인 사정 오르가슴이 아닌, 깊고 은근하며 오래 반복적으로 지속하는 오르가슴을 느낄 수 있다는 것입니다.

이론만 본다면 더 깊은 오르가슴도 느낄 수 있고, 몸 안의 생명력도 지키고, 섹스 시간도 늘리고, 현자타임(불응기) 없이 언제든지 다시 발기시켜 섹스할 수 있게 되는 것입니다. 멋지네요. 그래서 이 동양사상이, 맞건 틀리건 간에, 많은 분의 관심과 호기심을 끌고 있나 봅니다.

싸자!

반면 서양의학의 관점은 명확합니다. 남자의 정액은 이론적으로 죽을 때까지 매일 무한정 생산되며, 성분을 보면 남성호르몬은 거의 없이 정자와 물, 그리고 영양물질로 구성되었을 뿐이기에 에너지와도 큰 상관이 없다는 견해입니다.

오히려 정상적으로 배출되어야 할 정액의 사정을 참으면 전립선 건강에 나쁜 영향을 준다는 것입니다. 또한 발기와 사정을 위해 음경과 골반에 몰린 혈액은 사정을 통해 긴장이 해소되면서 다시 전신으로 돌아가는데, 사정하지 않으면 이 피가 그 상태로 고여 울혈 상태가 한동안 유지되어 아랫배나 골반 또는 고환에 뻐근한 통증과 불쾌감을 주기도 한다는 것입니다. 사정 후의 피로함도 에너지의 고갈이 아닌, 긴장한 뇌의 이완작용과 100칼로리를 소비하는 운동 후의 나른함과 근육의 피로 정도라는 것이죠.

섞자!

위의 논리들에 대한 개인적인 의견은, '두 가지 모두 일리가 있으니 적절하게 섞어서 활용하면 좋겠다'입니다.

비 사정 섹스의 경우, 그 경지까지 가는데 어려움도 있고 종종 의지가 무너지기도 하지만 도달해본 분들의 경험을 들어보면 장점은 분명히 있습니다. 우선 사정에 대한 집착이 사라지니 다양한 상황에서 의연해질 수 있어서 좋습니다. 섹스 후의 피로감도 훨씬 적고, 여성이 원하는 만큼 섹스 시간을 이어갈 수 있으며, 끝나고 또 하고 싶은 마음이 생겨도 바로 실행에 옮길 수 있습니다. 초반에는 힘들던 울혈도 익숙해지면 더는 생기지 않으며, 사정 오르가슴 역시 완전히 포기하기는 어렵지만 '꼭 사정해야 하나?'라는 생각이 들 만큼 익숙해지면서 멀티 오르가슴까지는 아니더라도 섹스 과정 중에서 쾌감을 찾게 됩니다.

하지만 개인적으로 무조건 사정하지 말아야 한다는 생각에는 반대입니다. 과학적인 근거를 바탕으로 확립되는 서양의학의 특성상 비 사정이 전립선 건강에 나쁜 영향을 줄 거라는 사실은 무시하기 어려우며, 사실 어느 한 쪽의 이론만 신봉하다 나중에 그 길이 아니라는 결론이 나면 본인만 손해이니까요.

도교의 가장 큰 가르침은 '순리와 중용'입니다. 때로는 비 사정으로, 때로는 사정으로, 너무 억압하거나 절제하지도 않지만 그렇다고 너무 방만하게 사용하지도 않으며, 나와 내가 사랑하는 사람이 원하는 만큼 물 흐르듯이 조화롭게 섹스하는 것이 몸과 마음의 균형을 찾고 건강하게 오래 사는 방법이 아닐까 생각해 봅니다.

고환

제목을 저렇게 적어 놓으니, 무슨 약장사가 떠드는 말 같습니다. 또 문득 '해구신'도 떠오르네요. 해구신은 물개의 음경과 고환을 일컫는 한약재 명칭입니다. 예로부터 뱀과 함께 양기를 보하고 정력에 좋다고 알려졌죠. 물론 과학적 근거는 없습니다. 뱀은 1회 교미시간이 5시간에서 24시간이 넘기도 하며, 물개는 번식기간인 3개월 동안 하루에 10회 이상의 교미를 하는 것 때문에 만들어진 오해가 아닌가 싶습니다. 그저 동물의 종마다 교미의 방법이 다른 것뿐인데 단순히 시간이 길다는 이유로 정력에 좋은 무슨 성분이 들어 있을 거라고 기대하는, 다소 한심한 추정일 뿐입니다.

다시 '사람' 이야기로 돌아와서, 여러분은 하루에 몇 번이나 음낭을 만져주시나요? 하루에 몇 번이나 그 속에 든 고환을 마사지해 주십니까? 음낭을 그저 다리 사이에 덜렁덜렁 매달려 있어 축구 할 때나 달릴 때 거추장스러운 기관쯤으로 여기진 않으시나요? 고환은 단지 임신에 필요한 정자를 만드는 곳이며, 임신이 더 이상 필요 없는 사람에게는 무용지물인 기관으로 말입니다.

지금부터는 음경과 비교하면 주인으로부터 턱없이 관심 받지 못하고 있는 고환이 실제로는 얼마나 정력에 중요한지 말씀드리려고 합니다.

우리가 흔히 '불알'이라고 부르는 신체부위의 의학적 명칭은 '음낭'

입니다. 만지면 메추리알 같은 느낌이 드는 '고환' 두 개를 담고 있는 주름주머니죠. 고환은 체온보다 2~3도 낮을 때 가장 건강하게 기능합니다. 2002년에 발표된 '음낭 온도가 정액의 질에 미치는 영향'(impact of diurnal scrotal temperature on semen quality)이라는 논문을 보면, 음낭 온도가 1도 올라갈 때마다 정자의 밀도는 40% 감소한다고 되어 있습니다. 그러고 보니 음낭의 위치와 모양이 이해가 갑니다. 다소 거추장스럽긴 하지만 몸 밖으로 튀어나와 매달렸기 때문에 체온보다 낮은 온도를 유지할 수 있을 테지요. 또한 추울 땐 표면이 오그라들어야 온도가 많이 떨어지지 않을 것이며, 더울 땐 최대한 늘어져야 온도를 낮출 수 있으므로 표면이 쭈글쭈글한 것입니다.

음낭 속 고환의 역할은 크게 두 가지입니다. 외분비선에서는 아이를 만드는 정자를 생성하고, 내분비선에서는 남성호르몬인 테스토스테론을 생성합니다.

고환에서 생성된 정자는 부고환에서 숙성의 과정을 거친 후 정관을 따라 올라가 정낭과 정액에 묻혀 요도를 통해 몸 밖으로 사정되는데, 이 고환에 이상이 생기면 당연히 아이를 만드는 데 문제가 생깁니다. 궁중의 내시는 바로 이 고환을 제거함으로써 생식능력을 없앤 사람들입니다.

고환에서 생성되는 남성호르몬인 테스토스테론은 남성 성기 및 전립선, 정낭 같은 생식기관의 발육을 촉진하고, 정자형성을 촉진하며,

근육의 힘을 증가시킵니다. 일명 '박태환 주사'로 알려진 네비도 주사가 바로 테스토스테론 주사입니다. 근육이 줄면서 뱃살이 나오고, 발기력이 약해지고, 성욕이 사라진 갱년기 중년 남성에게 네비도 주사를 처방하면 테스토스테론 수치가 높아지면서 단기간에 근육의 부피가 커지고, 근력이 강해지면서 성욕도 왕성해집니다. 그래서 네비도 주사는 흔히 갱년기 보약이라 불리기도 합니다.

2006년 성의학회지(The Journal of Sexual Medicine)에 실린 '여성의 성 기능장애'(Women's Sexual Dysfunction)라는 제목의 논문에는 피임약을 복용한 여성의 30%가 성욕감소를 호소했는데, 이는 피임약이 성호르몬 결합 글로불린(SHBG) 수치를 증가시킴으로써 혈중 테스토스테론 농도를 엷게 만들었기 때문이라고 분석하고 있습니다.

우리가 흔히 말하는 '정력'이 무엇일까요? 섹스하고 싶은 욕구가 많이 생기고, 섹스를 할 때 음경이 잘 발기되며, 발기된 음경을 통해 분출되는 정자가 건강한 것 아닐까요? 길고 어렵게 떠들었지만 한마디로 정리하면 '고환을 잘 관리하면 정력이 세진다'는 말입니다. 예로부터 내려오는 "불알이 크고 실하면 정력이 세다."라는 말이 완전히 근거 없는 말은 아닌 셈입니다. 음낭 속, 고환 두 개의 높이가 다른 것도 이렇게 소중한 고환이 서로 부딪혀 상처받지 않게 하려는 조물주의 세심한 배려가 아닐까 싶습니다.

그럼 도대체 정력에 이처럼 중요한 고환을 잘 관리하려면 어떻게 해야 할까요?

첫째는, 보관입니다.
본래 인간의 몸은 아무것도 걸치지 않은 자연상태에서 가장 건강하게 기능합니다. 브래지어 착용이 유방암의 발병률을 높이고, 누드 취침이 가장 양질의 수면을 보장하며, 아프리카나 아마존 원시부족 남자들의 정력이 왕성한 것은 모두 이와 같은 원리에서입니다.

하지만 문명사회에서 그렇게 입었다간 변태 취급받기 십상일 테니 원칙만 지켜나가자는 것입니다. 원칙은 음낭이 자유롭게 덜렁거릴 수 있도록 두는 것입니다. 평상시 꼭 끼는 팬티는 절대 입지 않고, 집에서는 가능한 통풍이 잘되고 넉넉한 옷을 입어 음낭이 덜렁거릴 수 있게 두는 것이 좋고, 잘 때라도 팬티를 입지 않는 것이 좋은 방법입니다. 그러고 보니 가장 좋은 잠옷의 형태는 호텔에 갖춰져 있는 가운이 될 것 같네요. 그런 노력들은 음낭 온도를 조절하고 혈액순환을 촉진하게 될 것입니다.

간혹 반신욕이 온도의 관점에서 보면 고환건강에 나쁜 것 아니냐고 묻는 분들이 계시는데, 반신욕은 체온과 가까운 온도의 물속에서 고작

20분 미만의 시간 동안 머무는 것입니다. 온종일 꼭 끼는 팬티와 바지 속에서 숨 막혀 있는 것도 모자라 쿠션 좋은 의자에 파묻혀 질식해 있는 것과 비교하면 어느 것이 더 위험할까요? 오히려 반신욕은 일시적으로 고환의 혈액순환을 원활하게 하는, 좋은 고환건강 관리법입니다.

둘째는, 마사지입니다.

마사지는 주무르거나 문지르고 두들겨줌으로써, 근육의 긴장도를 풀어주고 혈액순환을 촉진하는 방법입니다. 음낭마사지도 마찬가지입니다. 음낭을 한 손이나 양손으로 가볍게 쥐고 주무릅니다. 고환이 만져지면 함께 손안에 넣고 주무릅니다. 고환은 무척 민감한 기관이므로 너무 세게 쥐거나 누르지 않도록 조심해야 합니다. 마사지할 때는 시원하더라도 끝나고 한동안 통증이 남을 수도 있기 때문입니다.

다음은 고환을 아주 조심스럽게 톡톡 쳐올립니다. 손바닥을 사용해도 좋고, 네 손가락을 사용해서 번갈아가며 가볍게 자극을 주어도 좋습니다. 어떤 분은 이렇게 잠시 톡톡 두들기기만 해도 음경이 발기되실 겁니다. 따라서 발기에 자신이 없는 분들은 사랑하는 사람과의 섹스를 앞두고 혼자 이렇게 음경을 마사지해주시면 좋습니다. 굳이 시간 내서 마사지하기 어렵다면 소변을 보기 전이나 직후라도 만져주시기 바랍니다. 물론 소변보기 전과 후에 반드시 손 씻는 것 잊지 마시고요.

고환과 관련된 세 가지 이야기만 더 하고 글을 마감하겠습니다.

삽입 후 왕복운동으로 사정감이 몰려올 때 본인의 음낭을 만져보면 몸에 껌처럼 착 달라붙어 있는 것을 확인할 수 있습니다. 사정을 위해, 정액을 분사하기 위한 최적화된 전열을 갖추고 있는 것이죠. 이때 몸에 달라붙은 음낭을 손 전체로 쥐고 물리적으로 살짝 당겨 늘어뜨리면 사정감이 떨어지는 효과가 있습니다. 자세만 유지되신다면 이 상태로 왕복운동을 하셔도 사정감은 크게 오지 않습니다. '남성-조루 편'에서 배운 지식의 복습입니다.

너무 두껍고 이미 내용을 다 알고 있으므로 구입 후 그대로 박스와 함께 쓰레기통으로 직행하는 스마트폰 사용설명서 맨 뒤의 주의사항을 읽어보면 스마트폰은 인체와 최소한 1cm 이상 떨어뜨려 사용하라고 적혀 있습니다. 아직 인류는 21세기에 태어난 스마트폰 전자파의 부작용에 대해 검증하지 못하고 있습니다. 몸에 해로운 건 알겠는데 당장인지, 5년 후인지, 30년 후인지 아직은 알 수 없기 때문입니다. 하지만 세계보건기구(WHO)는 2011년에 스마트폰에서 발생하는 고주파 전자파를 발암물질 후보군으로 규정했습니다. 그리고 우리는 이 스마트폰을 바지 주머니에 넣고 다닙니다. 심지어 어떤 광고에서는 뒤태 운운하며 이런 행동을 조장하기도 하죠. 내 몸의 소중한 기관 곁에 발암물질을 두지 마시기 바랍니다. 전자파를 발생하는 전자기기가 비단 스마트폰뿐은 아닐 것입니다. 과거와 비교하면 불임이 많아진 것도 결코 우연이 아닐지 모릅니다.

고환에도 암이 발생합니다. 바로 고환암(Testicular Cancer)입니다. 발생 빈도는 높지 않지만 그래도 암은 암입니다. 고환암은 유방암처럼 얼마든지 자가 진단이 가능한데, 한국에서는 유교 문화 탓인지 아니면 본인의 음낭을 만지는 게 불결하다는 생각에서인지, 쉽게 홍보되지 않고 있습니다. 음낭을 마사지하다가 고환 이외의 단단한 덩어리가 만져지면 의심해봐야 합니다. 대부분 통증이 없고 조금씩 크기가 커집니다. 가끔 고환 내 출혈이나 통증이 느껴지기도 합니다. 이처럼 암을 쉽게 자가진단할 수 있는 부위도 많지 않으니 주기적으로 점검하시길 부탁드립니다.

음낭과 고환, 제발 자주 만지고 예뻐해 주세요. 그게, 정력에 좋다는 보양식을 챙겨 먹는 것보다 훨씬 정력에 좋습니다.

Q 야동 때문에 발기가 되지 않습니다

결혼하고 곧 와이프가 임신을 했습니다. 그래서 넘치는 성욕은 야동으로 풀었습니다. 출산하고도 계속 성관계는 못했습니다. 임신 때는 겁이 나서, 출산 후에는 아기가 어려서 계속 야동으로 성욕을 해결했습니다. 많게는 일주일 세 번, 보통은 한두 번 어느 순간 습관적으로 야동을 봤죠. 그런데 이제는 야동을 봐도 발기가 100퍼센트 되지 않습니다. 윤활제나 로션으로 자극해야 100퍼센트가 되고 그렇지 않으면 야동의 자극만으론 이제 발기가 되지 않아요. 와이프와 2년 만에 섹스를 시도했을 때도 금방 죽고 말았어요. 약간만 발기가 될 뿐 단단함이나 100퍼센트는 잘 안 돼요.

친구한테 비아그라를 받아서 6조각 내서 먹었는데 2시간에 3번이나 되더군요. 약물에만 의존할 수 없어 한 달 정도 야동을 끊고 수영하러 다녔습니다. 그리고 어제 야동을 봤는데 전혀 반응이 없습니다.

너무 2년 동안 야동으로만 성욕을 해소해 더 큰 자극이 아니면 발기가 되지 않는다고 판단해 한 달이나 야동은커녕 TV의 야한 것도 보질 않았는데 왜 이런 걸까요? 이제 고작 이십 대 후반입니다. 어떻게 문제를 해결해야 할지 모르겠어요.

야동

　야동은 관념뿐만 아니라 실질적으로도 사람에게 해를 끼치는 소재입니다. 야동이 바람직하지 않은 다양한 도덕적 이유가 있겠지만 물리적으로도 몸에 좋지 않은 영향을 끼친다는 사실이 더 큰 문제죠.

　사연만으로 봐서는 발기부전의 가장 큰 원인은 야동이 맞는 것 같습니다. 더 큰 자극이 아니면 발기가 되지 않는다는 판단이나 그로 말미암아 한 달 이상 야동을 끊는 행동 등은 아주 바람직한 처방입니다. 다만 그 이후가 문제겠죠. 담배를 끊고 한 달이 지났다고 몸속의 니코틴이 모두 빠져나가지 않듯이 야동을 끊고 한 달이 지났다고 야동의 폐단에서 완전히 벗어났다고 판단하시는 건 오판입니다. 완전히 야동을 끊고 정신과 몸이 돌아올 수 있기를 6개월이고 1년이고 기다리는 게 답이겠죠.

　다시 야동을 봤는데 발기가 되지 않는 건 다분히 심리적인 이유입니다. 그 녀석 때문에 내 몸이 이렇게 망가진 걸 알았는데 그 녀석을 보면서 흥분이 되겠습니까? 겉으로는 다시 보니 좋을 수도 있지만, 무의식의 바탕에서는 또 그러고 있는 자신이 용서되지 않을 것입니다. 그러니 발기가 될 수도 없겠죠.

　위의 사례에서도 알 수 있듯, 바야흐로 '야한 사진과 동영상의 시대'입니다. 구글, 네이버, 다음에서 검색어만 잘 입력해도 화려한 검색결과를 만날 수 있고 인스타그램, 트위터, 페이스북은 그야말로 야한 것들의 온상입니다. 화려한 동영상은 사실 유튜브가 최고죠. 언론사 사이트에서 뉴스라도 읽을라치면 벗은 여자들의 허벅지가 마우스 화살표를 유혹하고, 포털 메인화면의 실시간 검색어 1위 단어가 포털 내부 직원만 아는 실제 검색어 순위에서는 10위권에도 들지 못한다는 사실은 이제 알 만한 사람은 다 아는 공공연한 비밀입니다. 실제 1위에서 10위까지의 검색어는 절대 순위가 바뀌지 않는 야한 단어들이 차지하고 있습니다.

그러나 이제 야한 사진과 동영상을 향한 광기 어린 항해를 멈출 때가 됐습니다. 저는 여성가족부 대변인도 아니고 순결이나 도덕을 강조하는 삶을 살지도 않았습니다. 야한 사진이나 동영상을 본 적이 없느냐? 그것도 아니며, 젊을 때는 저도 그런 것들을 바라보며 자위를 하곤 했죠. 그런데 왜 새삼 그만하라는 걸까요?

"이렇게 해야 행복하다."가 아니라 "이런 것을 조심하라."라고 성교육을 받은 우리는 일반적으로 여자와 남자의 몸은 어떻게 생겼으며, 어떻게 해줘야 상대가 행복해하고, 어떤 방식으로 삽입해야 하며, 상대방의 반응은 어떤지 등을 모른 채 성인이 됩니다. 그렇게 성교육이 가르쳐주지 않은 정보 대부분을 우린 야동을 통해 흡수합니다.

포르노를 보면 여자배우의 가슴이나 남자배우의 음경이 매우 큽니다. "아~ 저 정도는 되어야 정상인가 보군." 여자배우가 어떤 상황에 있건 남자 배우가 다가와 몸을 만지면 흥분하며 신음하기 시작합니다.

"오호~ 여자는 저 정도만 만져주면 바로 흥분하나 보네." 1~2분 서로 물고 빨다가 이내 삽입섹스를 시작하고는 둘 다 교성을 지릅니다. "저렇게 하는 게 가장 짜릿해지는 방법이구나." 여자는 교성을 질러대고 남자는 있는 힘껏 마구마구 빠르게 찔러 댑니다. "역시 남자는 힘이지. 저래야 여자가 뿅 가는 거야." 야동이 키우고 가르친, '섹스할 줄 모르는 남자'는 그렇게 태어납니다.

포르노 여배우의 가슴은 동그랗고 봉긋하게 솟아있습니다. 하지만 지구 위의 모든 동식물은 중력의 영향을 받으며 인간은 직립보행을 하기 때문에 자연적인 인간의 가슴은 절대 그렇게 생길 수가 없습니다. 왜 그렇게 보이게 만들었을까요? 보기에 예쁘기도 하지만 그게 남자들의 판타지이기 때문입니다. 남자 배우의 음경도 마찬가지입니다. 포르노 배우 오디션은 일단 특별한 크기와 생김새를 먼저 봅니다. 오랫동안 발기를 유지하기 위해 약물을 사용하기도 하며, 특별한 장면을 연출하기 위해 특수효과를 활용하기도 합니다. 그러니 포르노 속 배우들과 자신을 비교하는 건 무조건 손해 보는 무의미한 자해행위일 뿐입니다. 비교해봤자 돌아오는 건 자기 몸에 대한 비하뿐이며, 근거 없이 자신감만 사라지는 것이죠.

이처럼 포르노 속의 모든 것은 '만들어진 외모'입니다. 거리에서 만나는 화장품 옥외광고 속 여자배우들의 몸매나 피부가 경탄을 금치 못하게 만드는 것이 포토샵과 CG의 힘인 것처럼 말입니다. 여성 소비자에게 나도 저렇게 될 수 있다는 판타지를 경험하게 하여 제품구매로 유인하려는 의도죠. 포르노도 일종의 판타지입니다.

만약 포르노에서 행복하고 건강한 섹스를 보여준다면 무척이나 지루할 것입니다. 한 부위를 방법을 바꿔가며 정성을 다해 하는 애무도, 슬로우 모션을 보는 것처럼 천천히 들어가는 삽입도, 정말 느낌이 올 때만 터져 나오는 간헐적인 신음도, 섹스 후에 서로의 몸을 쓰다듬으며 떨어지지 않고 다정하게 안고 있는 모습까지 모두 지독하게 지루하겠죠. 지루하면 아무도 돈 주고 안 볼 것입니다. 그래서 반대로 만드는 것입니다.

그렇게 포르노를 모든 섹스의 기준으로 알고 살아가는 불치병의 남자들을 우리는 '조루'라 부릅니다. 조루가 어떻게 남자 개개인만의 탓이겠습니까? 야동을 통해 그렇게 배워왔는걸요. 잠깐만 애무하면 여자도 흥분한다고 배웠고, 삽입섹스가 섹스의 전부인 것처럼 배웠으며, 일단 들어가면 남자답게 힘차고 빠르게 왕복운동을 해야 한다고 배웠습니다. 누가 가르쳐주진 않았지만 야동을 통해 스스로 터득했죠. 그랬더니 세상이 나를 보고 '조루'라고 합니다. 야동 속 주인공 남자는 멋지게 또 다른 여자와 섹스하러 가는데, 나는 비뇨기과를 찾아갑니다.

또한 서로 인지하고, 탐색하며, 조금씩 알아가면서 사랑이 싹트는 과정 없이 바로 섹스로 들어가는 포르노는 섹스를 단순한 남녀 간의 '관계'로만 인식하게 합니다. 내가 돌진하면 저 여자도 나랑 자고 싶을 거라고 생각하고, 페로몬 향수 몇 방울 뿌려주면 냄새 맡고 달려와 섹스해달라고 안기는 여자를 꿈꾸게 됩니다. 때로는 다소 과격하게 행동하거나 무작정 강요해도 여자는 겉으로 거부하는 척하면서도 사실 속으로 그것을 즐길 거라는 착각도 심어줍니다. 그렇게 포르노는 남자에게 전자발찌도 채웁니다.

야동의 숨어 있는 카메라는 더욱 자극적입니다. 실제 연인이건 연출된 연인이건 그들의 섹스장면을 훔쳐보고, 혼자 사는 여자의 욕실과 침실을 훔쳐보며, 지하철이나 계단에서 모르는 여자의 치마 속을 훔쳐봅니다. 야동 속에는 그렇게 훔쳐보다 경찰이 등장해서 잡혀가는 장면 따위가 없으니, 실제 생활에서도 몰래 카메라 코스프레 하며 같은 방식으로 훔쳐보다 역시 전자발찌를 차게 됩니다.

'현자타임'이라는 말이 있습니다. 자위 후 성욕이 완전히 사라지는 상태를 말하는 은어죠. 정력 일정량의 법칙을 말해주는 증거입니다. 정력은 단지 사정으로만 방출되는 것이 아닙니다. 야한 사진과 동영상을 볼 때도 온몸으로 발산됩니다. 따라서 야동을 자주 보면 여자친구나 아내와 섹스하고 싶은 마음이 사라집니다. 야동 많이 보는 남편이 섹스리스인 것은 지극히 자연스러운 결과인 셈입니다.

야동이 남자들에게 더 큰 문제를 일으키는 것은, '발기부전'의 원인도 되기 때문입니다.

'왼손으로 자위하는 세대'라는 말이 있습니다. 오른손잡이가 더 많은 사회에서 자위는 당연히 오른손으로 해왔지만 이제는 그 오른손이 야동을 찾아 마우스를 클릭해야 하니 바쁘다는 거죠. 그러니 자위는 비어 있는 손으로 할 수밖에요. 인터넷은 그렇게 야한 사진과 동영상의 보물창고로 우리 곁에 자리매김하고 있습니다.

상대가 바뀔 때마다 남자의 성욕이 증가하는 현상을 '쿨리지 효과'라고 합니다. 미국의 제30대 대통령인 캘빈 쿨리지 부부가 어느 날 농장을 방문했는데 수탉 한 마리가 암탉 위에 올라타 짝짓기를 하고 있었답니다. 쿨리지 부인이 물었습니다. "저 수탉은 하루에 몇 번이나 암탉과 교미하나요?" 농부가 "열두 번도 더 합니다."라고 하자 부인은 그 사실을 대통령에게 전해 달라고 합니다. 그 말을 전해들은 쿨리지 대통령은 다시 농부에게 물었다네요. "저 수탉은 매번 같은 암탉하고만 교미하나요?" 농부가 "아닙니다, 매번 암탉이 바뀌죠."라고 하자 대통령도 그 말을 그대로 아내에게 전해달라고 했답니다.

포털이나 유튜브에서 검색해본 분들은 아실 겁니다. 야한 사진과 동영상 클릭은 내 의지로 멈추지 않는 한 결코 멈출 수가 없습니다. 클릭해서 들어간 그곳에서 화면은 끊임없이 다른 사진과 동영상으로 내 마우스를 유혹합니다. 새로운 여자를 봤는데, 또 새로운 여자가, 그 옆에 다시 새로운 여자가 옷을 벗고 나를 유혹합니다. 클릭이 반복되면 될수록 성욕도 끝도 없이 증폭되면서 항해를 멈출 수 없게 됩니다. 바로 쿨리지 효과입니다.

   문제는 이 과정을 거치면서 뇌에서 과도하게 생산된 도파민이 뇌의 만족과 자제 기능을 마비시키면서 우리는 자연스럽게 '중독'을 향해 가고 있다는 사실입니다. 모든 중독이 그렇듯이 진행되어가는 과정 중에는 결코 느끼지 못합니다. 이미 중독되고 나면, 폐인이 된 자신을 발견하게 되죠.

   알코올이든 도박이든, 모든 중독은 중독되는 순간부터 몸을 파먹기 시작합니다. 그렇게 과도하게 생산된 도파민은 스트레스 해소물질인 델타포스비를 생성합니다. 원래 델타포스비(ΔFosB)는 우울증에도 도움이 되는 긍정적인 물질입니다. 하지만 끊임없이 생성된 델타포스비는 뇌를 쾌락에 둔감하게 만들고, 좀 더 강한 쾌락에만 반응하게 길들여진 뇌는 이윽고 일상적인 사랑과 섹스에는 더는 흥미를 보이지 않게 됩니다. 야한 사진과 동영상의 소비가 자연스럽게 '발기부전'으로 이어지는 역사적인 순간입니다.

   이 글을 읽는 남성분 중에는 이 시점에 무릎을 치는 분도 있을 것입니다. '병원에 가서 검사 해봐도 물리적으로 이상이 없다는데, 술이나 담배도 안 하는데, 운동도 매일 하는데, 도대체 난 왜 발기부전인 거야?' 야한 사진과 동영상 중독에 의한 발기부전은 가장 치유가 어려운 발기부전에 해당합니다. 혈류의 흐름이 원활하지 못한 발기부전은 반신욕, 골반운동 등으로 숨통을 틔워주면 되고, 심리적 원인인 발기부전은 한두 번의 성공경험을 통해 자신감을 얻고 그 자신감으로 말미암아 다시 발기되는 선순환의 고리로 들어가면 됩니다. 하지만 야동 중독으로 바뀐 뇌의 구조는 원상복구시키려면 정말 긴 시간과 노력이 필요하기 때문입니다.

과거에는 젊은 세대의 발기부전이 지금처럼 많지 않았습니다. 나이 들어 자연스럽게 고개를 숙이는 것이 발기부전의 증상이기 때문입니다. 하지만 인터넷의 보급으로 점점 더 많은 젊은 세대가 발기부전의 세계로 초대되고 있습니다. 그분들은 제게 이메일을 보냅니다. "선생님, 저는 23살인데요, 여친과 섹스할 때마다 발기가 풀려서 고민입니다. 죽고 싶습니다. 제가 발기부전인가요?" 물론 다른 이유가 있을 수도 있습니다. 하지만 젊은 남자들의 가장 큰 발기부전 원인 중 하나가 야동 중독이라는 것은 이제 학계에서는 상식이 되어가고 있습니다.

중독으로 발기부전이 되었다면 가장 먼저 해야 할 일은 중독을 끊는 것입니다. 담배든, 도박이든, 마약이든 중독성이 있어 끊기 어려운 무언가를 자력으로 쉽게 끊을 수 있는 가장 효과적인 첫 번째 방법은 '패턴을 바꾸는 것'입니다. 중독물질 내부에 중독을 유발하는 성분이나 기제가 있어 끊기가 어렵다고들 말하지만 사실 중독은 80% 이상이 일상적인 습관과 반복에 의해 몸에 학습된 패턴 때문에 발생하는 현상입니다.

담배 피우시는 분들의 경우 가만히 돌아보면 언제나 같은 상황에서 담배를 무는 자신을 발견하실 수 있을 겁니다. 자극적인 음식이나 술을 섭취한 후, 자기 전, 화장실에서, 아침에 일어나서, 일 하나 끝내고 휴식하며, 회의할 때, 화나는 일이 생겼을 때. 이런 식이죠. 이런 유의 중독은 패턴을 바꿈으로써 극복할 수 있습니다.

혼자 방에서 자위할 때 야동을 찾는 일이 있습니다. 자위할 때 야동을 보는 걸까요? 야동 볼 때 자위하게 되는 걸까요? 어느 쪽이건 간에 이 두 소재가 결합하면 중독성 있는 패턴이 형성됩니다. 사정을 위한 자위를 해야 하니 흥분이 필요하고, 흥분하기 위해서는 야동이 필요하며, 무심코 야동을 보다가 흥분되니까 자위하고 싶어지는 것이죠. 떼려야 뗄 수 없는, 상호의존적인 패턴이 형성된 것입니다. 혼자 야동을 찾아 서핑하는 게 문제라면 내 방에서 컴퓨터를 없애기 바랍니다. 야근할 때 무심코 한 클릭이 시작이라면 야근하지 마세요. 자위할 수 없는 공공도서관에서 공부하고, 부모님 방에서 이불 깔고 잠을 자며, 스마트폰을 폴더폰으로 바꾸시기 바랍니다. 이렇게 생활의 패턴이 바뀌기 시작하면 조금씩 중독이 치유되기 시작할 것입니다.

상상력이 풍부하시다면 두 번째 방법인 '연상기법'을 활용하시는 것도 좋습니다. 야한 사진이나 동영상이 보고 싶다는 생각이 드는 순간, 자신이 가장 싫어하는 아픔이나 통증을 떠올리고 그것을 상상하며 온몸으로 경험하는 것입니다. 담배를 피우고 싶다는 생각이 들 때 연기가 몸으로 들어오는 것과 바늘로 찌르는 고통을 함께 상상한다거나, 담배냄새와 음식물 쓰레기 냄새를 함께 상상하면서 실제로 토가 나올 만큼 구역질을 한다거나 하는 방법입니다.

중독을 치유하는 데는 시간이 꽤 걸릴 수도 있습니다. 당장 효과 없다고 마음 조급하게 갖지 마시고 실패하더라도 계속 꾸준하게 이어가다 보면 언젠가는 좋은 효과를 보실 수 있으실 겁니다. 그리고 본인의 판단으로 아직 중독은 아니라고 생각된다면 늦지 않았습니다. 무심코 인터넷의 야한 사진과 동영상을 클릭하는 행동은 이제 의도적으로라도 자제하시기 바랍니다.

내가 내 몸을 조루와 발기부전으로 만들고 있는 것, 세상에 이렇게 바보 같은 행동이 또 있을까요?

<연인과 부부>편

○ 토끼보다 빠른 남자, 거북이보다 느린 여자 섹스시간

Q 남친이 너무 빨리 끝나서 우울합니다

안녕하세요. 남친이 조루증상이 있는데 솔직히 너무너무 힘들고 우울합니다. 결혼까지 바라볼 정도로 좋은 사람인데…. 저는 성생활이 정말 부부관계에서 중요하다 생각하거든요.

여러 가지 운동이나 훈련법은 많이 들었지만요. 정말로 조루가 해결된 사례가 있다면 듣고 싶습니다. 남친은 저를 만나기 전엔 경험이 많지 않았어요. 저랑 할 때 제 안이 너무 뜨겁다고 하면서 사정하는데 저와 체질이 안 맞는 건 아닌가 싶기도 하구요. 안타깝기도 하고…. 남친에게 이런 이야기 꺼내는 게 상처란 걸 알아서. 너무 힘듭니다. 병원을 먼저 가봐야 할까요? 실제사례가 듣고 싶어요. 도움 부탁드려요.

조루 증상이 해결된 사례는 많습니다. 많은 분들이 저의 조언대로 실천하여 조루 증상이 호전된 것에 감사 메일을 보내오시기도 합니다. 사례는 얼마든지 있으니 믿고 실천하기만 하면 된다는 것입니다.

다만 문제는 남자친구분이 상처받지 않도록 자연스럽게 정보를 주고 조루 극복을 돕고 싶으신 것 같습니다. 이런 멋진 여자친구를 두셨으니 그분이 부럽네요.

우선 남자친구분에게 무의식적으로라도 절대 아쉬워하는 표정을 짓거나 실망하는 말을 하지 않도록 조심하시기 바랍니다. 조루 극복에 있어서 중요한 것은 남자친구의 마음에 트라우마가 될 만한 상처를 만들지 않는 것입니다.

다음은 실전입니다. 우선 서로의 몸을 탐닉하는 애무시간을 지금보다 더 길게 가져 애무하는 것만으로도 즐겁고 행복한 시간을 만드시기 바랍니다. 또 남자친구의 음경이나 고환, 회음부를 마사지하듯 오랫동안 애무해주시고 본인은 클리토리스 애무를 충분하게 받으시기 바랍니다. 남자친구가 삽입 후 빠르게 왕복운동을 시작하면 "당신 몸을 느끼고 싶어. 천천히 움직여줘." 등의 말로 남자친구의 속도를 저지시켜 왕복운동 시간을 길게 이어가시기 바랍니다. 왕복운동의 속도가 줄어들면 남자는 그만큼 사정욕구를 덜 느끼게 됩니다. 마지막으로 몇 가지 체위를 시도해봐서 남자친구는 사정감이 적고 본인은 더 느낄 수 있는 체위를 찾으시기 바랍니다.

그렇게 애무를 포함한 절대 섹스시간이 늘어나게 되면 남자친구도 조금씩 자신감을 찾게 되실 것이며, 커진 자신감은 물리적인 시간 연장의 원동력이 될 것입니다. 남성의 조루를 이해하고 남녀가 서로 노력하여 극복하는 모습은 세상에서 가장 바람직한 조루극복 사례랍니다.

성 상담사 치아 드림

여성이 오르가슴을 느낄 수 있도록 하는 것이 남성의 능력처럼 여겨지는 시대가 오면서 남자들에게 생긴 가장 큰 고민 중 하나는 '흥분의 시간차이'를 어떻게 극복하느냐입니다. 여성의 흥분곡선은 완만하게 상승하는 데 반해 남성의 흥분곡선은 가파르게 상승합니다. 사정이라는 정점 이후도 여자는 완만하게 하강하는 데 비해 남자는 이전과는 비교도 안 되는 큰 각도로, 추락에 가깝게 하강합니다. 이것은 섹스에서의 쾌락을 기대하는 남녀 모두에게 비극입니다.

어찌 되었건 이 비극을 조금이나마 극복하려고 남성들은 무던히도 노력합니다. 삽입 후 왕복운동을 하다가 사정할 것 같으면 애국가를 부르기도 하고, 구구단을 외우기도 하며, 허벅지를 꼬집기도 하고, 심지어 학생 때는 그렇게 외면했던 수학공식을 머릿속으로 읊어대기도 합니다. 사정을 참아보려는 눈물 나는 노력이죠.

"좀 더 오랜 시간 섹스를 할 수 있다."라는 유토피아는 겉으로는 여자들의 바람처럼 보이지만 실제로는 비교도 안 될 만큼 강렬한 남자들의 로망입니다. 왜냐하면 남자들은 '자존심'의 동물이기 때문입니다. 이성과의 짜릿한 섹스 후에 그녀의 입으로부터 듣는 "행복했어요. 당신 너무 멋있어."라는 한마디는 그녀가 하는 그 어떤 칭찬보다 강렬합니다. 자신들이 행복하고 즐겁고 짜릿한 건 관심도 없습니다. 잠자리에서 파트너를 만족시켰다는 뿌듯함에서 오는 자부심, 그 하나만 있다면 세상을 다 얻은 기분을 느낍니다. 이렇게 보면 남자는 이기적인 동물이 아닐지도 모르겠습니다. 물론 자기가 뿌듯하기 위함이지만 결과적으로는 상대를 위하는 행동이니까요.

잠깐 이야기를 옆길로 새 볼까요? 여자 분들에게 팁을 하나 드리겠습니다. 남자 다루는 거, 어렵게 생각하시는 분들이 많은데 사실은 정말 쉽습니다. 남자는 단 3가지. 잘 먹이고, 칭찬해주고, 주기적으로 섹스해주면 끝입니다. 남자는 이거 세 가지만 있으면 행복하게 살 수 있습니다. 그만큼 단순한 동물이죠.

남자친구가 이유 없이 짜증을 내고 툴툴거린다? 일단 먹이시기 바랍니다. 뜬금없이 우울해하거나 화를 낸다? 무조건 칭찬해주세요. 나는 아무 잘못도 안 했는데 남자가 삐쳐 있거나 평소보다 나에게 소홀하게 대한다? 섹스해주시면 됩니다. 이렇게만 해주면 그 남자는 당신을 위해, 당신이 원하는 무엇이라도 해줄 것입니다. '설마~' 싶으신가요? 오늘 한번 해보세요. 단순하고도 놀라운 결과를 보게 되실 겁니다.

이렇듯 남자는 자존심의 동물입니다. 그러니 술자리에서 서로 떠들어대는 섹스시간 경쟁이 얼마나 턱없이 부풀려지는지는 굳이 확인해보지 않아도 짐작할 수 있습니다. 20분, 나는 1시간, 에이~ 난 1박 2일 동안 쉬지 않고 한 적도 있어. 발기를 유지하는 음경 속 해면체는 발기가 4시간 이상 지속되면 괴사하기 시작합니다. 따라서 이유가 무엇이건 간에 4시간 이상 발기가 죽지 않으면 병원에 가시는 게 좋습니다.

그러니 1박 2일 동안 쉬지 않고 했다는 말은 거짓말이거나 사실이라면 이미 성불구일 가능성이 있습니다. 자신의 과장에 상대도 질세라 더 부풀려 말한 것을 듣고는 집에 와서 상대의 말을 곱씹으며 자신의 능력이 약한 것은 아닌지 끙끙대며 고민하는 것이 바보 같은 남자라는 종족입니다. 그런 남자들이 정말 두려워하는 무시무시한 존재가 있으니 그게 바로 '조루'라는 녀석입니다.

'조루'라는 단어를 포털 사이트의 검색창에 치면 정말 다양한 이야기들이 나열됩니다. 조루를 치료한다는 비뇨기과 광고들, 조루의 기준이 되는 시간에 대한 이야기들, 조루 자가진단법에서 조루억제 훈련법까지. 그만큼 조루는 남자들의 지대한 관심사입니다. 정확하게 의학적으로 기준이 나와 있는 것도 아니므로 자신이 조루인지 아닌지도 정말 궁금합니다.

사실 조루라는 개념이 남자를 괴롭히기 시작한 건 얼마 되지 않았습니다. 프로이트의 정신분석학 이후가 되서야 비로소 여성들의 성적 쾌감은 논쟁의 대상이 되었고 그에 따라 자연스럽게 조루가 등장하기 시작했습니다. 그 이전의 남자들은 조루라는 개념에서 다소 자유로웠던 셈입니다. 섹스는 아이를 낳기 위한 행위이거나, 남성의 성욕을 해결하기 위한 의식일 뿐이지 그 구도에 여성의 오르가슴은 없었으니까요.

20세기 초 여성참정권이 실현되면서 억압에서 벗어난 여성들은 자신들이 남성과 동등한 지위와 욕망을 가진 존재라는 사실을 깨닫고 이를 세상에 알리기 시작했습니다. 이로 말미암아 섹스는 자연스럽게 '아이를 갖기 위한 의식'에서 '남녀가 서로의 즐거움을 위해 함께 추는 춤'이라는 개념으로 바뀌었고, 이때부터 남자들의 조루에 대한 고민이 시작되었습니다. 남자들은 1분에서 길어야 3분 정도만 춤추어도 사정에 이를 수 있는데, 여자들은 아직 달아오르지도 않은 거죠. 예전에는 그래도 아무 문제가 없었는데 이제는 자존심의 문제가 되었습니다.

그렇다면 정말, 섹스를 오래 할 수 있는 방법이 있기는 한 건가요?

질의 구조

저는 남자분들에게 '힘들지만 자존심을 위해, 사정을 꾹꾹 참으면서 좀 더 오랫동안 섹스하는 방법'을 알려 드리려는 게 아닙니다. 과거와는 달리 남성과 여성이 평등해졌다면 섹스도 평등해져야 합니다. 과거에 남자가 우월적인 지위를 누려왔다고 이제 여자가 우월적인 지위를 누리는 게 남녀평등은 아닌 것처럼 말입니다.

섹스에서의 남녀평등은 남자와 여자가 똑같이 행복한 것을 말합니다. 여자는 오르가슴에 오르지 못해 짜증이 나고, 남자는 그렇게 해주지 못해 기죽는 것도 바람직하지 않지만 오로지 여자의 오르가슴만을 위한 섹스도 바람직하지 않습니다. 건강에 좋지도 않은 약을 먹으면서 억지로 발기하고, 폭포 같은 땀을 흘리며 '이건 노동이고 봉사'라는 생각으로 30분 섹스한다면, 그 남자는 과연 다음에 또 그 섹스를 하고 싶을까요? 그게 둘 다 행복해지는 방법일까요?

결론부터 말씀드리고 이야기를 이어가겠습니다. 둘 다 행복해지고 싶다면,

"섹스, 무조건 천천히, 부드럽게 하십시오."

행복한 섹스에 서툰 남자들 대부분이 저지르는 실수는 본인이 하고 싶은 만큼만 애무한다는 것입니다. 입술과 목, 어깨에 키스하고 가슴

과 엉덩이 몇 번 주무르고 뽀뽀하다가 곧바로 삽입으로 들어갑니다. 애무하는 시간 다 합쳐도 기껏해야 5분? 10분? 사실 섹스시간에 대한 모든 문제는 여기서부터 시작되지만 '애무'에 대한 구체적인 이야기는 다음 장에서 할 예정이니 일단 지금은 통과하겠습니다. 남자에게 노동이 되지 않고, 여자도 행복하며, 섹스시간도 길게 이어갈 수 있는 '행복한 애무'가 끝난 후 서로 충분히 흥분한 상태가 되었다면 이제는 '삽입'입니다.

여성의 질은 관의 형태이지만 근육과 부드러운 조직이 함께 어울려 빈틈없이 붙어 있는 구조로 되어 있습니다. 분명히 말씀드렸습니다. 절대 뻥 뚫려 있는 게 아니라고 말입니다. 부드럽지만 살로 채워져 틈이 없는 관속으로 단단한 무언가를 밀어 넣는다고 상상해보시기 바랍니다. 아무리 질 분비물이 윤활 역할을 한다고 해도 그 과정이 빠르고 거칠다면 느낌이 좋을 수 있을까요? 촉감의 즐거움을 기대하며 기다리고 있는데, 훅~ 하고 빠르게 들어왔다 나가 버리면 느낄 겨를이나 있을까요?

힘을 뺀 채 왼손으로 가볍게 주먹을 쥐어 보시기 바랍니다. 동그랗게 말려 있는 집게손가락 틈으로 면봉 하나 정도 들어갈 구멍만 남기고 말입니다. 이제 그 구멍으로 오른손의 엄지를 아주 천천히 집어넣어 보십시오. 왼손에 힘이 들어가면 안 됩니다. 오른쪽 엄지손가락이 들어가면서, 왼손의 말려 있는 공간은 딱 오른쪽 엄지손가락의 굵기만큼 부드럽게 벌어지면 됩니다. 이때 왼손바닥으로 오른쪽 엄지손가락이 들어오는 감촉을, 미세한 느낌까지 모두 경험해보시기 바랍니다. 오른쪽 엄지손가락으로는 손가락을 감싸는 왼손바닥 살을 느끼시면 됩니다. 자, 이제 다시 오른 엄지손가락을 빼고 이번에는 아주 빠르고 힘 있게 넣었다 뺐다를 반복해 보십시오. 어떠세요? 왼손바닥이 얼얼하지 않으신가요? 엄지손가락의 손톱에 찔리진 않으셨나요? 오른쪽 엄지손가락도 얼얼하시죠?

질에 음경을 삽입하실 때는 무조건 천천히 부드럽게 하셔야 합니다. 질 입구에서 마치 키스를 하듯 음경 귀두와 질 입구의 부드러운 접촉으로 시간을 보내도 좋습니다. 급할 것 없습니다. 남자는 귀두 끝에 질 입구가 닿는 느낌을, 여자는 질 입구에 귀두 끝이 닿는 느낌을, 나중에 말로 표현할 수 있을 만큼 집중해서 느껴보시기 바랍니다. 귀두에는 수많은 감각신경이 분포되어 있습니다. 질 입구와 주변 소음순도 마찬가지입니다. 이 감각신경을 통해 전달되는 부드럽고 짜릿한 느낌을 오래 유지할수록 흥분도 고조시킬 수 있을 것입니다.

오르가슴은 이제부터 시작입니다.

삽입

이제 질 안으로 들어가 보겠습니다. 천천히 아주 천천히 질 내부로 밀고 들어갑니다. 구멍이 뻥 뚫려 있는 곳에 들어가는 게 아니라, 여백이 하나도 없이 살이 꽉꽉 붙어 있는 곳으로 들어가는 것입니다. 천천히 살을 밀고 들어가면서 딱 자신이 들어갈 만큼의 공간만을 만드는 것입니다. 사전에 충분한 애무로 흥분이 된 상태라면 윤활 역할을 하는 애액이 질벽에 잔뜩 발라져 있을 테니 미끌미끌한 느낌으로 어렵지 않게 들어가실 수 있을 것입니다. 그렇지 않다면 쉽게 들어갈 수 없습니다. 빈 공간이 없고 뻑뻑한 상태라서 밀고 들어간다면 여성도 큰 고통을 느끼게 됩니다. 사전에 충분한 애무로 함께 흥분 상태에 도달하는 것이 얼마나 중요한지 다시 느낄 수 있으실 겁니다.

애액을 타고 천천히 들어가면서 여성의 질 내벽이 음경을 감싸 안는 압력을 느껴보시기 바랍니다. 꽉 차면서 조이는 느낌이 드시나요? 파트너가 손으로 음경을 감싸 잡아도 짜릿하고 기분 좋은데, 심지어 부드러운 질로 잡아주니 황홀할 수밖에 없습니다. 하지만 급하게 들어가 빠르게 왕복운동을 하면 질 근육이 놀라면서 본능적으로 다치지 않으려 넓게 벌어지기 때문에 느낌이 덜할 수밖에 없습니다. 만약 어떤 남자가 "우리 와이프는 아이 몇 명 낳더니, 질이 넓어져서 느낌이 오지 않아."라고 말한다면 이제는 이렇게 말해주시면 됩니다. "당신이 섹스를 잘 못해서 그래."

　이 조이는 느낌을 얻기 위해 산부인과에서 하는 수술이 바로 '예쁜이수술'입니다. 출산으로 넓어진 질 입구를 다시 줄여주는 수술이죠. 하지만 인간의 몸은 기본적으로 원래의 상태로 돌아가려는 '회복' 메커니즘을 지니고 있습니다. 상처가 나면 아무는 원리입니다. 질도 마찬가지로 가만히 두면 저절로 좁혀지게 됩니다. 만약 더 완벽하게 원래대로 만들고 싶다면 케겔 운동을 병행하면 됩니다. (케겔 운동에 대해서는 '여성-명기' 편을 참고하시면 좋습니다.) 또 예쁜이수술은 질 입구를 조이는 수술인데, 조이는 느낌은 질 입구에서 받는 것이 아니라 질 내벽 전체에서 받는 것입니다.

　천천히 들어가면서 질 내벽과의 접촉을 통해 압력을 느끼는 과정은 다른 어떤 자극과 비교할 수 없을 만큼 짜릿하면서도 부드럽고 행복한 경험입니다. 그런데 도대체 얼마나 많은 남자가 이 느낌을 즐기며 섹스를 하고 있을까요? 이 느낌을 모르는 남자 대부분은 '사정'이 남자의 유일한 오르가슴이라고 말합니다. 삽입해서 빠르게 왕복 운동을 하면 땀 뻘뻘 흘릴 정도로 힘드니 헬스장에 온 것만 같고 쾌감은 적습니다. 그래서 어서 빨리 '유일한' 오르가슴인 사정에 도달해 짜릿한 쾌감을 얻고 싶어집니다. 그렇게 남자들은 본인도 모르게 조루를 향해 달려가고 있는 겁니다. 오랜 시간 빠르게 왕복운동을 하면서도 참고 견딘다면 조루는 면할 수도 있습니다. 하지만 힘들어 죽겠으니 정말 이건 헬스클럽 이상도 이하도 아닙니다. 그러니 사정하고 나서 바로 뻗어 코 골며 잠들게 되는 건 당연한 일입니다. 에너지를 다 써버렸으니 우리 몸은 빨리 잠을 통해 새로운 에너지를 보충하려는 것이지요.

다시 삽입 이야기로 돌아가겠습니다. 꽉 차고 조이는 느낌이 아주 좋더라도 질의 끝인 자궁경부까지 바로 밀고 들어가는 것은 바람직하지 않습니다. 좋은 건 충분히 즐기고 느끼면서 들어가야죠. 질 입구를 천천히 밀고 들어갔다면, 딱 귀두만큼만 들어간 채로 잠시 머물렀다가 아주 천천히 나오시기 바랍니다. 귀두와 음경 사이의 높이 차이가 있어서 질 내부에서 움직일 때와 들어가고 나올 때의 느낌은 확실하게 다릅니다. 남녀 두 분 다 이 느낌의 차이를 확인해보시길 바랍니다. 귀두 정도만의 삽입을 한참 동안 즐기다가 너무 단조롭다 싶으면 왕복속도를 조금 높이는 것도 좋습니다. 물론 그렇게 계속 속도를 높이는 것이 아니라 '조금 빠르게 다시 느리게'의 반복이 되어야 합니다.

앞에서 설명한 것들을 명심하고 왕복 운동을 진행하다 보면 가장 깊숙한 곳(자궁경부)까지 들어가는 데만도 10분 이상이 걸릴 것입니다. 놀랍지 않으십니까? 서로 행복하고 짜릿함을 느끼면서도 사정을 하지 않은 상태로 10분이 지난 것입니다. 평소 삽입에서 사정까지 1~2분 이내면 모든 것이 끝났던 분이라면, 닐 암스트롱이 달에 첫발을 디딘 것과 같은 역사적인 순간을 경험하실 수 있을 겁니다. 10분이라니요? 10분이 도대체 상상이라도 했던 시간인가요?

남자분들은 절대 잊으시면 안 됩니다. 이 10분 동안 여자가 흥분하기를 기다리면서 사정욕구를 참고 인내하며 들어갔다 나오는 게 아니라, 남자도 똑같이 느끼고 즐기면서 들어갔다 나와야 한다는 것을 말입니다. 매 순간순간의 쾌감을 남녀 모두 즐기면서 보내는 10분인 것입니다. 10분이라는 시간 동안 여자와 남자가 함께 즐기면서 천천히 오르가슴을 향해 흥분곡선을 오르다 보면 조금 단조롭게 생각될 수도 있습니다. 그럼 지금부터는 다시 새로운 세계로 떠나봐야겠죠. 가장 오래된 중국의 의학서인 황제내경(黃帝內經)에 수록된 소녀경(素女經)에는 이런 표현이 나옵니다.

∗

"아홉 번은 얕게 한 번은 깊게, 오른쪽 3번 왼쪽 3번. 뱀장어가 여울을 따라 올라가듯, 거머리가 논에서 헤엄치듯 나아간다. 천천히 부드럽게 진행되는 9번의 '얕음'은 여자의 춘정을 감돌게 하고 마음을 들뜨게 하며 온 힘을 다하는 한 번의 '깊음'은 심장을 뛰게 하고 뒤흔든다."

출처:『황제 소녀경』최창록 저

단순히 전진과 후진만 하는 것이 아니라, 여성과 남성 모두, 지금보다 더 기분 좋아지는 곳과 방법을 찾는 작업입니다. 어느덧 질벽은 음경에 익숙해져서 감싸 안고 있다기보다는 조금씩 관의 형태가 되어가고 있을 것입니다. 이것은 그녀가 흥분하고 있다는 증거이기도 합니다. 음경의 움직임이 조금 더 자유로워졌으니 이제 질 내부를 탐험해 보겠습니다.

탐험하면서 발견하는 장소나 방법 중 몇몇은 정말 여성과 남성을 모두 홍콩이라 불리는 이상향으로 안내하게 될지도 모릅니다. 하지만 원칙은 변하지 않습니다. 다시 말하지만, 절대 서두르지 말고 천천히 부드럽게, 매 순간 느끼면서 진행해야 합니다. 가끔은 체위도 바꾸면서 탐험해도 좋습니다. 역시 목적은 서로가 더 즐겁고 행복할 수 있는 자세를 찾는 것입니다.

어느 정도 흥분곡선을 오르게 되면 조금씩 다소 빠른 속도의 왕복운동을 섞어 보는 것도 좋습니다. 충분히 흥분하고 나면 빠른 자극이 더 큰 쾌감을 주기도 하니까요. 명심해야 할 것은 점점 더 빨라지는 건 아니라는 겁니다. 빠르게, 천천히, 강하게, 부드럽게, 가만있기, 완전히 빼기. 이 모든 과정이 적절하게 섞여야 합니다. 이렇게 하다 보면 30분은 결코 긴 시간이 아닙니다. 애무까지 포함해서 30분이 아니라 삽입 후부터 30분 말입니다. 장담컨대, 빠르기만 한 왕복운동으로 5분 이상을 버틸 수 있는 남자는 지루증을 앓고 있는 분이 아니라면 세상에 거의 없습니다. 조루인 남자가 있는 게 아니라 조루가 될 수밖에 없는 방법으로 섹스하고 있었던 셈입니다.

모든 이야기가 끝났으니 글의 시작부분에 언급했던 흥분곡선 이야기로 다시 돌아가 보겠습니다.

조물주가 심술쟁이가 아닌 한, 남녀의 신체구조를 일부러 어긋나게 하였을 리는 없습니다. 섹스할 때 빠르기만 했던 남성의 왕복운동은 남성지배 사회의 편견과 포르노가 만들어낸 왜곡된 가치관에 불과합니다. 섹스가 번식만을 위한 행위일 때는 빠른 왕복운동이 맞을 수도 있습니다. 하지만 지금은 분명히, 문명화된 21세기입니다.

남녀가 평등한 사회가 되어서 이젠 여자의 몸이 천천히 데워져야 한다면, 남자도 천천히 데워지는 것이 맞습니다. 번식을 목적으로, 사정할 때만 오르가슴이 느껴지는 행위가 아닌, 남녀 모두 과정 내내 즐겁고 행복한 행위 말입니다. 이게 진정한 남녀평등이고 조물주의 뜻이라고 저는 생각합니다.

미치도록 부드럽게, 미치도록 따뜻하게

애무

Q 남자친구 애무가 너무 서툰 것 같습니다

　남자친구 애무가 너무 서툰 것 같습니다. 길게 하지도 않아요. 자기 손으로 내 성기 만지는 것도, 애무라고 하기엔 너무 아픕니다. 삽입할 때도, 내가 아프다고 하면 그냥 포기해 버리구요. 자주 제 몸을 만지지 않아 성적매력이 적은 건가 하는 생각도 듭니다.

　어떻게 해야 더 좋은 관계를 맺을 수 있는 건지 모르겠습니다. 말하기 너무나 어렵고 어떻게 말을 꺼내야 할지도 모르겠어요. 제가 배울 수 있는 방법이나 자세한 조언 부탁드립니다.

이성 간의 많은 문제는, '대화'를 통해 대부분 깨끗하게 해결할 수 있습니다. 하지만 많은 여성이 말하기 너무나 어렵고 어떻게 말을 꺼내야 할지도 몰라서 참거나 포기하고 넘어갑니다.

"손으로 성기애무를 하면 아프다.", "몸을 만져주지 않아 성적매력이 적은 건가 하는 생각이 든다.", "아파하면 곧바로 포기해서 속상하다." 이런 문제와 관련하여 성 상담사가 열 가지 조언을 해 드리는 것과 남자친구가 여자친구의 마음을 알게 되어 본인의 행동을 바로 잡는 것 중 과연 어느 것이 정말 효과적일까요?

따로 시간을 내거나 분위기를 잡고 말하려면 쉽지 않을 것입니다. 가장 좋은 것은 섹스하거나 애무하는 그 순간, 부드러운 말투로 부탁하듯, 원하는 것을 이야기하는 것입니다. 얼굴 보고 말할 자신이 없다면 마주 보고 포옹하신 상태에서 그의 귀에 속삭여주세요. 내용은 가능한 부정적인 것보다는 긍정적인 표현이 좋습니다. "거기는 만지지 말아 달라."가 아니라 "난 이렇게 해주면 정말 기분 좋을 것 같다."로 말입니다.

살다 보면, 대화 한 번으로 평생 가져갈 수도 있는 고민이 아주 쉽게 해결되는 경우가 정말 많습니다. 한번 익숙해지고 나면, 이후 연애와 결혼 생활에서도 정말 유용하실 거예요.

만약 구체적인 방법을 모른다고 하면 다음의 내용을 알려주세요.

성 상담사 치아 드림

　남성 여러분, 우리 다 같이 한번 솔직해져 보겠습니다. 애무하는 거, 좋아하십니까? "당연한 걸 왜 묻지?"라는 생각이 드시나요? 다시 생각해보시기 바랍니다. 저는 애무 좋아하시냐고 물었지, 여자 몸 만지는 걸 좋아하느냐고 묻지 않았습니다.

　애무(愛撫)는 한자(漢字)입니다. '사랑할 애, 어루만질 무'라는 글자로 구성된 단어입니다. 즉, 사랑하는 마음으로 어루만져주는 게 '애무'입니다. 본인에게도 즐거움이자 기쁨이면 더없이 좋긴 하지만, 상대를 더 생각하는 지극히 이타적인 행동입니다. 그냥 내가 만지고 싶어서 주물럭거리는 건 애무가 아니라는 뜻입니다. 그렇다면 다시 물어보겠습니다. 남성 여러분, 애무하는 거 좋아하십니까? 이제는 연애 초기, 조금씩 파트너의 몸을 알아가는 중인 분들 정도만 이 질문에 자신 있게 "네!"라고 대답할 수 있을 것입니다.

　남자의 흥분 메커니즘은 정말 빠릅니다. 내가 만지고 싶은 부위를 충분히 만졌다면 바로 삽입에 들어가고 싶은 게 남자의 본능입니다. 하지만 여자는 다릅니다. 내가 충분히 섹스하고 싶을 만큼 마음이 가열되지 않았다면 여자에게 섹스는 노동일 뿐입니다. 그리고 여자를 그 경지에 오르게 해주는 것이 바로 애무입니다.

　이번에는 여자분들에게 묻겠습니다. 여성 여러분, 파트너 애무해주십니까? 역시, 자신 있게 "네!"라고 대답할 수 있는 여성분, 많지 않으실 겁니다. 하지만 이유는 남자와 정반대입니다. 이타적인 행동에 익숙하지 않아서가 아니라 그냥 남자의 몸을 만지는 게 부끄럽거나 어색하고 방법도 모르기 때문이겠죠. 여성의 성욕을 인정하지 않았던 사회 관습 탓일 수도 있고, 호르몬 탓에 남성보다 성욕 자체가 조금 낮아서일 수도 있을 겁니다. 어느 쪽이건 남자들에게는 불행입니다. 어떤 남자는 그 좋은 걸 평생 모르고 살다 죽을 수도 있는 거니까요.

가져보지 못한 자는 필요성도 못 느낀다는 말이 있습니다. 만약 남자분들이 애무 받는 행복을 느끼기 시작한다면 애무에 대한 개념 자체가 달라지고 여성의 몸을 애무하는 것에도 더 정성이 들어갈지도 모를 일입니다. 그렇게만 된다면 이제 애무는 남자가 여자에게 해주는 행위라는 편견에서 벗어나 서로가 행복해지는 과정이 될 것입니다. 여자와 다르게 남자는 애무하기도 쉽습니다. 조금 과장하자면, 남자들은 여자가 음경을 손으로 쥐기만 해도 신음하니까요. 여자들도 그럴까요? 남자가 여자의 가슴을 양손으로 쥐기만 해도 신음할까요? 소음순에 손바닥만 대고 있어도 행복해할까요?

섹스하기에 가장 좋은 몸 상태가 되는 데 남성 3분, 여성 21분의 애무가 필요하다는 말이 있습니다. 여기저기서 남성분들의 한탄이 벌써 들리기 시작합니다. "21분 동안 생고생하라고?", "섹스 한 번 하는데 뭐가 그렇게 어려워?" 이론만 생각하면 이미 남성에게 애무는 노동입니다. 하지만 애무에 대해 좀 더 알고 나면 노동이 아니라 신비한 경험일지도 모릅니다. 하나씩 확인해가는 기쁨이 있거나 매번 주기만 하다가 받아보는 황홀경에 도달하게 될지도 모르지요. 그렇게 될 수 있는지 한번 알아보겠습니다.

성(性) 상담사인 제게 다짜고짜 "여성을 홍콩 가게 하는 애무방법을 알려주세요."라고 사연을 보내는 남자분들이 있습니다. 명색이 성 상담사이니 그런 것 정도는 잘 알고 있을 거라고 생각하시는 거겠죠. 결론부터 말하면, 누구에게나 적용할 수 있는 그런 확실한 비법은 없습니다. 서점이나 인터넷에 퍼져 있는 다양한 애무 비법들은 누군가에게는 정말 유용한 정보이지만, 누군가에게는 무용지물일 수도 있습니다. 성감대도 사람마다 모두 다르고, 기분 좋아지는 애무방법도 사람마다 다르며, 짜릿한 체위도 사람마다 모두 다르기 때문입니다.

어떤 여자분은 다른 방법의 애무 다 필요 없고 손가락으로 클리토리스만 자극해주면 준비완료가 되기도 합니다. 오럴 애무에 익숙하지 않은 여성분들은, 남성이 자신의 허벅지 사이로 고개만 파묻어도 기겁을 하며 뒤로 물러납니다. 클리토리스 자극보다 가슴애무를 받았을 때 더 큰 오르가슴을 느끼는 여성분도 있으며, 구강 내부 성감대가 강렬하여 남성에게 오럴 애무를 해주면서 본인이 흥분하는 여성도 있습니다. 심지어 여성임에도, 애무 따위 다 필요 없고 여자위 체위로 바로 삽입섹스에 들어가야 본격적으로 흥분이 느껴진다고 하는 사람도 있습니다. 마치 손금처럼 사람마다 성적 취향이 모두 다른데, 도대체 무슨 근거로, 어디를 만지면 최고로 흥분하고 어떻게 애무하면 극치의 오르가슴을 느낄 수 있는지 말할 수 있겠습니까?

더 난감한 상황은, 같은 사람의 경우에도, 당연히 성감대라 생각했던 그곳의 위치가 때로는 바뀌기도 한다는 것입니다. 유두를 손가락으로 부드럽게 마사지해주면 무척 좋아하던 여자분이 어느 날은 아프다고 짜증을 낼 수도 있습니다. 특정 체위로 섹스하면 항상 오르가슴에 도달했던 커플이 어느 날은 아무리 같은 체위로 노력해도 무감각하기만 하는 일도 있습니다.

애무는 결국 '맞춤형'일 수밖에 없으며, 성감대는 사랑하는 두 분이 찾아야 하는 과제입니다. 언뜻 난감한 숙제처럼 느껴질 수도 있지만 서로에게 커다란 축복이 될 수도 있습니다. 왜냐하면 애무는 복잡하고 어렵고 시시때때로 변하는 것이라서 질리거나 지루해지지 않기 때문입니다.

<u>결론부터 이야기하겠습니다.</u>

어디에 숨어 있는지 모르고 가끔 바뀌기도 하는 성감대. 어느 때는 만져주는 게 좋지만 어느 때는 빨아주거나 그저 슬쩍 훑어주기만 하는 게 더 짜릿한 다양한 애무방법. 그래서 애무는 성감대를 찾는 탐험이고 애무방법을 개발하는 일입니다. 어제의 성감대가 오늘은 아니라고 해서 절대 실망하지 마십시오. 매일매일 그날의 성감대를 찾아내는 기쁨이 기다리고 있으니까요. 매일매일 내 몸이나 외부의 다른 도구를 사용해서 성감대를 찾아보시기 바랍니다. 사랑하는 사람의 몸 구석구

석과 그곳을 찾는 내 몸의 도구(손, 발, 입술, 혀, 성기, 뱃살 등등) 등 다양한 변수들의 조합이 만들어내는 수많은 경우의 수를 통해 탐험의 기쁨과 발견의 보람을 느낄 수 있습니다. 애무란 바로 그런 것입니다.

이처럼 애무에 대한 개념이 바뀌고 나면 21분이 짧다고 생각하실 수도 있을 겁니다. "고작 21분에 어떻게 그 많은 걸 다 찾아서 실행할 수 있어?"라고 말입니다. 이제 드디어 "애무는 노동이다."라는 공식과 이별하는 것입니다. 앞으로는 분명히 전에 흥분했었던 부위를 애무하니까 반드시 오늘도 흥분할거라는 잘못된 확신도 하지 않을 것이며, 대충 같은 부위 몇 번 쓰다듬다가 삽입섹스를 시도하는 실수도 범하지 않을 것이며, "어느 글에서 보니까 여성은 가슴이래." 하면서 무작정 가슴만 주무르다가 젖지도 않은 계곡으로 카누를 저어 들어가는 폭력도 저지르지 않을 것입니다.

지금까지 애무의 정답이 없다고 말씀을 드렸는데, 기가 막힌 포인트나 노하우를 기대했던 분들의 실망하시는 모습이 보이는 듯합니다. "이럴 거면 이 책 왜 돈 주고 샀어? 싸구려 언론의 지하철 탄 그녀, 알고 보니 헉~이라는 낚시기사와 다를 게 뭐야?" 하고 흥분하실지도 모르겠네요. 맞습니다. 분명히 정답은 없습니다. 하지만 세상엔 모범답안이라는 게 있습니다. 지금부터 그 '모범답안'들을 훑어보겠습니다.

첫 번째 모범답안은 '언어'입니다.

'애무비법을 배우는데 웬 언어?' 싶으신가요? 킨제이보고서로 유명한 알프레드 킨제이 박사가 했던 실험이 있습니다. 한참 교미가 진행 중인 암수 실험용 쥐 앞에 치즈 부스러기를 놓았더니 암컷은 쿵쿵거리며 반응을 보였지만 수컷은 아무 반응 없이 교미에만 집중했습니다. 낯설지 않습니다. 포유류 수컷은 바로 이런 존재입니다. 오직 섹스에만 집중하죠. 그러니 남성에게 '물고 빨고 만지는 게' 아닌 다른 애무방법이 익숙할 리 없습니다. 하지만 남성에게 익숙하지 않은 게 무엇이 중요하겠습니까? 당신이 사랑하는 그녀가 좋아하는데 말입니다.

"오늘 아주 예쁘다.", "당신 몸매가 이렇게 아름다웠냐.", "당신은 언제나 나를 흥분시킨다." 에서부터 "보고 싶었어. 사랑해~."라는 사랑의 속삭임까지. 칭찬과 애정의 표현이 가득한 언어를 쏟아내다 보면 어느 새 파트너의 손은 당신의 허리를 감고 있을지도 모릅니다. 이렇게, 언어로 가장 먼저 그녀의 귀를 애무해주시기 바랍니다.

두 번째 모범답안은 '정성'입니다.

정성이 담긴 애무에서 진심을 느낀 여성은, '이 남성이 나를 사랑하는구나.'라는 감정을 느낄 수 있게 됩니다. 하지만 대충 몇 군데 만져주고 삽입섹스로 들어가려는 남성을 만나면 큰 맘 먹고 섹스하려 했다가도 김이 팍 새버립니다. 여성은 기가 막히게 이 정성을 알아차리는 능력을 지니고 있습니다.

　남성이라면 대개 여성이 하는 이런 질문에 익숙할 것입니다. "자기, 나 얼마만큼 사랑해?" 남자는 도대체 이 고리타분한 질문을 여자들이 왜 자꾸 반복하나 싶겠지만 이건 사랑을 확인하고 싶어 하는 여성들의 본능 같은 것입니다. 여자들이 질문을 하는 빈도수만큼, 딱 그만큼만, 질문받기 전에 먼저 사랑한다고 말해준다면 그런 질문 받을 일이 없겠죠. 남성의 정성이나 배려가 덜 느껴지니까, 그래서 어쩌면 사랑이 식은 것일지도 모른다는 생각이 들면서 순간 너무 불안해지니까 물어보는 것입니다. "자기 나 사랑해?" 이제부터 이 질문을 받으신다면 지금의 나를 반성하고 다시 연애를 시작하던 그때의 초심을 기억하시기 바랍니다.

　이처럼 일상적인 행동에서조차 남자의 '정성'을 알아채는 능력을 갖춘 여성들이 정말 정성이 필요한 애무에서 그것을 확인하는 건 땅 짚고 헤엄치는 것보다 쉬운 일일지도 모릅니다. 정성이 느껴지는 만큼 여자는 감동하고, 그 감동으로 인해 더욱 흥분하는 것입니다. 반대로 정성이 보이지 않으면 성적감흥도 빠르게 식어버리죠. 그렇게 정성은 21분이 필요한 애무시간을 15분으로 줄여주기도 합니다. 사랑한다면, 제발 당신 사랑의 크기만큼만 애무에 정성을 담아 주세요. 그렇게만 한다면, 거친 숨을 몰아쉬며 두 손으로 당신의 엉덩이를 쥐어짜는 연인의 모습을 만나게 되실 지도 모릅니다.

세 번째 모범답안은 '터치'입니다.

'깃털처럼 스치듯이 부드럽게', 이 말은 무조건 외우시기 바랍니다. 남자들은 애무를 하다 보면 자신도 모르게 흥분하여 동작이 빨라지고 힘도 더 주게 됩니다. 이때 남성이 빈번하게 저지르는 실수가 바로 일반화의 오류입니다. '그녀도 나처럼 흥분했을 테니까 이런 강한 자극을 더 좋아하겠지.' 아닙니다. 절대 아니니 진정하시기 바랍니다. 여성 대부분은 그런 상황에서 쾌감이 아니라 통증을 느끼게 됩니다. 빠르고 강해서 여성이 더 짜릿하게 쾌감을 느끼는 경우는 오르가슴에 거의 다 도달했을 때입니다. 하지만 애무만으로 여성을 오르가슴에 오르게 하는 남성은 많지 않습니다.

그렇게 아파서 여성이 신음하면 남성들은 그녀가 좋아서 그런다고 오해하고 더 세게 진행하기도 합니다. 아닙니다. 만약 정말 여성이 더 강한 자극을 원한다면 보통은 표현을 합니다. 평소에는 부끄럽다고 야한 이야기조차 하지 못하던 그녀라도 더 세게 더 강하게 해달라고 소리를 지르거나, 남자의 몸을 당겨 자신의 몸에 밀착시키고 남자의 몸을 안고 있는 손에 자신도 모르게 힘을 줍니다. 그런 확실한 사인을 받기 전에는 반드시 명심하시기 바랍니다. 여성을 향한 애무에서 빠르고 강한 행동은, 오르가슴에 이르기 직전이 아니라면 절대 불필요합니다.

네 번째 모범답안은 '방향'입니다.

『황제 소녀경』에 이런 말이 나옵니다.

*

"옛사람 방중술의 애무기교는, 손가락 끝에서부터 어깨에 이르기까지, 발가락 끝에서 대퇴부에 이르기까지 가볍고 느리게 애무하는 것이다. 발은 엄지에서 둘째로, 이후 점차 위로 향하며 나아간다. 손은 가운뎃손가락에서부터 시작하여 퍼지듯 손바닥으로 나아간 뒤 팔의 안쪽을 마음으로 애무하며 점차 어깨로 올라간다. 입맞춤은 먼저 이마에 키스한 후 목과 젖꼭지를 빨고 아울러 이빨로 귀를 부드럽게 깨문다."

출처:『황제 소녀경』, 최창록 저

복잡하고 길지만 한마디로 요약하면, '애무는 주변부에서 중앙으로, 둔감한 부위에서 민감한 부위 순서로 진행해야 한다.'라는 말입니다.

더불어 '뒤에서부터' 시작하는 것도 좋습니다. '뒤에서 껴안기'는 여성들 대부분이 좋아하는 포옹 방식입니다. 보호받고 있다는 느낌도 들고 얼굴을 마주하지 않아도 되니 모든 행위에서 부끄러움이 덜하기 때문이기도 합니다. 뒤에서 포근하게 안아주거나, 등을 부드럽게 쓰다듬거나, 그녀를 안은 채로 그녀의 어깨너머로 팔을 넘겨 자연스럽게 가슴을 만져주는 것도 좋습니다. 평소에 여성이 해주는 애무를 받고 싶었지만, 여성분이 부끄러워하거나 꺼려해서 애무를 받지 못했다면, 이렇게 백허그 상태에서 그녀가 손을 쓸 수 있게 해주세요. 훨씬 용감해진 그녀를 만나실 수 있습니다.

다섯 번째 모범답안은 '장소와 시간대'입니다.

섹스에서 편안한 장소와 시간이 정말 중요하다는 건 잘 알고 계실 겁니다. 특히 여성분들은 좀 더 로맨틱한 장소, 로맨틱한 분위기에서 행복한 경험을 하고 싶어 합니다. 물론 때로는, 차 안, 강의실, 건물 계단, 자연 속 같은 긴장감 있는 장소가 필요하기도 합니다. 하지만 기본은 역시 안전하고, 편안하고, 아늑한 장소입니다.

시간대도 중요합니다. 잠에서 깨고 보니 빵빵하게 아침발기가 되어 있음에 기분이 좋아진 남편들이 종종 자고 있는 아내의 몸을 무작정 만지고 주무르면서 덤비는 경우가 있습니다. 물론, 노력하지도 않았는데 딱딱하게 서 있는 음경의 모습이 대견한 남편들의 마음은 이해합니다만 본인이 하고 싶다고 해서 마음의 준비가 전혀 되어 있지 않은 아내에게 무작정 들이대는 건 '폭력'일 수 있습니다. 아침에 잠도 덜 깼는데, 자기 몸을 주물럭거리며 발기한 남자의 애무에, 당장 섹스하고 싶은 마음이 들며 한껏 달아오르는 여자는 연애 초기나 신혼이 아니라면 지구상에 없습니다. 그런데도 만약 그 응석(?)을 받아주는 아내가 있다면, 아내분이 남편분을 정말 많이 사랑하거나 배려하시는 겁니다. 정말 좋은 분과 결혼하신 걸 감사하시고 절대 속 썩이시면 안 됩니다.

한국인을 대상으로 한 통계에서, 여자가 가장 섹스하고 싶어 하는 시간대는 10시에서 12시 사이의 늦은 저녁입니다. 하루 일을 마감하고 긴장이 풀어진 상태인 데다가, 밖은 어두워 분위기도 적당하고 기분 좋게 섹스하고 푹 잠들 수 있는 시간이어서겠죠.

여섯 번째 모범답안은 '온도'입니다.

많은 분이 로맨틱한 장소와 분위기의 중요성은 알지만 온도의 중요성은 잘 모릅니다. 섹스하는 장소의 온도는, 너무 더워도 너무 서늘해도 좋지 않습니다. 과도하게 더우면 발기에 영향을 미칠 수 있으며, 너무 서늘하면 로맨틱한 분위기 형성이 쉽지 않기 때문입니다. 방 온도를 적당한 따뜻함 정도로 유지하거나, 온도 조절이 어렵다면 더운물 목욕으로 몸을 덥힌 후 섹스하시면 좋습니다. 함께하는 목욕이라면 더욱 좋을 테고, 아니더라도 목욕으로 더워진 몸은 더 쉽게 오르가슴을 향해 달려갈 수 있으니까요.

마지막 모범답안은 여성분들에게만 해당하는 이야기입니다. 여성 여러분, 남성 애무의 시작은 무조건 '시각'입니다.

본인들이 좋아하니까 남자들도 그럴 거라고 생각하고 말이나 정성, 진심으로 무언가를 보여주려고 해봤자 대부분의 남성은 알아채지 못합니다. 아니 설사 알아챈다 하더라도 별 감흥이 없을 가능성이 큽니다. 들키면 소스라치게 놀라는 걸 보면 자기들도 무언가 잘못하고 있다는 것을 인지하는 것 같은데, 그럼에도 남자들은 왜 그리 몰래 숨어 야동을 보는 걸까요? 맞습니다. 시각적인 자극 때문입니다.

투자 없는 소득은 없습니다. 만약 사랑하는 남자의 마음을 유혹하고 싶다면 일단 보여줘야 합니다. 하지만 한 번에 확~은 금물입니다. 아주 조금씩, 조금씩 애가 타게 보여주는 방법을 찾아보세요. 보일 듯 말 듯, 잠깐 보였다가 사라지는, 바람에 흩날리는 치마처럼, 영화 〈러브레터〉의 도서관 커튼 뒤 후지이 군의 고독한 모습처럼 말입니다. 물론 진도는 나가야 합니다. 언제나 같은 수위로 머물다가는 남자의 짜증을 더 돋울 뿐입니다. 그렇게 조금씩 수위를 높이다 보면, 어느새 등 뒤로 다가와 덮치기 직전의 포스로 주춤거리고 있는 그를 만나실 수 있습니다.

자, 다음은 본격적으로 부위별 공략 포인트를 알아보겠습니다.

여성애무

가슴과 엉덩이

가슴은, 여성의 몸에서 클리토리스 다음으로 가장 민감한 성감대이며, 클리토리스와는 다르게 아주 천천히 달아오르는 부위입니다. 따라서 클리토리스 자극처럼 터치에 즉각적으로 반응할 거라 상상하고 애무하면 쉽게 실망할 수 있습니다. 하지만 강렬한 클리토리스 자극보다 서서히 흥분되는 가슴애무를 더 좋아하는 여성분들도 많으니 노력대비 성과의 가성비는 나쁘지 않다고 볼 수 있습니다. 클리토리스 애무가 자극적이라면 가슴 애무는 은근한 기쁨을 주기 때문입니다. 짜릿짜릿한 쾌감은 덜할지 모르지만, 클리토리스 애무로는 얻을 수 없는 '채워지는 느낌'의 오르가슴이 있습니다.

가슴은 유두(젖꼭지)와 유륜(젖꼭지 주변으로 동그랗게, 피부색이 약간 어두운 부위), 유선(젖이 흐르는 관)으로 구성되어 있으며 이 기관들을 둘러싸고 있는 살은 대부분 지방입니다. 보통 인간의 몸에서 지방이 많은 부위는 신경세포가 적게 분포되어 있습니다. 신경세포가 적다는 건 그만큼 느낌이 덜하다는 뜻이며, 이 점이 바로 가슴이나 엉덩이 애무가 노력에 비해 반응이 더디게 오는 이유입니다. 하지만 덜 민감하기에 거부감이 적다는 장점도 있습니다. 따라서 아직 흥분하지 않은 애무 초기 상태라면 외음부나 클리토리스로 직행하기보다, 가슴이나 엉덩이부터 시작하는 것이 좋습니다.

가슴의 신경세포 대부분은 유두와 유륜에 모여 있습니다. 그렇다고 다짜고짜 유두와 유륜만 적극적으로 공략한다면 아픔을 느끼거나 감각이 무뎌질 수 있습니다. 가장 민감한 곳은 동시에 가장 여린 곳이기도 하니까요. 세상 어떤 일이든 과한 것은 모자란 것과 같습니다. 시간과 정성도, 한곳에 집중하지 않고 적당히 고루고루 배분하는 게 좋은 것이니까요. 지난 글에서 말씀드린 '주변부에서 중심으로'의 기준을 적용해보면 가슴애무 역시 신경세포가 적은 곳에서 시작하여 유두에서 완성하는 것이 좋습니다.

가슴애무에서 중요한 부위 몇 곳을 살펴보겠습니다.

살이 접히는 곳은 대개 부드럽고 여리며 민감하기 마련입니다. 그렇다면 가슴에서 살이 접히는 곳은 어디일까요? 맞습니다. 바로 브래지어 와이어가 닿는 부위인 '가슴 밑부분'입니다. 인간은 직립보행을 하므로, 중력에 의해 가슴이 처지면서 이 부위의 살은 자연스럽게 접히게 됩니다.

더군다나 가슴 밑부분은 가슴 전체에서 그나마 지방분포가 적은 부분 중 하나입니다. 아까 말씀드렸죠? 지방이 적다는 것은 감각에 더욱 민감하다는 뜻이라고 말입니다. 바로 이 부위를 라인을 따라가며 부드럽게 스쳐 가거나 손으로 가볍게 안아 위로 들어 올리듯이 마사지하면 좋습니다. 특히 여성분들 대부분은 처지는 가슴에 대한 콤플렉스가 있어서 위로 올리는 방향으로의 마사지를 좋아합니다.

여자의 몸에 대해 좀 안다고 하는 남자들도 낯설기만 한 부위가 바로, '스펜스의 꼬리(Tail of Spence)'입니다. 위치는 팔을 하늘로 들었을 때, 가슴과 겨드랑이의 중간 부분입니다. 가슴이 다소 큰 여성분들은 브래지어를 착용했을 때 좌우로 삐져나오는 살이 바로 이 부위입니다. 이 부위를 조금 과장해서 가슴의 클리토리스라고도 말하는 이유는, 이 부위를 자극하면 느낌이 온몸으로 퍼져 나가기 때문입니다. 하지만 잘못 자극하면 통증이 느껴지는 부위이기도 하죠. 스치듯이 부드럽게 애무하거나 입이나 혀를 사용하면 좋습니다.

가슴에서 신경세포가 많이 분포되어 가장 민감한 부위는, 유두와 유륜입니다. 유두와 유륜은, 남자도 애무를 받으면 흥분할 만큼 가슴에서 가장 자극적인 부위여서 그만큼 세심하고 부드러운 터치가 필요합니다. 손바닥을 사용할 때는 스치듯이 지나가는 느낌으로, 손가락을 사용할 때는 절대 꼭 쥐지 말고 마치 센서에 손가락을 대듯이 살며시 갖다 대어 움직입니다. 입이나 입술을 사용할 때는 이빨이 나지 않은 아이가 힘도 못 주는 상태에서 젖을 빨듯이 부드럽게 해야 합니다. 때로는 입안 깊숙이 넣기도 하고 때로는 입술이나 혀끝으로만 자극합니다. 귀두 끝으로 스치듯 유두를 자극하는 애무도 성적흥분을 높이는 좋은 애무 방법입니다. 그렇게 흥분이 고조되는 상황이라면 (파트너가 원하는지 반드시 확인하고) 때로는 자극적으로, 조금 더 강하게 할 필요도 있습니다.

　가슴을 애무할 때는 손이나 다른 부위를 먼저 사용하고, 입술이나 혀는 나중에 사용하는 게 좋습니다. 타인의 피부가 나의 피부를 부드럽게 스치듯이 지나가는 느낌은 말로 표현할 수 없는 짜릿함을 선사합니다. 하지만 침이 묻거나 이미 묻어 말라 있는 피부에서는 그런 느낌을 받기 어렵습니다. 그렇다고 '입술과 혀'라는 그 강렬하고도 효과적인 도구의 사용을 자제하라는 뜻이 아닙니다. 순서만 제일 나중으로 돌리자는 것입니다.

　생리 직전이나 생리 중일 때, 가슴은 평소보다 더욱 민감해져서 부드럽게 애무해도 아플 수 있습니다. 따라서 이 시기의 가슴애무는 더욱 조심스럽고 부드럽게 진행해야 합니다. 조금이라도 여성이 아파한다면 이 기간에 유두와 유륜의 애무는 피하시는 게 좋습니다.

　여자위 체위에서 하늘을 보며 누워있는 남성이 주로 하는 애무는, 양손으로 여성의 가슴을 강하게 주무르는 것입니다. 이해는 갑니다. 남자 위에 올라탄 여자는 앞으로 자세가 기울어져 있기 때문에 가슴이 훨씬 풍만해 보이므로, 가슴이 작은 일부 여성은 여자위 체위만을 고집하는 사례도 종종 있습니다. 내 여자의 가슴이 이렇게 컸나 싶을 만큼 감동적이실 수도 있으니, 가슴을 쥐고 있는 손에 힘이 들어가게 되는 건 당연합니다. 물론 여성도 충분히 흥분해 있다면 상관없습니다. 흥분이 강할 때는 애무의 강도도 강해야 더 자극적이니까요. 하지만 충분히 흥분한 상태가 아니라면 당신의 파트너는 "아프다."라는 말도 못하고 참고 있는 것일 수도 있습니다. 이미 말씀드렸듯이 유두와 유륜은 민감한 성감대이니까요.

여자위 체위에서의 가슴애무는 손의 힘을 빼고 가슴을 가볍게 손안에 가둬 두기만 하시면 좋습니다. 위아래로 움직이며 왕복운동을 하는 여성분의 움직임에 따라 가슴이 손안에서 스치면서, 굳이 움직이지 않아도 자연스럽게 애무가 되는 원리입니다. 만약 그래도 여자분이 고통을 호소하고, 나는 흥분이 너무 강해서 무언가를 꽉 쥐어야 직성이 풀릴 것 같다면 차라리 엉덩이를 공략하시기 바랍니다. 엉덩이는 신경분포가 많지 않아 자극에 덜 민감하기 때문입니다.

그렇게 '엉덩이' 이야기로 넘어가 보겠습니다.

엉덩이 애무에서 가장 대중적인 방법은, 손바닥을 펴서 부드럽게 마사지하거나 엉덩이 살을 손으로 살짝 쥐는 행동, 허리에서 항문방향으로 골을 따라 스치듯이 미끄러져 가는 애무 등일 것입니다. 모두 매우 효과적이고 쾌감도 좋은 애무방법입니다. 하지만 그런 애무만 주고받아서 다소 지겹다면 방법을 바꿔 보는 것도 좋습니다.

엉덩이에 대한 가장 큰 오해는 전체가 피하지방일 거라는 생각입니다. 물론 다른 부위에 비해 피하지방이 두꺼운 것은 사실이지만 실제 엉덩이는 몸에서 가장 근육이 발달한 부위 중 하나입니다. 인간이 직립자세를 유지하는 데 가장 큰 역할을 하는 부위이기 때문입니다. 그렇게 발달한 엉덩이 근육은 (인간의 모든 근육이 그렇듯이) 주변 근육들과 유기적으로 연결되어 있는데, 음경뿌리와 질 둘레를 감싸는 BC 근육과 항문을 비롯한 회음부 전체를 조절하는 PC 근육 등 섹스와 연관된 근육들도 포함합니다. 따라서 엉덩이 근육을 살짝 쥐고 좌우로 부드럽게 흔들어 주면 미세한 떨림이 BC 근육과 PC 근육에 전달되면서 은근한 쾌감을 주게 됩니다.

애무할 때 조금 강하게 압력을 준다든지, 마치 트램펄린 위에서 뛰듯 가볍게 엉덩이를 두드리는 것도 색다른 느낌이 들 수 있어서 좋습니다. 물론 강도가 센 애무는 어느 정도 흥분이 무르익었을 때 해야 한다는 것, 절대 잊지 마시기 바랍니다.

가끔 보면 엉덩이는 둔감하다고 생각하여 입술을 사용한 엉덩이 애무를 건너뛰는 분들이 계신데, 절대 아닙니다. 파트너의 엉덩이를 입술로 터치하고 혀로 핥아주시기 바랍니다. 손으로 하는 애무와 감각에서 큰 차이가 있으므로, 얼마든지 구분할 수 있습니다.

마지막으로 가슴에 '스펜스의 꼬리'가 있다면 엉덩이에는 엉덩이에서 허벅지 안쪽으로 미끄러지듯 들어가는 부위가 있습니다. 엉덩이와 스치면서 미끄러지듯 흐르던 애무가 허벅지 안쪽으로 흘러들어 회음부를 지나 외음부까지 닿는 이 코스는 진정 엉덩이 애무의 절정이라고 할 수 있을 것입니다. 손을 사용해도 좋지만, 입술과 혀를 사용한다면 지속적으로 흘러나오는 연인의 신음을 듣게 되실 겁니다.

클리토리스

인체의 모든 부위는 자신만의 기능이 있습니다. 어느 것 하나 쓸모없는 건 없죠. 클리토리스의 기능은 '쾌락'을 느끼는 것입니다. 클리토리스는 오직 쾌락을 느끼는 기능 한 가지만 가지고 있습니다. 여성의 클리토리스는 남성의 음경과 상동기관입니다. 상동기관이라는 건 아직 남녀가 구분되지 않은 배아기 때는 같은 기관이었다는 뜻입니다. 같은 기관이 성별에 따라 음경과 클리토리스로 발전하면서, 남성의 음경은 배뇨, 생식, 성감대 등의 기능을 가진 기관으로 성장하고, 여성의 클리토리스는 오직 성감대 기능만을 가진 기관으로 성장합니다. 오직 쾌락만을 위한 이런 기관은 지구상의 어떤 생명체도 갖지 못했으며 심지어 같은 인간인 남자에게도 없습니다. 인간은 쾌락의 존재라고 어느 철학자가 말했지만 정확하게 말하면 여자야말로 진정 쾌락을 위한 존재라고 말하는 게 맞을지도 모르겠습니다.

보수적인 기독교 사상이 널리 퍼진 중세유럽에서조차, "여자는 성욕이 강해 음탕하고, 남자는 이성적이다."라는 의식이 강했습니다. 섹스하자고 달려드는 여자들을 무시할 수 있는 의지가 있어야 남다른 업적을 이룰 수 있다고 생각했으며, 다양한 예술은 여성의 성욕을 있는 그대로 표현하곤 했습니다. 한반도도 마찬가지로, 삼국시대의 자유로운 성문화는 여성들이 주도하면서 형성되었다고 주장하는 학자도 있습니다. 이쯤 되면 오늘날 상식처럼 여겨지는 "여자는 남자보다 성욕이 약하다."라는 말은 쓰레기통에 버려야 할 것 같습니다. 이것은 시대와 종교가 만들어낸 지극히 왜곡된 상식이며 그 증거는 바로 '클리토리스'입니다.

그렇다면 위치부터 알아보겠습니다. 클리토리스는 대개, 요도 위 소음순이 시작되는 곳에 있으며, 얇은 피부에 덮여 있다고 알려져 왔습니다. 작은 콩알만 한 크기로 말입니다. 맞긴 맞습니다. 하지만 그 위치에 있는 것은 클리토리스의 머리에 불과합니다. 실제 클리토리스는 앞에서 설명한 머리 부분과 대음순 전체를 감싸고 있는 다리, 질을 감싸고 있는 해면체 조직인 전정구로 구성된 거대한 조직입니다.

다리와 전정구는 외부의 직접적인 접촉으로 자극할 수 없지만, 머리(음핵)는 외부에서 직접적인 접촉으로 자극할 수 있습니다. 클리토리스의 머리 부분은, 남성 음경의 귀두처럼, 평소에는 피부에 덮여 있다가 성적 자극을 받아 흥분하면 조금씩 커져 피부 밖으로 고개를 내밀게 됩니다. 남성의 귀두에는 4천 개의 신경세포가 담겨 있습니다. 그야말로 감각의 제국이라 할 만합니다. 그런데 클리토리스 머리 부분에는 남자보다 2배 많은 8천 개의 신경세포가 존재합니다. 이 수치만 봐도 클리토리스가 얼마나 민감한 부위인지 알 수 있습니다.

여자가 자위한다고 하면 여성의 성에 대해 잘 모르는 남자들은 바나나, 가지, 딜도(Dildo) 등을 질에 삽입하는 상상을 합니다. 하지만 여성 자위에서 가장 큰 역할을 하는 부위는 바로 클리토리스입니다.

잠깐 여성자위에 대해 알아보고 가겠습니다. 여성자위에는 두 가지 방법이 있는데, 하나는 클리토리스 자극이고 다른 하나는 삽입입니다. 실행되는 비율은 8:2 정도가 될 만큼 클리토리스 자위가 압도적으로 많습니다. 바닥이나 베개, 샤워기 등을 활용한 압박 자위도 결국 클리토리스를 자극하는 것이니까요.

클리토리스를 자극하는 자위에서는 위와 같은 도구들이나 손 외에도, 더 강한 자극을 줄 수 있는 바이브레이터가 있습니다. 바이브레이터는 클리토리스 자극만을 위한 기구인데, 크기는 다양하지만 통상 립스틱 정도의 크기를 지니고 있으며 단계에 따른 진동의 세기 조절이 가능합니다. 대부분의 여성분은 삽입까지 가지 않고 이 과정에서 충분히 만족합니다.

삽입 자위는, 남성의 음경처럼 길고 굵은 물체, 또는 '딜도'라고 불리는 자위기구를 질에 넣는 것입니다. 하지만 클리토리스 자극 없이 삽입도구만으로 자위하는 여성은 극히 드물며, 아예 삽입 자위를 하지 않거나, 삽입하더라도 손가락이나 물체, 바이브레이터 등으로 클리토리스를 자극하여 충분히 몸이 흥분한 후에 삽입하는 것이 일반적입니다. 딜도의 대명사가 되어버린 Purple Rabbit도 바이브레이터 겸용 제품입니다. 결론적으로 여성자위는 '클리토리스 자극'이라고 생각하시면 됩니다.

본인이 가지고 있지 않은 기관이어서 그런지, 아직도 많은 남자가 클리토리스가 여성의 오르가슴에 얼마나 중요한 역할을 하는지 모르고 있습니다. 하지만 상상해 보시기 바랍니다. 자신의 손가락으로 문지르는 것만으로도 자위가 될 만큼 흥분할 수 있는 부위인데, 사랑하는 사람이 자극해준다면 도대체 얼마나 큰 자극이겠습니까? 남자의 경우, 사랑하는 사람이 자신의 음경을 손이나 혀, 입으로 애무해 준다고 생각해보시면 이해가 쉬울 것입니다. 남자가 가장 받기 원하고, 가장 흥분한다는 애무가 오랄 애무인 것처럼 여자의 경우 클리토리스 애무가 그렇습니다.

이렇게 클리토리스를 과도하게 강조하고 또 강조하는 이유는 단 하나입니다. 제발, 절대 클리토리스 자극 없이 바로 삽입섹스로 들어가는 어리석은 행동을 이제는 하지 말아 주시기 바랍니다. 모를 때는 몰라서 그랬다지만 이제는 어디를 어떻게 만져주면 내가 사랑하는 사람이 흥분하고 기분 좋은지 알고 있으니, 적극적으로 활용해서 그녀를 행복하게 해주어야죠.

다만, 분명히 전제조건이 있습니다. 파트너가 허락하고, 클리토리스 애무를 좋아해야 합니다. 클리토리스가 거의 모든 여성에게 성감대인 것은 맞지만, 종종 어떤 여성분들은 보수적인 성 관념을 가지고 있어서 남성의 손이나 얼굴이 자신의 사타구니에 접근하는 것을 싫어합니다. 그렇게 그녀가 허락하지 않는다면 억지로 클리토리스에 접근해도 아무 소용이 없습니다. 또 간혹 클리토리스 애무를 해도 감각이 없거나 아프다고 싫어하는 분들도 있습니다. 이때도 '여성의 성감대에서 클리토리스가 가장 중요하다고 그랬지?' 하며 무작정 덤비거나 '난 내 여자를 미치게 해줄 수 있는데 도대체 왜 그녀는 이 애무를 싫어하는 거야?'라며 불만이 생긴다면 당신은 어리석은 것입니다. 내가 사랑하는 사람이 원하는 애무가 가장 행복한 애무라는 건 애무의 기본상식입니다. 아무리 화려한 애무라도 그녀가 원하지 않으면 그 애무는 쾌감이 될 수 없습니다.

남자들이 버려야 하는 또 하나의 편견이 있습니다. 바로 '삽입'이 없는 섹스는 무의미하다는 것입니다. 아니 이렇게 생각할지도 모릅니다. '삽입 없는 섹스? 그게 섹스야? 도대체 그걸 왜 해?' 물론 남성의 입장에서는 그렇게 생각할 수 있습니다. 남성 대부분은 '삽입 후 왕복 운동하여 사정하는 것'이 섹스의 완성이라고 생각하니까요. 하지만 섹스의 정의를 '남녀가 성적인 흥분감을 극도로 체험하는 행위'라 정의한다면 이야기는 다릅니다.

앞서 여성의 자위는 클리토리스 자극만으로 끝나는 경우도 많다고 했습니다. 왜 그럴까요? 왜 딜도의 삽입이 없어도 여성들은 충분히 행복하게 만족하며 자위를 마무리하는 걸까요? 이유는 여성의 오르가슴 메커니즘은 남성과 달리, 반드시 삽입에 의해서 완성되는 것은 아니기 때문입니다. 남성들은 상상이 안 되겠지만, 여성은 삽입 없이도 세상을 다 얻은 것처럼 행복한 오르가슴에 도달할 수 있습니다.

이것은 남성들에게도 나쁘지 않은 원리입니다. 왜냐고요? 남성분들, 우리 한번 솔직해져 봅시다. 어쩌다 파트너와의 관계에서 발기가 약간 부진하거나 생각보다 빠르게 사정에 이르게 되면 세상 무너진 것처럼 절망하지 않으시나요? 이젠 그러지 마세요. '남성-발기부전' 편에서 이야기 드렸듯이 이가 없으면 잇몸으로 기쁨을 주면 됩니다. 중요한 건 삽입이 아니라 당신이 그녀를 사랑한다는 것을 보여주고 느끼게 해주는 것입니다.

남자들이 버려야 하는 또 다른 편견은, 여성도 남성처럼 직접적인 성기자극을 좋아할 거라는 생각입니다. 물론 좋아할 수 있습니다. 하지만 불멸의 전제가 있습니다. 바로 '충분히 흥분한 후'라는 것입니다. 여성은 절대 남성처럼, 아무 때나 만져만 주면 흥분하는 게 아닙니다. 외우셔도 좋을 만큼 중요한 이야기입니다. "충분한 전희(애무) 없는 클리토리스 자극은 통증만을 줄 뿐입니다."

여자는 남자와 다릅니다. 남자는 사랑하는 사람이 갑자기 음경을 만져주고 물고 빨기만 해도 섹스하고 싶을 만큼 몸이 달아오르지만, 여자는 몸과 마음이 충분히 흥분되지 않았다면 오르가슴의 가장 강력한 무기처럼 여겨지는 클리토리스도 무용지물일 뿐입니다. 아니, 오히려 해가 될 수도 있습니다. 민감한 만큼 통증을 유발할 테고 통증이 느껴지는 만큼 성욕은 사라질 테니까요.

만약 당신이 '좋은 정보를 알았어. 클리토리스가 중요하다고 했고, 자위할 때는 클리토리스만 자극해도 오르가슴에 오른다잖아. 클리토리스를 자극하면 금세 신음하지 않을까? 더군다나 여자들이 자위에 사용한다는 바이브레이터는 빠르게 진동하는 기계잖아. 기다려, 자기. 오늘은 내 손가락이 당신을 위해 바이브레이터가 되겠어.'라는 비장한 각오로, 여자의 마음은 아직 시동도 걸리지 않았는데, 갑자기 달려들어 클리토리스 위에 손가락을 얹고 인간 바이브레이터처럼 격하게 떨어댄다면 결론은 어떻게 될까요?

"자기야, 뭐해? 아파."

제발 클리토리스가 성감대라는 정보만 믿고, 둘만의 공간에 들어서자마자 가슴 몇 번 주무르고는 바로 여자의 바지나 치마 속으로 손을 넣지 마시기 바랍니다. 남자는 화성인이고 여자는 금성인입니다. 정신과 신체 모두 남자와는 전혀 다른 존재라는 거, 명심, 또 명심하시는 게 좋습니다.

자, 다른 부위의 애무를 통해 충분히 흥분했다는 가정하에 이제 본격적으로 클리토리스 애무의 방법론으로 들어가 보겠습니다. 최고로 민감한 부위인 만큼, 애무에서의 불변의 진리인 '깃털처럼 부드럽게'가 클리토리스 애무에서는 더욱더 중요합니다. 외우셔도 좋습니다. 깃털처럼 부드럽게.

클리토리스 애무를 제대로 하려면 클리토리스가 그저 살 속에 묻혀 있는 작은 돌기라는 오해부터 버려야 합니다. 남자 음경의 뿌리가 회음부까지 이어지는 것처럼, 클리토리스 역시 그 뿌리가 길게 이어져 있습니다. 이 사실이 중요한 이유는, 클리토리스를 제대로 알고 애무한다는 분들조차 클리토리스 애무를, 튀어나와 있는 작은 돌기를 자극하는 것으로만 알고 있기 때문입니다. 뿌리가 있다면 당연히 뿌리도 애무의 대상이 되겠죠. 이 뿌리 부분은 노출된 부위처럼 자극적이진 않지만 은근한 쾌감을 줍니다. 그렇다면 덜 민감한 곳부터 민감한 곳으로 향하라는 애무의 모범답안처럼, 순서는 뿌리부터 애무하는 게 좋겠죠. 즉, 클리토리스가 위치한 부위의 주변부터 애무해 들어가는 것입니다.

우선은, 바로 피부접촉으로 들어가지 말고 속옷이나 얇은 옷 위에서 시작하는 게 좋습니다. 때로는 위아래로 때로는 원을 그리며, 때로는 스치듯이 때로는 지그시 눌러 가며, 때로는 손가락 숫자를 늘리고 때로는 줄여가며 오랜 시간 옷 위에서 그렇게 애무합니다. 애무하는 순서는, 음모에 가까운 허벅지에서 시작하여 음모가 풍성한 부분, 음모에 묻힌 골짜기의 시작부위, 클리토리스 주변 도톰한 대음순, 그리고 질과 가까운 소음순 순입니다.

이렇게 정성을 다해 주변 애무를 진행했다면, 이제 속옷 속으로 부드럽게 스치듯이 미끄러져 들어갑니다. 속옷 속에서 움직이건 속옷을 벗기건 간에, 아직은 클리토리스에 직접 닿지 말고, 앞에서와 같은 방식으로 이번에는 살과 살이 직접 닿는 느낌을 만끽하며 조금 더 애무를 진행합니다. 이 과정을 정성스럽게, 많은 시간을 할애해서 진행하면 파트너는 은근한 쾌감을 느낄 뿐만 아니라 조금씩 애를 태우게 될 것입니다. 다시 말씀드리지만, "이렇게 오래 하면 지루하지 않을까?"라는 걱정이 들만큼 오랜 시간, 그리고 정성스럽게 애무하는 게 중요합니다.

이 모든 과정을 지나오셨다면 이제, 직접적으로 클리토리스 머리에 접근해 보겠습니다. 우선 포피에 쌓여 있는 클리토리스의 머리를 천천히 부드럽게 위아래, 좌우, 원을 그리듯이 만져줍니다. 클리토리스의 머리는, 음모를 따라 질 입구 방향으로 내려오다 보면 살의 갈라진 느낌이 시작되는 (소음순이 시작되는) 부분입니다. '만지다'라는 표현을 썼지만 사실 만진다기보다는 '스치다'라는 표현이 더 맞습니다. 그만큼 '깃털처럼 부드럽게'가 중요하다는 뜻입니다.

여기까지 오면서 파트너를 충분히 흥분시켰다면 이미 클리토리스

끝 부분은 피부 바깥으로 조금 발기되어 나온 상태일 것입니다. 아주 작고 부드럽지만 조금 도톰하게 다른 피부에 비해 튀어나온 곳을 느낌으로 찾으시면 됩니다. 다른 부위보다 연한 분홍빛을 띠는 부위입니다.

만약 아직도 포피 안에 있다면 살짝 꺼내 줄 필요도 있습니다. 집게손가락과 가운뎃손가락으로 클리토리스를 천천히 좌우로 벌려 주거나 손바닥을 음모 위에 놓고 아랫배를 위로 살짝 밀어 올리면 됩니다. 물론 이 과정에서도 나오지 않는다고 힘을 주거나 세게 움직이면 절대 안 됩니다. 남자들 중 완전포경인 사람이 있는 것처럼 여자도 클리토리스가 완전히 노출되지 않는 사람도 있으며, 그 경우에는 고통만 느낄 수도 있기 때문입니다. 피부 밖으로 나오지 않는다고 해서 느껴지지 않는 것은 아니니 피부 안쪽의 클리토리스 머리도 있는 그대로 사랑해주시면 됩니다.

이제, 그렇게 밖으로 살짝 나온 클리토리스를 더 조심스럽고, 더 부드럽게 애무합니다. 이 과정부터는 특별한 매뉴얼이 없습니다. '깃털처럼 부드럽게'만 명심하고 움직임에 사랑과 정성만 담아주면 되니까요. 손을 사용해도 좋고, 입술이나 혀를 사용해도 좋습니다. 때로는 귀두를 사용한 애무가 더욱 자극적일 수도 있고, 자신의 아랫배로 지그시 눌러주는 것도 좋습니다.

머리 부분을 자극받은 클리토리스의 발기는, 점차 질을 감싸고 있는 전정구로 이어져 클리토리스 몸체 전체가 커지고 민감해집니다. 이제,

질로 무언가가 들어와 바깥 방향에서 자극이 전달된다면 정확하게 클리토리스 몸체를 자극하여 극한의 쾌감을 느낄 수 있게 됩니다. 따라서 클리토리스 애무의 특징은 이 과정에서 충분히 만족하면 파트너가 본능적으로 삽입섹스로의 진행을 원한다는 것입니다. 어떤 종류의 애무도 이보다 강렬할 순 없으므로 클리토리스 애무의 다음은 삽입밖에 없습니다. 바꿔 말하면 클리토리스 애무는 모든 애무의 마지막이 되어야 한다는 뜻이며, 클리토리스 애무가 충분히 진행되었다면 삽입섹스 역시 이전보다 훨씬 더 황홀한 경험이 될 것이라는 뜻이기도 합니다.

오럴 애무

여성 애무에 관한 마지막 주제는 '오럴(Oral) 애무', 더 정확한 표현으로는 커닐링구스(Cunnilingus), 즉 여성의 외음부를 남성이 입이나 혀로 애무하는 것입니다.

오럴 애무에서 가장 중요한 것은 '마음'을 여는 것입니다. 깨끗하지 못한 곳에 입을 댄다는 편견이나 깨끗하지 못한 곳을 보여주는 것 같아 창피하다는 생각을 모두 머릿속에서 깨끗하게 지우셔야 합니다. 왜냐하면 남녀 모두에게 오럴 애무는 특별한 의미가 있기 때문입니다. 손이나 몸의 다른 부위보다 혀나 입안의 감촉이 부드러워 느낌이 더 특별하다는 뜻이 아닙니다. 오럴 애무는 파트너에게 "당신을 진심으로 사랑합니다."라는 느낌을 전달합니다. "당신을 진심으로 사랑하기에, 분비물이 배출되는, 어쩌면 당신의 가장 깨끗하지 못할 수도 있는 곳을 나의 가장 소중한 입으로 사랑할 수 있답니다."라는 의미가 되는 거죠. 따라서 클리토리스나 여성 성기 전체를 오럴 애무해주는 것은 단순한 애무 행위 이상의 의미가 있습니다.

오럴 애무를 할 때, 입안으로 들어오는 액체 때문에 오럴 애무를 꺼리는 남자분들도 있습니다. 하지만 이 액체는 오줌이 아니라 여자의 몸이 흥분상태에 이르면 삽입을 부드럽게 할 목적으로 질 입구 양쪽의 바르톨린선이나 질 위 스킨선, 그리고 질 내부에서 흘러나오는 액체입니다. 사랑을 나누는 과정에서 흥분하면 배출되므로 애액이라고도 불리며, 대개는 색깔도 향기도 없는 무색무취의 액체로서 맛보거나 삼켜도 전혀 문제가 없습니다.

다만 여자분들에게 꼭 당부 드리고 싶은 이야기는, 냄새는 조심하셔야 한다는 것입니다. 물론 일반적으로 질 입구나 외음부에서 약간의 신 냄새가 나는 것은 정상입니다. 여성의 질은 외부 세균으로부터의 감염을 막기 위해 pH 3~4 정도의 산성을 유지하기 때문에 약간의 시큼한 향이 나게 됩니다. 질액이나 소음순에 생기는 하얀색의 치구 때문에 냄새가 나기도 하는데, 이는 간단한 물 세척이나 샤워 등으로 얼마든지 해결 가능합니다. 또한 소변 후 잔뇨가 묻어 생기는 약간의 지린내 역시 같은 방법으로 해결할 수 있습니다. 사실 여기까지는 비위가 약한 분만 아니라면 남자 대부분은 쉽게 참거나 무시할 수도 있습니다. 물론 야외나 자동차 같은 갑작스러운 장소가 아니라면, 섹스 전 항상 따뜻한 물로 몸을 깨끗이 씻는 습관을 갖는 것이 서로에 대한 최소한의 예의라는 것은 분명한 사실입니다.

실제 문제는 냉, 대하나 질염 등 질병이 원인이 되어 발생하는 냄새입니다. 이 냄새는 좀 과장하면 음식물 쓰레기나 생선 썩는 냄새와도 비슷하여 비위가 강한 남자들도 오랄 애무 중에 이 냄새를 맡게 되면 다시는 파트너의 외음부에 얼굴을 가져가고 싶어 하지 않게 됩니다. 일종의 트라우마처럼 말입니다. 하지만 여성 본인은 모를 수도 있습니다. 마치 자신의 입 냄새를 자신이 맡기 어려운 것과 같은 원리입니다.

따라서 몸을 깨끗이 씻었더라도 섹스 전에 자신의 외음부에 손을 대보고 그 냄새를 맡아보는 것이 좋습니다. 만약 이런 질병을 갖고 있다면 주저하지 마시고 편안한 마음으로 병원에 가서 병을 치료하시는 게 좋습니다. 몇 번의 내원만으로도 깨끗하게 치료될 수 있는 병을 생식기 질환이라는 이유로 부끄럽게 생각하여 미루다가는 사랑하는 사람과도 멀어지고 자신의 건강도 잃을 수 있기 때문입니다.

본격적인 방법으로 들어가겠습니다. 오랄 애무도 역시 애무의 한 방법이므로 '주변에서 중심으로'의 모범답안이 적용됩니다. 가장 먼저 대음순 부위를 입술로 부드럽게 스치듯이 애무합니다. 대음순은 여성의 비뇨기와 생식기가 한 줄로 있는 선(클리토리스 머리-요도-질 입구)의 가장 바깥쪽 부위로서 허벅지와 인접한 부위를 말합니다. 이때 가장 중요한 것은 사전에 남성의 입술 주변을 깔끔하게 면도해두어야 한다는 것입니다. 여성의 외음부는 연약한 곳이라 수염만으로도 상처를 받을 수 있습니다. 상처가 나지 않더라도, 여성이 좋은 느낌 대신 따가운 느낌만 받는다면 애무가 아니라 고문일 수도 있습니다. 만약 깜빡 잊고 면도하는 것을 잊었다면 입술 애무는 생략하시고 가능하면 입이 여성의 살에 닿지 않도록 노력하면서 혀로만 애무하시기 바랍니다.

대음순을 입술과 혀로 애무하셨다면 이제는 소음순 차례입니다. 대음순의 살결은 피부의 다른 부위와 비슷하지만, 소음순은 질 내부와 비교해도 좋을 만큼 부드럽습니다. 따라서 대음순은 뽀뽀하듯이 애무해도 좋지만 소음순의 입술 애무는 가능하면 스치듯이 미끄러지듯 진행하는 것이 좋습니다. 소음순을 혀로 애무할 때는 마치 소음순에 있는 여성 생식기와 비뇨기를 혀가 찾아다닌다고 생각하시면 좋습니다. 스치듯이 부드럽게 움직이면서 이곳저곳을 혀로 들여다보고, 요도와 질 입구도 혀의 스치는 느낌으로 찾아보시기 바랍니다. 앞서 말씀드렸지만, 이 과정에서 입안에 고이는 액은 삼켜도 아무 문제 없습니다.

소음순 곳곳을 혀로 애무한 다음은 질 입구를 찾아 혀끝으로 조심스럽게 밀고 들어가 보시기 바랍니다. 물론 혀는 길이의 한계가 있어 깊게 들어갈 수는 없습니다. 하지만 어차피 질에서 가장 민감한 부위는 입구에서 5cm 이내이므로 이 부위를 혀로 빙 둘러가며 마음껏 애무해주시면 좋습니다. 제발 여성의 허락 없이 마음대로, 연약한 질 내부에 손가락을 집어넣지 마시기 바랍니다. 굳이 지스팟을 자극해주고 싶으시다면, 혀를 넣어 애무하거나 혀로 지스팟을 찾아 자극해주시면 됩니다. 받는 사람의 느낌도 좋고 상처가 날 일도 없는 가장 안전하고 짜릿한 애무방법입니다.

소음순과 질 내부를 혀로 애무하는 것까지 끝났다면 이제는 애무의 종착지 클리토리스 머리로 가겠습니다. 클리토리스 머리는 넓은 부위가 아니라 아주 조그만 좁쌀 같은 부위입니다. 따라서 넓은 면적을 뽀뽀하는 방식의 입술 애무 대신, 마치 소라 속을 압력으로 꺼내듯이 아주 약하게 천천히 빨아들였다가 놓는 방법을 사용하면 좋습니다. 그다음은 혀를 사용합니다.

클리토리스 머리를 혀로 자극하기 위해서는, 머리가 발기하여 피부 바깥으로 나와 있는지를 먼저 확인하시는 게 좋습니다. 만약 아니라면 앞서 클리토리스 애무에서 말씀드린 방법으로 정말 조심스러우면서도 부드럽게 밖으로 꺼내주시기 바랍니다. 물론 나오지 않아도 아무 상관 없습니다. 절대 억지로 꺼내려고 힘을 주거나 무리하게 압력을 가하지는 마세요.

혀끝을 사용해서 클리토리스 머리를 상하좌우 방향으로 스치듯이 미끄러지거나 때로는 클리토리스를 중심에 두고 천천히 원을 그리며 돕니다. 마치 유두를 혀로 애무한다고 생각하시면 됩니다. 마치 강아지가 당신의 손바닥을 혀로 핥는 것처럼(그런 형태라는 거지 절대 그렇게 강하게 하시면 안 됩니다), 입을 밀착시킨 후 혀로 클리토리스 머리를 부드럽게 아래에서 위로 반복적으로 핥아주셔도 좋습니다.

다시 여성 오랄 애무 순서를 정리해보면, '대음순 입술 - 대음순 혀 - 소음순 입술 - 소음순 혀 - 질 내부 혀 - 클리토리스 머리 입술 - 클리토리스 머리 혀' 순입니다. 그리고 제발 흥분되더라도 이를 사용하지는 말아 달라는 부탁을 덧붙이고 싶습니다. 물론 여자가 먼저 "깨물어 달라."라고 하는 상황은 예외입니다. 하지만 그전에는 절대 이를 사용하지 마시기 바랍니다.

여성 애무관련 모든 글은 여기까지입니다. 마지막으로 남성과 여성 모두에게 한 가지씩만 부탁드리고 여성 애무 편을 마치려고 합니다.

우선 남성분들에게 드리고 싶은 말입니다.

가장 직접적인 곳과 강렬한 애무 방법을 알려 드리기 위해 가슴과 엉덩이, 클리토리스, 오랄 애무만 언급했지만, 이들은 여성 애무의 가장 하이라이트이자 마지막 부분에 불과하다는 것을 잊지 말아 주시기 바랍니다. 편안하고 안전한 장소, 아름다운 음악, 따뜻한 말 한마디와 꼭 잡아주는 손, 손가락으로 쓸어 넘겨주는 머리카락과 백허그의 푸근함, 이마에 닿는 뽀뽀에서 딥 프렌치 키스, 손목, 팔, 종아리, 허벅지, 배 등의 애무까지. 이 모든 과정 하나하나를 거치고 나서야 비로소 엉덩이와 가슴, 오럴 애무와 클리토리스를 향해 나아가야 한다는 것을 절대 잊지 말아 주시기 바랍니다. 그리고 만약 이 원칙을 잊지 않으신다면, 두 분 모두 행복하고 짜릿한 애무와 섹스를 경험하고 시계를 바라봤을 때 어느덧 1시간이 훌쩍 넘어 있을 것입니다.

다음은 여성분들에게 드리고 싶은 말입니다.

간혹 자신이 불감증이라고 생각하는 분들이 있습니다. 이유는 다양할 수 있습니다. 정신적인 이유일 수도, 경험적인 트라우마일 수도, 신체적인 이유일 수도 있겠죠. 단지 아직 경험해보지 않아서일 수도 있습니다. 이유가 무엇이든, 제가 꼭 드리고 싶은 이야기는, 본인의 성감을 깨우기 위해 본인 스스로 노력해야 한다는 것입니다.

남자들은 섬세하거나 예민하지 않아서 남자의 손길로 여자의 성감이 개발되는 건 거의 불가능한 일입니다. 자위 등으로 첫 경험 전에 충분히 성감을 개발하지 않는다면, 이후 섹스를 통해 성감이 개발되는 데는 정말 오랜 시간이 걸린다는 뜻입니다.

"남자가 알아서 좀 해주면 안 돼?"라는 꿈은 꾸지도 마시기 바랍니다. 찾아서 알려주세요. 사실 그렇게 알려줘도 잘 못 하는 게 남자입니다. 그런데 알아서 찾아주기를 바라다니요. 오르가슴을 느껴본 적 없다고 하소연하시는 여성분을 보면, 물론 배려 없고 무례하기까지 한 남성을 사귄 탓도 있겠지만, 대부분이 스스로 성감을 개발하려고 노력조차 하지 않으신 분들입니다. 본인의 기분 좋은 부위와 본인을 더 잘 흥분하게 만드는 행동의 종류는 자기 자신이 세상에서 가장 잘 아는 법인데 말입니다. 그리고 그것을 남성에게 알려주셔야 남성은 비로소 그 정보를 활용할 수 있습니다.

　자신의 몸에 대해 더 많이 배우고, 자신의 몸을 더 자주 어루만져주세요. 또한 자위를 통해 스스로 자꾸 오르가슴에 오르다 보면, 같은 패턴의 애무에도 이전보다 좀 더 쉽게 오르가슴에 도달하는 자신을 발견하게 될 것입니다. 그렇게 되면 가장 좋은 건 그 누구도 아닌 바로 당신입니다. 행복해서 미쳐 죽을 것 같다는 그 오르가슴, 남자들은 절대 경험해볼 수 없다는 그 황홀한 경험, 질리도록 느끼지는 못하더라도, 살면서 적어도 한번은 경험해보고 죽어야 하지 않을까요?

　대한민국 섹스리스 부부의 가장 큰 원인 중 하나가 바로 이것입니다. 즐겁지 않은 섹스, 그로 말미암은 아내의 섹스 거부, 자존심에 상처받는 남편, 어느덧 양쪽 모두 요구조차 하지 않게 되고, 둘 사이에서 섹스는 '가족끼리 왜 이래?'라는 제목의 어색한 놀이가 되어버려 두 사람은 어느새 영원한 섹스리스의 벼랑으로 추락하게 됩니다. 성감을 개발하는 구체적인 방법은 수많은 여성분과의 상담을 통해 얻은 노하우를 담은 '여성 편'을 참고하시면 좋습니다.

개념

남성 애무는 다소 낯선 개념입니다. 남성이 애무 받기 원한다는 것도 그렇지만 남성의 몸을 애무하고 싶어 하는 여자가 있다는 것은 더욱 낯선 개념입니다. 이는 동양의 봉건적 남성중심의 사회구조 속에서 여성이 성에 관해 표현하는 것 자체가 터부시되었기 때문으로 보입니다. 동양에서는 여성이 성(性)에 대해 자기욕구를 표현하면 "밝힌다."라는 죄목을 붙여 불경한 행동으로 치부했으며, 남자 몸에 대해 집착하고 애정을 갖게 되면 마녀사냥의 대상이 되곤 했으니까요.

하지만 가만히 생각해 보면, 여성이 자신의 성욕을 표현하는 것이나 남성육체에 대해 애착을 가지는 것에 대해 남자들이 반대하고 금지하는 것은, 남성 자신을 위해서도 바보 같은 행동일 뿐입니다. 여성이 남성의 몸을 자유롭게 애무하면서 마음껏 애정을 표현할 수 있다면 가장 행복한 게 누구일까요? 바보 같은 남자들은 '내 여자가 다른 남자에게 눈을 돌릴지도 모른다.'라는 걱정만 할 줄 알았지 '내 여자가 내 몸도 사랑해주지 않는다.'라는 걱정은 할 줄 몰랐던 것입니다. 그래서 이 글은 여성들에게 정보를 주기 위한 것이 아니라 남성들을 더 행복하게 만들기 위한 목적을 가진 것인지도 모릅니다.

여성 애무와 남성 애무의 공통점은 '깃털처럼 부드럽게' 해야 한다는 것입니다. 이 원리는 아무리 반복해서 강조하고 또 강조해도 부족함이 없습니다. 반면, 남성 애무는 여성 애무와 다음의 두 가지 면에서 크게 다릅니다.

남성 애무의 첫 번째 특징은, 순서가 없다는 것입니다. '주변에서 중앙으로, 덜 민감한 곳에서 시작하여 좀 더 민감한 곳으로'라는 여성 애무의 원칙이 남성 애무에서는 무시되어도 상관없습니다. 남성은 어찌 보면 축복받은(?) '단순한 감각시스템'을 지니고 있습니다. 언어로 먼저 부드럽게 분위기를 만들지 않아도, 조금씩 서서히 단계를 밟아 가지 않아도, 성감대를 터치하는 그 순간 바로 반응하며 뜨거워집니다. 여성의 관점에서 보면 그만큼 애무의 보람이 크고, 힘들지 않게 사랑하는 사람에게 행복을 줄 수 있다는 장점이 있습니다.

두 번째 특징은, 성감대가 특정부위에 집중되어 있다는 것입니다. 음경과 음낭, 회음부와 항문, 그리고 엉덩이로 이어지는 일직선상에 고스란히 자리 잡고 있는 이 성감대들은 몸의 다른 부위에 비해 즉각적으로 자극에 반응하며 남성을 빠르게 오르가슴으로 인도합니다. 언제나 효과적이던 성감대도 그날의 상황과 기분에 따라 달라지던 여성 애무와는 다르게 남성 애무에서의 성감대는 웬만해서는 변하지도 않을뿐더러, 심지어 사람 간의 차이도 거의 없습니다. 이러니 여자가 마음만 먹으면 남자 하나 흥분시키는 것은 일도 아닌 거겠죠.

물론 그렇다고 남자 애무에서 포옹, 키스, 가슴애무 등 다른 부위의 애무가 아무 의미도 없다는 뜻은 아닙니다. 만약 당신이 오랜 시간 정성스럽게 온몸 구석구석 남성을 애무해준다면 장담컨대 당신은 그 남자에게 세상에서 둘도 없는 최고의 연인이 될 것입니다. 왜냐하면 남자에게 그런 애무의 기쁨을 선사하는 여자는 거의 없기 때문입니다. 아마 부득이하게 당신과 헤어지게 되더라도 그 남성은 당신을 평생 잊지 못할 것입니다. 사실 허세의 껍데기를 벗겨놓고 보면, 그만큼 애정에 목말라 있는 불쌍한 존재들이 바로 남자랍니다.

남성 애무에서 방법적으로 가장 조심해야 하는 것은 '사정하지 않도록' 해야 한다는 것입니다. 몇 번의 클라이맥스에 도달했다가 식어도 다시 오를 수 있고 절정의 순간이 지나도 한동안 그 여운이 식을 줄 모르는 여성과 달리 남성은 사정이 끝나면 급격하게 성욕이 식어버리면서 피곤함을 느끼게 됩니다. 서로 격렬한 애무를 진행한 후 당연히 삽입 섹스가 예정되어 있다면, 너무 흥분하지 않도록 조절하는 게 무엇보다 중요합니다. 특히 음경애무 중 지나친 속도로 왕복운동을 하는 것은 이후 삽입섹스에서 조루를 촉진할 수도 있는 위험이 있습니다.

물론 당신이 너무 피곤하거나 별로 섹스하고 싶다는 생각이 들지 않는 날에는, 사정까지 쉼 없이 달려가는 방식으로 남성애무를 해주는 것이 남성의 마음에 상처를 주지 않으면서도 섹스를 하지 않을 수 있는 좋은 해결책이 될 수 있습니다. 만약 무작정 남성의 요구를 거부하고 등을 돌린다면, 성적욕구가 강한 남자는 자존심에 큰 상처를 받을 수 있습니다. 그럴 때는 무조건 거절한 후 외면하지 말고 자신이 왜 잠자리를 거부하는지, 피곤하면 피곤하다, 생각이 없으면 없다, 진솔하게 이야기하고 대신 애무를 통해 당신의 욕구를 해결해주겠다고 말해주세요. 남성분도 진지하게 당신의 문제를 인지하고 이해하기 위해 노력해줄 것입니다.

 이렇게 작정하고 남자를 애무하여 사정까지 갈 수 있게 만들어준다면, 상처받고 돌아서서 섹스리스로 가게 되는 계기가 될법한 경험이 오히려 남자에게 평생 잊지 못할 짜릿한 경험이 될 수도 있습니다. 여자도 그렇지만 남자도 아주 가끔은 삽입 없이 애무만으로 사정하고 끝내는 섹스를 기대하곤 하니까요. 남자들끼리 하는 농담에 "아내를 침대에서 행복하게 해준 다음 날 아침은 반찬부터 다르다."라는 말이 있습니다. 남자도 마찬가지입니다. 이런 행복한 시간을 보내고 나면, 다음날 당신을 대하는 남편의 태도가 이전과 확연하게 달라질지도 모릅니다. 그러니 남편에게 "아니.", "싫어."라는 말과 함께 매몰차게 등 돌리는 행동은 될 수 있으면 하지 말아주시기 바랍니다.

 남성에게 사정은 주로 삽입 후 음경의 빠른 왕복 운동으로 촉진됩니다. 따라서 음경 애무를 해줄 때는 절대로 빠르게 왕복 운동을 진행하여 음경을 강하게 자극하지 않는 것이 중요합니다. 음경을 손으로 쥐고 움직이는 애무를 하지 말라는 게 아니라, 마치 음경에 오일을 발라

준다는 느낌으로 부드럽고 천천히 해야 한다는 뜻입니다. 또한 꼭 왕복 운동이 아니더라도 음경 애무를 하는 중에 남자가 심하게 흥분하는 모습을 보이면 즉시 애무를 멈추는 게 좋습니다. 하지만 흔히 남자들 사이의 비속어로 "쌀 것 같다."라고 표현되는 이 시점을 여성분이 감지하는 것은 사실상 불가능합니다. 겉으로 보이는 표정이나 행동, 신음만으로는 대처하기 어려울 만큼 갑작스럽게 찾아오는 느낌이기 때문이죠. 애무 전에 남자에게 사정할 것 같은 느낌이 들면 미리 말해 달라고 해주세요. 잠시라도 다른 부위로 애무의 방향을 돌리거나 멈추고 있으면 남자는 다시 급격하게 식을 수 있습니다.

  격렬한 음경 애무 후 바로 삽입섹스를 진행하는 것도 좋지 않습니다. 이미 애무를 통해 뜨거워질 대로 뜨거워진 음경은 여성의 질에 들어가는 그 순간부터 급격하게 사정을 향해 달려가기 때문입니다. 다시 말하면 여성은 점차 흥분 강도를 높이는 순서와 방법으로 애무하다가 삽입섹스 직전에 가장 쾌감이 큰 클리토리스를 애무하는 게 제일 좋지만, 남자는 흥분 강도가 높아지는 순서가 상관없으니 가장 쾌감이 큰 음경 애무는 가능하면 삽입섹스 직전에는 하지 않는 게 좋습니다. 특히 남자가 다소 조루 성향을 가지고 있다면 음경 애무는 아예 포기하시기 바랍니다. 그만큼 음경 애무는 남성에게 민감하며 음경을 손으로 쥐고 위아래로 빠르게 움직이는 애무에 오랜 시간 버틸 수 있는 남자는 거의 없습니다. 그게 바로 남자가 자위하는 방식이거든요.

본격적인 남성 애무의 방법을 말씀드리기 전에 여성분들에게 꼭 하나 당부하고 싶은 이야기가 있습니다. 남성의 음경은 결코 징그러운 신체부위가 아니라는 것입니다. 음경은 여성의 질처럼, 2세를 만들기 위해 반드시 필요한 기관이며 당신의 아버지도, 존경하는 스승님도, 좋아하는 훈남 연예인도 모두 갖고 있다는 사실만 기억하시면 좋을 것 같습니다.

물론 남자의 음경을 여성들이 징그럽게 여기게 된 데는 남자들의 책임이 더 큽니다. 여학교 앞에서 바바리 깃을 휘날리며 서 있는 변태성욕자의 아랫도리에 달린 것이나 남의 집 창문이나 여자화장실을 훔쳐보는 남자가 바지 내리고 주물럭거리고 있는 것이 바로 음경이니 어찌 그것이 예쁘게 보일 수 있겠습니까. 하지만 그건 당신과 무관한 제삼자의 음경이고, 당신이 사랑하는 남자의 음경은 당신이 사랑하는 그 사람 몸의 일부분이며, 당신과 사랑하는 사람을 똑 닮은 2세를 만들어줄 소중한 기관이라는 점을 꼭 기억해주시기 바랍니다.

당신이 사랑하는 사람의 음경을 만지기는커녕 바라보는 것조차 징그러워하거나 부끄러워한다면 남성 애무는 아무 의미가 없습니다. 남자들은 뒤에서 안아주고 볼에 뽀뽀해주고 젖가슴을 빨아주고 엉덩이를 쓰다듬는 애무 30분보다 음경을 만져주는 5분의 애무를 선택할 것이기 때문입니다. 그건 남자가 짐승이어서가 아닙니다. 그저 여자와 신체 구조가 다르기 때문입니다. 남자가 여자를 이해하며 맞춰가야 하는 것처럼, 여자 역시 남자를 이해하며 맞춰줄 때 비로소 남녀는 서로 진심으로 사랑할 수 있게 될 것입니다.

방법

어차피 남성 애무에서 순서는 의미가 없으니 그냥 음경에서 항문까지 관찰하듯이 이어가 보겠습니다.

남자의 몸에서 생식과 배뇨를 목적으로 바깥으로 돌출된 부위를 우리는 '음경' 또는 순우리말로 '자지'라고 부릅니다. 음경의 아랫부분으로는 요도가 지나가고 그 위로는 2개의 커다란 해면체라는 발기 조직이 지나가는데, 남자가 성적으로 흥분하면 이 조직으로 혈액이 유입되어 해면체 조직이 커지고 단단해지며 뜨거워지는 것입니다.

음경은 남성의 성감대 중에서 가장 많은 신경세포가 분포된 곳이며 최고로 민감한 부위입니다. 여성의 클리토리스와 상동기관이므로 비록 배뇨와 생식의 역할까지 담당하지만, 기본적으로는 쾌감을 위한 기관입니다. 그래서 많은 시간과 정성을 음경 애무에 쏟는다면 투자 대비 가장 큰 효과를 얻을 수 있습니다.

사실 음경 애무는 어떤 방법으로 진행하든 그 자체로 남성을 흥분의 도가니로 인도하는 애무방법입니다. 물론 '스치듯이 부드럽게'라는 애무의 원칙은 변함없이 적용되어야 합니다. 우선 가능하면 남자를 편하게 천정을 바라보고 눕게 합니다. 이 자세는 두 가지 장점이 있는데, 첫째는 애무하는 자신을 바라보는 부담스러운 남성의 시선을 천정으로 돌리게 만들 수 있으며, 다른 하나는 언제나 여성을 애무하려고 바쁘게 노력만 하던 남자에게 섹스 중임에도 편안하게 긴장을 풀고 누워서 심지어 애무까지 받을 수 있다는 행복감을 선사합니다.

만약 남자가 옷을 아직 벗지 않은 상태라면 먼저 옷부터 다 벗기는 게 좋습니다. 여자는 옷을 벗기는 것 자체도 애무의 한 방법이지만 남자는 그렇지 않습니다. 옷 위에서 음경을 쥐고 잠시 주물러주는 것은 시작으로는 좋지만 10초 이상 지체하지 말고 바로 옷 벗기고 맨살로 직행하시기 바랍니다.

정상적인 남자라면 옷 위의 스침이나 옷을 벗기는 동작만으로도 이미 음경이 크고 단단하게 발기되어 있을 것입니다. 이때 한 손의 엄지와 집게손가락으로 링을 만들어 발기된 음경을 살짝 쥐고 (피부가 닿는 것이 느껴질 정도로만 살짝 쥐는 것입니다.) 귀두 끝에서부터 음경의 몸쪽 끝까지 천천히 내려옵니다. 한 손이 음경의 몸쪽 끝에 거의 도착할 즈음 다른 손의 엄지와 집게손가락으로 만든 고리로 귀두를 감싸고 역시 천천히 음경을 타고 내려옵니다.

이 동작을 여러 번 반복한 후 다음은 한 손만을 사용하여, 뿌리까지 내려온 엄지와 집게손가락의 링을 그대로 다시 귀두방향으로 올려줍니다. 손가락을 꽉 조이지 않아도 피부의 일부는 손가락과 함께 귀두

방향으로 올라올 것입니다. 내려갈 때 귀두는 다시 벗겨집니다. 이 애무 역시 아주 천천히 해야 한다는 것이 가장 중요합니다. 이 동작이 바로 남자들이 자위하는 방식이기 때문에 빠르게 움직이면 바로 사정감을 느끼며 엉덩이를 들썩이게 됩니다. 이제 애무가 시작인데 벌써 그렇게 되면 안 되겠죠?

 다음은 포경수술을 하지 않은 음경에 효과적인 애무법입니다. 발기로 완전히 젖혀진 포피(피부)를 엄지와 집게, 가운뎃손가락을 사용해서 살짝 쥐고 올려 귀두를 다시 덮습니다. 발기된 상태라서 완전히 덮으려고 하면 통증을 느낄 수도 있으니 자연스럽게 덮이는 곳까지만 올려 덮으면 됩니다. 덮은 후에는 가만히 힘을 빼고 포피에 손을 대고 있기만 하면 포피가 다시 자연스럽게 벗겨지게 됩니다. 다 벗겨지면 다시 천천히 포피로 귀두를 덮고 다시 벗겨지는 행동을 반복하시면 됩니다. 귀두를 덮을 수 있는 그 포피에는 귀두만큼이나 무수히 많은 말초신경이 들어 있어 남성은 커다란 쾌감을 느끼게 됩니다. 다만 이 동작 역시 포경수술을 하지 않은 남성이 자위하는 방법이므로 절대 빠르게 진행하지 않는 것이 좋습니다.

 귀두 부분을 스치듯이 만져주는 것도 좋은 애무 방법입니다. 음경의 구조 중에서 가장 민감하고 자극적인 부위가 바로 귀두입니다. 귀두는 정확하게 여성의 클리토리스 머리와 상동기관입니다. 우선 다섯 손가락 끝의 지문이 있는 부위를 서로 모읍니다. 이때 손 모양은 마치 손을 넣고 입을 움직여 말하는 모습을 연기하는 인형 속에 손을 넣었을 때의 모습처럼 됩니다. 이 손가락 지문 다섯 개가 모인 끝을 시작으로 남성의 음경을 손안으로 천천히 넣습니다. 귀두가 손가락 바닥면을 지나 손바닥 중앙에 닿을 때까지, 천천히 모아 쥔 손안으로 손바닥 살에 스치는 느낌을 살리면서 넣은 다음, 같은 방법으로 천천히 빼는 동작을 반복합니다.

특히 귀두의 버섯 모서리처럼 생긴 가장자리 부분은 가장 민감한 부위입니다. 엄지와 집게손가락으로 링을 만들어, 위아래로 조금씩 움직이며 이 부분을 스치듯이 자극하면 강한 쾌감을 줄 수 있습니다.

음경은 손으로만 자극할 수 있는 것은 아닙니다. 남자 위에 엎드린 후, 발기한 음경을 자신의 가슴과 가슴 사이에 넣고 위아래로 천천히 움직여주시기 바랍니다. 이 자세는 남자에게 음경을 자극하는 쾌감도 주지만 여성의 가슴을 바라보는 시각적인 자극도 줄 수 있으며 동시에 양쪽 유두 끝이 아랫배를 스치는 부가적인 쾌감까지 선사하는 일석삼조의 애무기술입니다.

다음은 '오랄(Oral) 애무', 더 정확한 표현으로는 펠라치오(Fellatio), 즉 남성의 음경을 여성이 입이나 혀로 애무하는 것입니다. 거의 모든 남성은 여성이 해주는 오랄 애무에 대한 환상이 있으므로 오랄 애무는 남성 애무의 꽃이라고 불러도 좋을 것 같습니다.

오랄 애무의 시작은 음경 전체를 혀로 핥아주는 것입니다. 아주 단단하게 발기되어 있지 않으면 조금씩 흔들릴 수도 있으니 한 손으로 핥는 부위의 반대편을 살짝 쥐고 진행하면 좋습니다.

핥아주는 애무가 끝나면 다음은 입안으로 귀두부분만 넣고 막대사탕처럼 빨아주는 것입니다. 너무 힘을 줘서 빨지는 마시기 바랍니다. 그저 입안에서 귀두를 이리저리 혀로 굴리며 놀리거나 진짜 막대사탕처럼 입에 넣었다 뺐다를 반복하기만 해도 남성은 신음하게 됩니다. 이때 조심할 것은 이빨은 사용하지 마시라는 것입니다. 귀두는 매우 민감한 부위라서 자칫 쾌감 대신 고통을 느낄 수도 있습니다.

마지막은 음경 전체를 귀두부터 뿌리까지 입안 깊숙이 넣었다 빼는 것입니다. 전문용어로 '목구멍 깊숙이(Deep Throat)'라 불리는 이 애무는 1972년에 개봉되어 미국을 발칵 뒤집어 놓으며 최고의 흥행작이 된 포르노 영화의 제목으로도 유명합니다. 입술을 살짝 다물어 들어가고 나올 때 입술로 음경 외부를 자극하는 방식이며 너무 깊숙이 넣으면 구역질을 유발할 수도 있으니 조심하셔야 합니다.

오랄 애무의 하이라이트는 입안에서 사정하는 것인데, 이것은 모든 남성의 궁극적인 성적 판타지이기도 합니다. 사정시키는 방법은 그대로 빠르게 왕복 운동하거나 힘이 든다면 귀두를 입에 넣고 혀로 핥아주면서 손으로 음경을 쥐고 빠르게 위아래로 왕복운동을 해주면 됩니다.

물론 정액은 먹는 것이 목적인 액체는 아니므로 먹는 것이 건강에 좋진 않지만 그렇다고 문제가 되지도 않습니다. 향이나 혀에 느껴지는 촉감 등에 대한 거부감만 없다면 먹는 것에 연연하지 않는 것이 상대를 위한 적극적인 애정표현의 방법이기도 합니다. 다만 정말 거부감이 큰데도 상대를 위해 억지로 먹는 것 역시 절대 바람직하지 않은 행동입니다.

어떤 방식이 되었건 간에 음경 애무로 남성을 만족하게 하려면 형식적인 느낌이 들지 않게 애무하는 것이 좋습니다. 싫지만 억지로 만져준다는 의무감이 아니라 정말로 이 남자의 음경이 매우 예쁘고 사랑스러워서, 마치 내 애완동물을 다루듯이 만지고 쓰다듬고 빨고 핥고 뽀뽀한다는 느낌으로 애무해주면 남자들은 당신을 평생 다른 남자에게 빼앗기고 싶어 하지 않을 것입니다. 왜냐하면 남자에게 그런 애무를 해주는 여자는 대한민국에 많지 않기 때문입니다.

이제 음경 애무가 끝났으면 조금 더 아래로 내려가 볼까요? 음경의 몸쪽 끝 아랫부분에 달린, 주름진 주머니처럼 생긴 부위는 '음낭', 순우리말로 '불알'입니다. 남자들이 흔히 하는 말인 '불알친구'는, 이 불알이 덜렁거리는 채로 아랫도리도 안 입고 놀던 아주 어릴 적부터 친구였던 사이를 일컫는 표현입니다.

이 음낭 내부에는 고환과 정관이 들어 있으며 기능적으로는 남성호르몬과 정자를 생성하는 곳입니다. 우리가 흔히 내시나 환관이라 부르는, 궁에서 일하는 남자들의 목소리가 여성처럼 나오는 이유도 음낭을 거세하면 남성호르몬 생성이 멈추기 때문입니다.

음낭 애무에서 꼭 명심해야 하는 것은 음낭 속 구슬 2개, 즉 고환은 작은 압력에도 쉽게 통증을 느낀다는 사실입니다. 따라서 음낭 애무는 음낭 전체를 감싸듯이 가볍게 쥐고 마사지하거나 주름진 표면을 스치듯이 미끄러져 나아가거나 입이나 혀를 사용해 빨거나 핥아주는 것이 좋습니다. 특히 고환을 손가락으로 쥐고 누른다거나 손안에 고환을 넣고 서로 마찰하며 돌리는 행위 등은 통증을 일으킬 수 있으니 삼가는 게 좋습니다.

일반적으로 남성 애무라 하면 여기까지를 생각하는 분들이 많습니다. 하지만 다음에 말씀드릴 회음부 애무는 기능적인 의미에서라도 매우 중요합니다.

남성에게 회음부는 가로로는 양 허벅지 사이, 세로로는 음낭과 항문 사이를 말합니다. 회음부 역시 자극에 민감하게 반응하므로 만져주거나 혀 등을 사용해서 애무하면 좋습니다. 하지만 회음부가 중요한 이유는 무엇보다 그 부위의 피부 안쪽으로 '음경 뿌리'가 지나가고 있기 때문입니다. '음경 뿌리'라면 여성뿐만 아니라 남성분들도 낯설어하는 분들이 많으실 겁니다. 아니 나무도 아니고 뿌리는 무슨?

음경 뿌리는, 발기 상태의 음경을 만지며 몸쪽 끝까지 내려오면 음경이 몸속으로 사라지는 부위부터 시작되며 손가락으로 굵기를 확인하며 계속 이어가 보면 고환의 중앙을 지나 회음부를 거쳐 거의 항문 근처까지 이어지는 것을 확인할 수 있습니다. 이는 마치 클리토리스가 실제로는 몸속에서 질 전체를 감싸고 있을 만큼 크기가 큰 것과 같은 원리이며, 이 음경의 뿌리를 애무하는 것은 몸속에 숨은 클리토리스 뿌리와 전정구를 애무하는 것처럼 은근한 쾌감을 선사하게 됩니다. 음경 뿌리의 애무는 '깃털처럼 부드럽게' 대신 '마사지하듯 누르고 돌리며' 만져주는 게 좋습니다.

이 부위를 자주 마사지하다 보면 남성의 음경이 이전보다 더 길어지고 굵어지는 것을 느낄 수 있습니다. 물론 당장 몇 번의 애무만으로 그렇게 된다는 것은 아닙니다. 오랜 기간 지속적인 관리를 통해 뿌리 부분을 단련시키고 살 밖으로 더 많이 꺼내 놓으면 그렇게 된다는 뜻입니다.

살이 많은 과체중의 남자일수록 음경이 왜소해 보이는 이유는 실제 음경이 작아서가 아니라 겉으로 드러날 수 있는 음경이 살에 묻혀 뿌리 부분으로 더 많이 들어가 있기 때문입니다. 물론 여성분들에게 음경의 크기나 굵기는 그다지 중요한 문제는 아닙니다. 하지만 잠깐 만나고 헤어질 애인 사이가 아니라 평생 나와 사랑을 나눌 부부 사이라면 이왕이면 더 깊고 꽉 들어찬 느낌을 받을 수 있도록 남자를 단련시켜주는 것도 의미 있는 일이 아닐까 싶습니다. 음경 뿌리에 대한 더 자세한 이야기는 '남성-음경' 편을 참고하시면 좋습니다.

남성 애무에서 마지막으로 언급하고 싶은 부위는 '항문'입니다.

항문 입구에는 다량의 신경조직이 분포되어 있어서 작은 자극에도 예민하게 반응합니다. 이는 남자와 여자가 모두 같으며, 이것 때문에 항문 섹스를 선호하는 사람이 있는 것입니다.

하지만 항문 애무는 위생상 거부감 없이 접근하기 쉽지는 않습니다. 배변통로라는 특성 때문에 세균 등과의 접촉도 가능하며, 냄새와 잔변과도 마주칠 수 있어 자칫 사랑하는 사람에 대한 아름다운 환상이 깨질 가능성도 있기 때문입니다. "그런 것들이 뭐 그리 중요하냐? 따뜻한 물로 미리 깨끗이 씻으면 그만이지. 사랑하는 사람의 몸은 어디라도 아름답다."라고 생각하는 여성분이 있다면 항문 애무는 적극적으로 추천하고 싶은 애무방법입니다. 아무나 해줄 수 없는 애무인데다 쾌감까지 크니 사랑하는 사람으로 하여금 나에게 집착하게 할 좋은 무기 중 하나이니까요.

하지만 항문 애무라고 해서 항문 속으로 손가락을 넣거나 하지는 마시기 바랍니다. 항문 속으로 무언가를 삽입하는 건 애무가 아닌 항문 섹스(Anal Sex)의 영역인데, 항문 섹스는 개인적으로 아무리 쾌감이 크더라도 권하고 싶지 않은 방법입니다. 첫 번째 이유는, 위생상 바람직하지 않기 때문입니다. 여자아이의 배변습관을 가르칠 때 가능하면 요도에서 항문방향으로 휴지를 닦게 합니다. 이는 항문에 다양한 균이 서식하기 때문인데, 이 균들이 질이나 요도에 침투하면 질병을 유발할 수 있습니다. 두 번째 이유는, 항문은 질만큼 신축성이 높은 조직이 아니므로 과도한 항문 섹스는 항문의 수축력을 떨어뜨릴 수 있기 때문입니다. 그래서 종종 의도하지 않은 장소와 시간에 대변이 흘러나오는 변실금을 겪는 분들도 있습니다.

어찌 됐건 손가락이나 혀를 사용해서 항문입구를 위아래 좌우로 스치듯이 핥거나 항문 입구 주위를 원을 그리며 부드럽게 문질러주면 남자들은 신음을 토하게 될 것입니다. 다만 항문애무는 위생이 정말 중요하므로, 애무 전에 반드시 항문과 그 주변을 깨끗하게 씻으시기를 부탁드립니다.

여성 여러분, 많은 이야기를 했지만 사실 남성 애무의 결론은 하나입니다. 남성의 몸을 있는 그대로 사랑해주시면 됩니다. 징그럽다 혹은 부끄럽다가 아니라 사랑스럽고 만져주고 싶다는 생각의 변화. 이것이 곧 남성 애무의 시작과 끝입니다.

○ 쉬운 것부터 차근차근

체위

> **Q 첫 경험이라서 그런지 모든 체위가 이상하고 어색합니다**

　남자친구와 첫 경험을 하고 그동안 관계를 지속적으로 가져왔지만, 왠지 모를 부족함이 서로에게 느껴져 글을 씁니다.

　지금 남자친구는 저의 첫 상대입니다. 처음이라 그런지 모든 체위와 행위가 어색하고 부끄럽습니다. 그래서 남자친구는 매번 아쉬움에 관계를 종결하는 것 같고요. 사실 저도 마찬가지입니다. 좀 흥분될 때쯤 남자친구가 끝내서 좀 아쉬움도 있고 더 하자고 말하기엔 부끄럽고요. 처음이고 민망해하는 저를 배려하기 위해 남자친구가 매번 무언가를 하려다가 참는 게 느껴집니다.

　저도 다양한 체위를 즐기고 싶은데 전혀 감을 못 잡겠고, 등 돌리고 하는 건 왠지 좀 수치스럽고 무섭기도 합니다. 지금 상대와 결혼할지 안 할지는 모르겠지만, 이런 자세로 섹스하는 게 미래의 배우자에게 조금은 미안한 감정이 생길 것 같아서 못하겠습니다.

　솔직히는 저도 다양한 체위를 즐기고는 싶습니다. 쑥스럽고 어려운 고민 털어놓습니다. 상담 부탁드릴게요.

 '쑥스럽고 어려운' 고민 보내주셔서 진심으로 감사드립니다. 그런데 마음을 조금씩 여는 연습을 하셔서 1년쯤 후엔 이런 일로 '쑥스럽고 어렵지' 않으셨으면 좋겠습니다. 너무나 자연스럽게 성에 대하여 이야기할 수 있는 미래, 기대해보겠습니다. 불확실한 미래를 위해 현재의 즐거움을 희생하는 것은 무의미한 행동입니다. 지금 애인과 불같이 나누는 사랑이 미래의 남편에게 미안할 일이 될 수 있을 거라니요? 바로 그 남자가 남편이 될 확률도 있는데 말입니다. 차라리 미래의 남편을 위해 절대 연애를 하지 않는다면 모를까 굳이 '뒤에서' 체위만 문제 삼으시는 것도 이상합니다.

 장담컨대 그렇게 불같이 사랑을 나누면서 쌓인 사랑의 기술과 방법들은, 미래의 남편을 더 행복하게 만드는 밑거름이 될 것입니다. 가장 후회 없이 인생을 사는 방법은 단 하나입니다. "내일 죽을 것처럼 오늘을 살아라." 그런 점에서 다음에 말씀드리는 다양한 체위를 남자친구분과 함께 테스트해보고 두 분에게 맞는 체위 몇 가지를 익혀서 정말 행복한 연애를 이어나가셨으면 좋겠습니다.

성 상담사 치야 드림

"한두 가지 체위만으로 섹스하시나요? 지겹지 않으세요?"

여성잡지에 곧잘 실리는 성 관련 기고문이나 칼럼에서 자주 보는 말이며, 들을 때마다 괜히 찔려서 뜨끔~하는 말이긴 한데, 저는 이런 말을 들을 때마다 반문하게 됩니다. 그럼 몇 개나 알고 있어야 하는 건데요?

섹스에 관한 고대 인도의 경전으로 일컬어지는 『카마수트라』에는 수많은 체위가 등장합니다. 설명을 읽고 있으면 처음에는 입이 딱 벌어질 만큼 신기합니다. 그리고 그 다양한 모습을 머릿속으로 하나하나 시뮬레이션하기 시작합니다. 그런데 어느 순간부터는 지루해서 하품이 나오기 시작합니다. 아무리 그림을 뚫어지게 바라보며 팔다리의 위치를 분석해 봐도 도대체 '정말 이런 자세가 가능하긴 해?' 하는 의문이 들기 시작합니다. 이제 호기심은 물 건너가고 남은 건 기묘한 느낌뿐입니다.

결국 익히기를 포기하고 책의 근원을 찾아봤더니 카마수트라는 귀족계급의 교양서였다고 하네요. 아~ 이제야 이해가 갑니다. 재산은 많고 사회적 지위도 높아서 먹고 살기 위해서 꼭 무언가를 할 필요가 없었던 놈팡이 계급 분들이 가장 호기심을 가지고 발전시킨 분야가 무엇이었을까요? 아무리 심심해도 일은 하기 싫었을 것이고 파티라도 하면서 여자들과 놀았을 텐데, 좋은 짓도 하루 이틀이지 반복되는 패턴에 곧 지겨워졌을 겁니다. 항상 같은 방식으로 다리를 벌리던 여자에게 하루는 "이렇게 해보자."하고 제안했겠죠. 변화는 곧 재미이니까요.

하지만 우리 같은 평범한 사람들은 먹고살기 위해서 반드시 일해야 하는 생산계급입니다. 돈을 벌기 위해서는 점점 더 많은 일을 해야 하는데 시간은 부족하니 잠을 줄이고 그러다 보니 늘 피곤합니다. 절대적인 섹스 횟수 자체도 부족한데, 설상가상으로 익히기도 어려운 고난도 자세를 배우라고요? 여보세요, 응용자세는커녕, 기본자세도 많이 안 해봤다고요.

온종일 돈 많은 그분들처럼 놀고먹을 수 있다면야 연인과 뒹굴면서 이 자세, 저 자세 다양하게 시험해보겠지만 우린 몸도 마음도 그렇게 여유롭지는 않으니 가장 효율적이면서 둘 모두에게 편하고 행복해질 수 있는 자세 몇 가지만 정확하게 알고 있자는 게 제 생각입니다. 그러다 지겨워지면 순서를 바꿔가며, 또는 팔과 다리의 각도 등을 약간만 변형하면서도 다양한 체위를 할 수 있으니까요. 이것이 바로 제가 체위는 다양할 필요가 없다고 주장하는 이유입니다.

물론 체위가 다양할 필요가 없는 이유는 하나 더 있습니다. 체위는 지겹거나 싫증나지 않도록 다양하게 즐기는 것보다 서로가 가장 잘 느끼는 자세를 찾는 것이 더 중요하기 때문입니다. 어떤 여성분은 여자 위 체위에서만 오르가슴을 느낍니다. 어떤 남성분은 뒤에서 체위에서 가장 큰 쾌감을 느낍니다. 어떤 여성분은 둘 다 누워서 체위 중 여자가 등을 돌리고 남자가 뒤에서 안고 삽입하는 체위를 해야 가장 편안함을 느낍니다. 어떤 남성분은 자신의 허리에 손을 받친 뒤 두 발을 지탱하고 서 있어야 오랄 애무를 받는 맛이 난다고 말합니다. 하반신이나 전신에 살이 많은 여성분은 다리를 많이 벌리거나 높게 올리는 체위에서 더 큰 쾌감을 느끼며 클리토리스 자극에 민감한 여성분은 여자위 체위를, 질 자극에 민감한 여성분은 남자위 체위를 더 선호합니다.

맞습니다. 체위는 더 행복하고 더 짜릿하며 더 편안한, 그 사람과 나만의 자세를 찾는 과정입니다. 지문이 모두 다르듯이 성기의 크기와 위치, 생김새가 모두 다른 남녀 관계에서 둘 다, 하다못해 한 사람만이라도 극도의 오르가슴을 느낄 수 있는 자세를 찾는 것. 이것이 바로 체위의 필요성입니다.

그러니 너무 멀리 돌아가지 말고 쉬운 체위에서부터 우리에게 맞는 것을 찾아보자는 것입니다. 이제는 정말, 정확한 자세도 모르면서 괜스레 소림사 무술이나 아크로바틱 체조처럼 한쪽 다리만 들거나 상대의 팔과 내 허벅지를 꼬아대면서 어려운 이 자세 저 자세 적응해보다가 흥분 다 식어서 기껏 단단했던 음경 고개 숙이게 하지 마시기 바랍니다.

포털 사이트 검색창에서 체위로 검색해 나온 결과를 바탕으로 다양한 자세를 연구해서 막상 적용해 봐도 딱히 더 좋은지도 모르겠고, 어려운 자세 성공했다는 뿌듯한 자부심만 얻은 걸로 만족하기에는 너무 어려웠던 경험 다들 있지 않으신가요? '변화'에 대한 강박관념일 뿐입니다. 욕심, 이제는 내려놓으셔도 됩니다.

하지만 지겹지 않으냐고요? 맞습니다. 지겨울 수 있습니다. 그래서 세상에는 '변형'이라는 좋은 단어가 있습니다. 둘 다 행복해지는 몇 가지 체위를 찾아 잘 익히고 지겨워지면 그 체위를 바탕으로 팔, 다리, 몸통, 머리 등을 약간씩 바꾸는 '변형'을 하시면 됩니다.

자, 이제 내 남자는 신묘한 체위 중 할 줄 아는 것이 없다고 너무 구박하지 마시고, 내 여자는 새로운 체위를 시도해보는 도전정신이 약하다는 불평은 그만하고 우리만의 기본체위부터 찾아보기로 하죠. 이제는 정말 다양한 체위를 모른다고 괜스레 주눅이 들거나 스트레스받지도 마시기 바랍니다.

본격적으로 체위에 대해 이야기 나누기 전에, 용어에 대한 제 나름의 기준 두 가지만 말씀드리겠습니다.

첫째, '정상위(正常位)'라는 말이 저는 마음에 들지 않습니다. 가장 대중적인 '남자위' 체위를 일컫는 말인데, 장점만큼 단점도 많은 이 체위가 도대체 왜 '정상'이라는 명칭을 받아야 하는지 모르겠습니다. 사실 자연계에서 가장 많이 발견되는 체위는 '뒤에서'이니 빈도수에서 본다면 '뒤에서' 체위를 정상위라고 부르는 게 맞습니다.

사람들이 가장 많이 하는 체위라는 주장도 말이 되지 않습니다. 남자가 위에 있는 체위가 정상이라는 것은 지극히 남성중심사회의 기록일 뿐이지 그 이전의 역사에서도 이 체위가 대중적이었다는 근거는 어디에도 없습니다. 오히려 아프리카 원주민은 동물처럼 '뒤에서' 섹스하는 체위가 일반적이었습니다. 또한 1968년 프랑스 5월 혁명에서 젊은 이들이 기성세대의 권위, 각종 금지된 것들로부터의 해방을 부르짖을 때, 정상위는 인간의 욕망과 환상을 죽이는 체위라고 비난했습니다.

이런 관점에서 봤을 때 어느 하나의 체위를 정상으로 부르고, 그저 다를 뿐인 다른 모든 체위를 비정상으로 나누는 것은 합리적이지 않다는 생각에 저는 '정상위'도 그저 형태를 나타내는 '남자위' 체위로 부르려고 합니다.

둘째, 체위의 이름이 모두 한자라는 것입니다. 정상위, 후배위, 전측위, 양와위…. 지금 한자 급수 테스트합니까? 도대체 이름만 가지고는 저같이 무식한 사람은 무슨 뜻인지 하나도 모르겠습니다. 그냥 쉽게 우리말로 부르면 안 될까요? 세계에서 유일하게, 만든 사람이 분명하고 사용하는 사람을 배려하는 휴머니즘을 바탕으로 만들어졌으며, 가장 우수하다는 과학적 원리의 소리글자 형태를 지닌 우리의 '한글'을 사용하면 왠지 없어 보이나요? 그렇게 생각하지 않기에 저는 한글 명칭을 사용하겠습니다.

자, 그럼 이제 본격적으로 4가지 기본 체위와 장단점, 변형 등에 대해 알아보겠습니다.

남자위 (남자가 위에 있는 체위)

여자가 위를 보고 눕고 남자가 여자를 바라보고 엎드린 채 삽입하는 체위입니다. 남녀 모두 다리를 일자로 뻗거나, 여자가 양 무릎을 세우고 남자는 무릎을 꿇거나, 여자가 다리를 하늘로 들어 올리고 남자는 그 다리를 어깨에 얹거나 두 팔로 지탱하는 등의 다양한 변형이 가능한 체위입니다. 위에서 내리누르며 삽입되므로, 질 아래쪽 자극에 민감한 여성에게는 좋지만 질 위쪽(흔히 지스팟이라 불리는)이나 클리토리스 자극에 민감한 여성분들은 오르가슴을 느끼기 어려운 체위입니다.

물론 남자위 체위에서도 클리토리스를 자극할 방법은 있습니다. 바닥을 짚은 팔을 쭉 밀어 뻗으면 상체가 위로 조금 들리는데 이렇게 버틴 상태에서 왕복운동 때 위(천장 방향)로 올리는 느낌, 즉 최대한 질의 윗부분을 자극한다는 느낌으로 천천히 밀어 넣는 것입니다. 깊숙하게 완전히 삽입된 상태에서 하는 것보다는 귀두나 음경의 중간 정도만 삽입된 상태에서 하는 것이 훨씬 효과적입니다. 다른 하나는, 여자의 음모 부분(불두덩)을 약하게 압박하는 동시에 문지르며 들어간다는 느낌으로 부드럽게 비벼주는 것입니다.

남자위 체위는 남자 스스로 속도와 깊이를 결정할 수 있으므로 자신의 흥분상태를 조절해가며 섹스를 이끌어 나갈 수 있다는 장점이 있습니다. 여자는 다소 수동적이긴 하지만 힘들이지 않고 편안하게 누워 남성의 삽입을 느끼면서 즐길 수 있다는 장점을 가지고 있습니다.

남녀 신체 구조상 여자가 다리를 넓게 벌리거나 하늘로 들어 올릴수록 음경이 깊이 들어오므로, 자궁경부처럼 질 깊숙한 곳의 자극에 민감한 여성분이나 하체 또는 전신이 다소 비만인 여성분은 다리를 최대한 넓게 벌리거나 남자의 어깨에 올리는 등의 자세를 활용하여 자신의 쾌감을 극대화하는 것이 좋습니다.

출산 등의 이유로 질이 다소 넓어진 것 같아 고민인 여성분이라면, 남자의 허벅지를 본인의 허벅지 위로 올릴 수 있을 만큼 양다리를 꼭 붙이게 되면 질의 넓이가 줄어드는 효과와 동시에 음경을 조이는 효과도 주기 때문에 남성에게 좋은 느낌을 선사할 것입니다. 같은 이치로, 조루가 있는 남성과 섹스해야 하는 여성이라면 가능한 다리를 넓게 벌려 질의 넓이를 넓혀주는 것이 남성의 음경을 덜 자극하면서 오래 섹스하는 방법입니다.

남자위 체위에서 무릎을 세우고 손바닥을 짚은 자세로만 오랫동안 섹스하는 분들이 있는데 이 자세는 간혹 손목과 무릎에 무리를 줄 수도 있으며 마찰에 의해 무릎에 상처가 생길 수도 있습니다. 또한 이 자세는 남자위 체위의 변형 중에서 남녀 모두에게 가장 쾌감이 약한 자세입니다. "섹스 중에 아내가 반응이 없어요. 질이 넓은 건지, 이젠 저와의 섹스가 아무 감흥이 없는 건지."라고 하소연하는 남성분들이 있는데 혹시 이 자세를 고집하며 섹스하는 건 아닌지 점검해보실 필요가 있습니다.

   같은 남자위 체위라 해도 남자의 몸이 바닥이나 여자의 몸과 닿는 면적이 넓을수록 남자도 편하고 여자도 쾌감이 더 큽니다. 남성은 손목이나 무릎으로 버텨야 했던 체중을 일부나마 여성에게 줄 수 있어서 좋고, 여성은 남성이 준 체중과 몸이 닿는 면적만큼 살과 살이 닿는 느낌이 많아져서 로맨틱하고 클리토리스 자극강도도 높아지는 일거양득의 효과가 있기 때문입니다. 만약 이런 사실을 남자가 모른다면 여자분이 자연스럽게 유도하시면 됩니다. 남자의 머리나 어깨, 또는 엉덩이를 본인의 몸쪽으로 당겨 안으면 버티고 있던 남자의 자세가 자연스럽게 무너지게 되니까요. 이 행동을 '이 여자가 흥분해서 나를 안는구나.'라고 해석한 남자는 무너진 그 자세 그대로 왕복운동을 하게 될 것입니다.

여자위 (여자가 위에 있는 체위)

   남자가 위를 보고 눕고 여자가 남자 위에 무릎 꿇고 올라타 삽입하는 체위입니다.

   이때 여자는 남자의 어깨 근처를 손으로 짚고 몸을 앞으로 기울이거나, 마치 말을 탄 듯이 수직으로 몸을 일으켜 상하운동을 하면 됩니다. 또는 허리를 뒤로 젖히고 팔을 뒤로 돌려 남자의 허벅지를 짚고 지탱하면서 움직이는 자세도 가능하지만 이때는 남성의 음경이 과도하게 꺾이지 않도록 조심해야 합니다. 음경은 기본적으로 머리 방향으로 발기되는 구조라 이를 발쪽으로 과도하게 휘면 골절되기 때문입니다. 대학병원 응급실에는 종종 섹스 중 음경이 골절된 환자가 실려 오곤 하는데, 대부분은 여자위 자세에서 이처럼 잘못된 방향으로 휘어져 골절되거나, 남성 위에 올라탄 채 과도하게 흥분한 여성이 격하게 왕복운동을 하다가 음경이 질에서 빠진 줄도 모르고 체중을 실은 채 음경을 위에서 눌러 골절되는 경우가 대부분입니다.

이 체위는 쉽게 오르가슴을 느낄 수 있어 여성들이 가장 선호하는 체위이기도 합니다. 그래서 여성의 힘이 강력했던 모계사회의 유물 그림에서 이 체위를 자주 볼 수 있습니다. 이유는 본인이 원하는 깊이와 속도로 왕복운동을 주도할 수 있고 골반을 앞뒤 좌우 다양한 방향으로 움직여 클리토리스를 마찰시키는 문지르기가 가능하며, 본인에게 가장 강렬한 자극이 오는 자세와 위치를 스스로 찾을 수 있기 때문입니다.

남성 중에는 간혹 이 체위를 남자의 자존심 때문에 허용하지 않는 분이 계십니다. 물론 근거가 없지는 않습니다. 예로부터 남성중심 사회에서는 여자위 체위를 금기시했으며, 여왕같이 여성의 신분이 더 높은 남녀의 섹스에서는 상대를 모신다는 의미로 이 체위가 활용되기도 했으니까요. 하지만 지금은 21세기입니다. 의미 따위는 버리고 오직 실용성으로만 판단하시기 바랍니다.

여자위 체위는 남성에게도 무척 편안한 자세입니다. 남자위 체위 때처럼 땀 뻘뻘 흘리며 힘들여 노동하지 않고 편하게 누워서 상대의 리드에 따라 즐기기만 하면 되기 때문입니다. 또한 자유로운 두 손으로 여성의 가슴이나 엉덩이, 허벅지 등을 마음껏 애무하면서 느낄 수 있다는 장점도 있습니다. 여성위 체위에서 여성의 가슴은 그 어떤 체위 때보다 자극적인 모습으로 바뀌기 때문에 시각에 약한 남성에게 좋은 자극제가 됩니다.

또 엉덩이를 살짝 들어주거나 등에 베개 등을 괴어 상체를 조금 들어주면 남성의 사정감이 더디게 오는 체위이기도 해서 조루인 남성분들에게도 추천하는 체위입니다. 다만 여성이 자신의 흥분정도에 따라 점차 빠르게 왕복운동을 함으로써 남성의 의지와 상관없이 사정에 이르게 될 수도 있으니 이점은 조심하는 게 좋습니다.

뒤에서 (남자가 여자의 등 뒤에 있는 체위)

여성은 엎드리고 남자가 여성의 등 뒤에서 엉덩이 아래쪽으로 음경을 밀어 넣어 질에 삽입하는 자세입니다. 여성의 질이 깊어질수록 등 방향으로 약간 휘어져 있는 신체 구조를 생각해보면, 음경의 삽입이 자연스럽게 깊어져 자궁을 정도 이상으로 자극하거나 상처 줄 수도 있으므로 너무 강한 왕복운동은 자제하는 것이 좋습니다. 뒤에서 체위를 한 후 아랫배가 뻐근하거나 간혹 피가 비친다는 분들은 이런 이유에서이니 남성에게 천천히 부드럽게 진행하여 달라고 요청하시기 바랍니다.

뒤에서 체위는 가장 많은 변형이 가능한 체위로, 기본은 여자가 팔꿈치와 무릎을 90도로 세운 채 다리를 벌리고 남자 역시 무릎 꿇고 앉아 여자의 엉덩이나 허리를 잡고 삽입을 하는 자세입니다. 흔히 이 자세는 여성의 양팔이 무력화되어 능동적인 행동을 할 수 없는 수동적 자세라는 편견이 있는데 무조건 그렇지만은 않습니다. 예를 들어 여자가 양팔을 좌우나 위로 넓게 벌린 상태에서 바닥에 얼굴과 상체를 최대한 밀착시키고 엉덩이를 한껏 하늘로 추어올려 기본자세보다 좀 더 편안하게 엎드리거나, 팔과 엉덩이를 세우는 각도를 조절하는 등의 방법으로 자연스럽게 음경의 삽입 각도를 조절해서 얼마든지 본인이 더 잘 느낄 수 있도록 능동적으로 만들 수 있습니다.

여자가 침대, 식탁, 소파 등의 모서리를 잡고 앉거나 서서 엎드릴 수도 있는데 이때 남자는 음경의 왕복운동에만 몰두하지 말고 자유로운 두 손으로 여성의 가슴과 등, 엉덩이 등을 애무해주는 것이 서로의 쾌감을 높일 수 있는 좋은 방법입니다.

남녀가 모두 엎드린 체위도 가능한데 이때는 원활한 삽입 각도를 위해 베게 등을 여자의 아랫배에 두어 엉덩이를 약간 올라가게 하는 것이 좋습니다. 이 자세는 지스팟 자극에도 좋고 둘 다 힘들이지 않고 편안하게 섹스할 수 있다는 장점이 있습니다.

이 체위의 단점은, 클리토리스를 향한 직접적인 자극이 전혀 없어 클리토리스 자극에 민감한 여성분들은 무감각할 수도 있다는 것입니다. 따라서 클리토리스 자극에 민감한 여성분들은 남성이 이 체위를 요구하면 무조건 거부하지 마시고 남성의 왕복운동 중에 자신의 손으로 직접 클리토리스를 자극해주는 것도 오르가슴에 쉽게 도달할 수 있는 좋은 방법이 될 수 있습니다.

자연에서 가장 흔하게 보이는 체위라서 그런지, 아니면 남자에게 항문을 보이는 다소 수치스러운 자세여서 그런지는 몰라도 많은 여성분이 이 체위에 심리적인 거부감을 가지고 있습니다. 하지만 자궁입구 등 질 깊은 곳이 민감한 여성분들에게는 어떤 체위보다도 더 커다란 쾌감이 느껴질 수 있는 체위이므로 편견을 버리고 적극적으로 시도해 보는 것이 좋습니다. 어떤 체위이든 실제로 해봐야 이게 나를 흥분시키는지 아닌지를 확인할 수 있으니까요.

'뒤에서' 체위는 사실 남자들이 가장 선호하는 체위입니다. 상대와 함께 평화롭게 살아가기보다 본능적으로 상대를 지배하려는 불쌍한 (?) DNA를 갖고 태어난 동물인 남자는, 상대의 시선도 바닥을 향하고 무릎도 꿇리는 이 체위에서 이성을 '지배'한다는 느낌을 강하게 받곤 합니다. 남성들이 오랄 애무 받는 걸 좋아하는 것이 단지 기분 좋아서만은 아니라는 것과 같은 이치라고 생각하시면 됩니다.

또한 이 체위는 여성의 풍만한 엉덩이 곡선을 강조해주는데 이는 남성에게 커다란 시각적 자극을 주게 됩니다. 따라서 여성분들은 이를 전략적으로 활용한다면 무심한 남편을 유혹하는 훌륭한 자극제가 될 수도 있습니다. 특히 자존심이나 독립심이 강하거나 경제력이 강한 여성, 또는 다소 남성적인 성격을 가진 여성분일수록 이 자세를 꺼리는 경우가 많습니다. 하지만 생각을 바꿔 사회생활에서 스트레스를 많이 받거나 매사에 의기소침한 남자, 아내보다 경제적 능력이 떨어지는 남자들에게 이 자세를 통해 우회적으로 자신감을 준다면 더욱 화목한 가정생활을 이어나갈 수도 있을 것입니다. 부부 사이에서 가장 쓸데없는 것 중 하나가 '자존심'이라는 것을 적어도 남자보다 현명한 여자분들은 잘 이해하고 계실 거라 믿습니다.

누워서 (둘 다 누워있는 체위)

둘 다 편하게 누워서 삽입하는 자세입니다. 서로 마주 보거나 등 돌리고 모로 누워있는 여자를 남자가 뒤에서 안아주는 자세가 가능하며, 누워있는 것만큼 편한 게 없는 법이니 '누워서'는 체위 중에서 가장 체력소모가 적습니다.

마주 보는 자세는 지스팟 자극에 민감한 여성분들이 쉽게 쾌감을 느낄 수 있는 체위입니다. 하지만 막상 해보면 도대체 다리를 어떻게 해야 할지 몰라서 난감할 수도 있습니다. 여러 가지 방법이 있는데 우선, '남자위' 체위에서 남자가 여자 옆에 그대로 눕는 방법이 있습니다. 즉, 여성의 한쪽 다리가 남성의 허리 밑에 깔리는 것이죠. 또는 남성의 다리가 제일 밑에 놓이고 그 위로 남녀남녀로 다리가 포개질 수도 있습니다. 물론 그대로 쌓이면서 위로 올라가는 게 아니라 겹치는 순서만 그렇고 다리의 위치는 편안하게 바닥에 두면 됩니다. 또 음경의 길이가 넉넉하다면 여성이 한쪽 다리를 세우는 것만으로도 편안하게 삽입할 수 있습니다.

남자가 여자 등 뒤에서 안아주는 자세는, 삽입이 깊지 않아 임신했을 때도 좋고 몸의 많은 부분이 서로 닿아 있어서 친밀감을 강하게 느낄 수 있는데 특히 백허그를 좋아하는 여성분은 이 자세에서 남성의 사랑을 강하게 느끼기도 합니다.

이외에 아쉽게 '기본 체위'에서 빠진 몇 가지 체위와 탈락의 이유를 살펴보겠습니다.

'서서' 체위는,

대부분 남자 키가 크기 때문에 여자를 들지 않으면 남녀 성기의 구조로 볼 때 삽입이 불가능한 체위입니다. 들면 되지 뭐가 문제냐고요? 아무리 힘이 좋은 남자라고 해도 팔 힘으로만 계속 왕복운동을 유지한다는 건 고문에 가까운 형벌일 것입니다. 그렇다고 여자가 올라갈, 키 차이에 딱 맞는 높이를 가진 무언가를 찾는 것도 번거롭고 들려 있는 여자도 마치 좌변기에 앉아 있는 느낌이 들어 별로 편하지는 않기 때문에 그다지 추천하고 싶지 않은 체위입니다. 물론 여자가 남자보다 키가 큰 커플이라면 선 채로 시도해볼 만합니다.

'앉아서' 체위는,

별도의 체위라기보다는 '누워서'나 '여자위'의 변형 자세라고 보는 게 맞기에 기본자세에서 뺐습니다. 방법은 마주 보고 앉은 채 상대의 등 뒤로 다리를 뻗거나 상대의 몸을 둘러 감싼 상태에서 남성의 허벅

지 위에 여성이 올라타는 것인데, 누워서 체위에서 둘 다 모로 일어나 앉거나, 여성위 체위에서 남성이 일어나 앉는다고 생각하시면 됩니다. 왕복운동을 위해서는 남성이 손이나 허벅지를 이용해 여성의 몸을 들었다 놓았다 해야 하므로 '서서'체위처럼 힘겨울 수도 있는 체위이지만 만약 그녀가 이 체위에서 가장 커다란 오르가슴을 느낀다면 오늘부터 매일 헬스장에라도 출근하여 팔뚝과 허벅지 근육을 단련해야 할 것 같습니다.

마지막으로 '69' 체위는,

 남자위 또는 여자위 체위에서 한 사람이 180도 몸을 돌린 후 위치를 맞추고 서로 상대의 성기를 입으로 애무해주는 대중적이면서도 가장 에로틱한 체위로 유명(?)합니다. 삽입을 위한 체위가 아니라 오럴 애무를 위한 체위라서 기본체위에는 넣지 않았으며, 키 차이가 큰 남녀 사이에서는 하기 어려운 체위이고 상대를 애무하다 보면 내가 애무 받는 쾌감에 집중할 수 없다는 단점도 있습니다. 하지만 서로 동시에 자신의 성기를 애무 받는다는 느낌 때문에 쾌감의 강도가 매우 강한 체위라는 점에서는 경험을 추천하고 싶은 체위입니다.

 지금까지 기본체위 4가지와 탈락 체위 3가지에 대해 많은 이야기를 했지만 마지막으로 다시 강조하고 싶은 것은 다양한 체위를 많이 익혀서 실행하는 것보다 두 사람에게 모두 커다란 쾌감을 줄 수 있는 똘똘한 체위 1~2개를 찾는 것이 더 의미 있다는 점입니다.

○ 섹스리스는 고칠 수 있는 병(病)이다 섹스리스

Q 아내 말고 일탈을 꿈꾸게 됩니다

연애 때 성관계를 많이 못 했어요. 하지만 관계 시 나를 배려 해주고 내가 원할 때는 언제든지 응했고 잘 느끼는 편이라 괜찮다 싶어 결혼을 결정했죠. 결혼하고 육아로 힘들어 관계는 진짜 제대로 해본 적이 없어요. 내가 조르고 졸라, 마지못해 상황과 여건이 다 맞으면 해준다는 그런 느낌을 많이 받았고 어느 순간 스킨십은 거의 내가 하고, 내가 원해야 하는 게 돼버렸어요

이건 아니지 않은가? 입장 바꿔 아내가 원하고 내가 저런 식으로 자 버린다면 이해할까? 이런 경우가 한두 번이겠습니까? 제가 한심해 보이고 자존심이 상하는 거죠. 아내 처지에서 이해해보려 했지만 최소한 너무 피곤하다고 이해해달라고 얘기라도 했으면 문제가 커지지도 않았겠죠. 내가 막무가내로 일방적으로 할 사람도 아닌데…. 왜 내가 이런 대접 받나 싶기도 하고 기분이 너무 안 좋더라고요. 항상 싸워도 제가 먼저 사과하고 항상 제가 모든 관심을 두니 이런 걸까요?

잠자리 때문에 너무 지치네요. 문제는 그렇게 성욕이 꾸준했는데 이제는 갑자기 딱 싫어지더라고요. 스킨십도 애정이 어린 대화도 이제는 제가 싫어지더군요. 이래서 섹스 리스가 생기고 바람도 피우는 건가

요즘엔 이해가 되더라고요. 또 화나는 건, 저는 이렇게 고민이고 상처 받았음에도 그 사람은 저에 대해 생각도 안한다는거죠.

  부부 관계에 대화가 답이라지만 이미 맘에 상처가 나 있는데 왜 내가 대화를 시도하고 내가 또 노력해야 하는 거죠? 이런 문제가 생기니 직장도 너무 힘들고 의욕이 없고 밥맛도 없어지네요. 어떤 대화를 어떻게 풀어야 하나요? 참 힘드네요. 한 번씩은 일탈도 꿈꾸게 됩니다.

　정말 많은 부부가 가진 고민입니다. 사랑할 때는 상대를 향해 있던 관심과 배려가 결혼하고 서로에게 익숙해지면서 자신만을 향하는 데서 발생하는 문제입니다.

　여성은 남성과 매우 다른 몸을 갖고 있습니다. 남성은 신체적인 자극만으로도 충분히 흥분하지만 여성은 마음이 가지 않으면 흥분하지 않습니다. 아니 아예 섹스하고 싶은 생각조차 들지 않습니다. 그러니 아내가 섹스하고 싶게 만들려면 먼저 마음부터 공략해야겠죠?

　여성의 마음은 자신을 걱정해주는 전화 한 통, 소박한 선물, 힘들지만 시간을 쪼개 해주는 설거지나 집 청소, 아이 분유 먹이기, 온종일 힘들었을 거라는 따뜻한 위로와 어깨 안마, 시댁만큼 신경 써주는 친정의 대소사, 하루쯤 본인이 육아를 다 책임지겠다며 보내주는 휴가 겸 여행 같은, 작고 사소하지만 사랑받고 있다는 느낌을 주는 말과 행동들로 열리게 됩니다. 물론 이렇게 행동하는 목적이 진정 아내에 대한 사랑에서 비롯된 낭만적인 것이 아니라 '아내가 섹스하고 싶은 마음이 들도록' 만드는 지극히 전략적인 목적이어도 상관없습니다. 그렇게 경험한 한두 번의 섹스가 섹스리스를 허물기 시작하고, 그렇게 억지로 하던 행동들이 어느덧 습관이 되어 항상 아내를 기쁘게 해줄 수도 있으니까 말입니다.

단, 하나만 조심하셨으면 좋겠습니다. 왜 내가? 이 생각만 접어주시기 바랍니다. 누가 먼저이건 누가 더 노력하건 그것이 부부 사이에 무슨 문제가 되겠습니까? 서로 행복해지면 나중에 아내분도 남편분의 노력에 진심으로 감사할 날이 오게 될 텐데 말입니다.

성 상담사 치아 드림

Q 저는 미인이고, 몸매도 좋습니다

남편과의 섹스리스 때문에 무척 화가 납니다. 결혼 전 사귄 남친은 오랜 기간 연애했지만 매번 저와 스킨십을 하고 관계를 시도했습니다.

섹스가 없는 것 빼고는 정말 훌륭한 남편입니다. 능력도 있고 육아나 가사 일에도 적극적입니다. 다른 부분에서는 전부 제 눈치를 보고 문제 해결도 도맡아주고 보호 역할도 잘 해줘요.

제가 넌지시 말을 하긴 하는데, 별로 효과가 없어서 정말 짜증이 나고 이 상태로 지내다가는 바람이 날 수도 있겠다 그런 생각도 듭니다. 나는 일 때문에 이렇게 힘든데 너는 그게 중요하냐고, 한심해하더라고요. 객관적으로 저는 미인이고(임신 중에도 길가다 헌팅을 받은 적도 있고 그럽니다.) 출산 후에도 전혀 몸매나 외모변화가 없습니다. 오히려 가슴이 더 커져서 긍정적이라고 할 수도 있겠네요. 그러니 더 절망적입니다.

밤마다 그냥 잠드는 남편을 보면 옛날에 날 어떻게 한번 해보고 싶어 했던 남자들 생각이 나고 아쉽습니다.

도대체 이런 부부의 극복 사례도 있긴 한가요?

    섹스리스 극복의 성공사례는 얼마든지 있습니다. 남편과의 관계가 또는 부인과의 관계가 이전보다 훨씬 좋아졌다는 감사 메일을 가끔 받고 있으며, 상담공부를 할 때도 그런 사례는 종종 보아 왔으니까요. 다만 섹스리스는 원인이나 증상이 유형화된 질병이 아니어서 그분들의 사례를 표준화할 수 없다는 한계가 있습니다. 쉽게 말하면, 남편이나 부인분의 성격도 영향을 미치고, 섹스리스로 살아온 기간도, 섹스 주기도, 섹스리스 원인의 극복가능성도, 무엇보다 두 분 모두 극복의지를 지니고 있느냐도 큰 변수가 되기 때문에 어느 부부는 극복했는데 우리 부부는 못했다고 해서 단순히 비교할 수 있는 문제는 아니라는 뜻입니다.

    제가 가장 걱정하는 부분은 '남편분의 태도'입니다. 다른 부분에서는 다 눈치를 보고 문제 해결이나 보호 역할을 해준다는 말 속에는 하고 싶어서 행동하는 '자발적'인 느낌이 없습니다. 심지어 "나는 일 때문에 이렇게 힘든데 너는 그게 중요하냐고 한심해하더라고요."라는 부분에서는 강한 거부감까지 느껴집니다.

    제가 하려는 이야기는 남편분이 문제라는 것이 아닙니다. 남편분이 저런 태도를 지니게 된 데는 분명히 어떤 이유가 있을 것이며, 잘하고 잘못했다는 가치판단을 떠나 그 이유의 시작은 분명히 아내분이실 겁니다.

그 이유를 저는 알 수 없습니다. 어떤 부인은 자신도 모르게 남편의 능력을 무시하는 말과 행동을 합니다. 어떤 부인은 남편은 집안일을 도와야 한다는 가치관을 지니고 있어서 항상 남편에게 무언가 일을 시킵니다. 그 남편은 다른 부부와의 만남에서 항상 '집안일을 잘 도와주는 착한 남편'으로 인식되었지만, 남편에게 그 모든 행동은 혼나기 싫어 억지로 학교 숙제해가는 초등학생의 행동 이상도 이하도 아니었답니다. 어떤 부인은 시부모에 대한 험담을 속 시원하게 남편에게 합니다. 그 아내분은 밖에서는 "우리 남편은 내 이야기를 잘 들어줘."라고 말하지만 사실 남편분은 상처받은 마음이 커져 마음속으로 칼을 갈고 있었습니다. 어떤 남편은 다양하고 과감한 성적 판타지가 있지만, 종교 신념이 강한 아내에겐 한 번도 내색할 수 없었던 사례도 있고요. 부부상담을 진행하다 보면 두 분이 서로 소스라치게 놀랄 만큼 상대의 상처가 깊다는 것을 확인하곤 합니다.

물론 남편의 모든 욕구를 다 들어주며 살 수는 없습니다. 내 욕구도 있는데 말입니다. 서로 주고받아야 평등한 결혼생활 아닌가요? 맞습니다. 하지만 이미 사연 속에서 말씀하셨듯이, 섹스리스가 문제라고 깨달은 사람이 먼저 노력할 수밖에 없습니다. 그게 무엇인지 모르겠지만 남편분 가슴 속에 똬리 틀고 앉아 버린 그 신념을 먼저 없애주시지 않는 한 어쩌면 아내분의 노력은 영원히 불러도 대답 없는 공허한 메아리가 될지도 모릅니다.

현명하게 먼저 문제를 깨닫고 극복의 노력을 시작하신 것처럼, 남은 것 역시 지치지 않는 인내로 문제점들을 조금씩 바꿔가면서 남편 바라기가 되시는 것뿐입니다. 또 한 커플의 행복한 성공사례가 생길 수 있도록 진심으로 응원하겠습니다.

성 상담사 치아 드림

Q 짧은 시간에 남편이 달라졌습니다

며칠 전 치아님이 쓰신 섹스리스 관련 글을 읽고 머리가 쟁~하고 울렸어요. 오랫동안 부부로서 몸 관계를 해오면서 아직도 풀지 못한 문제였는데, 나를 중심에 놓으라는 그 한마디가 안돼서 아직도 노력 중이었나 싶더군요. 내 욕구를 표현하기 전에 부모의 욕망에 응답하는 방법부터 배웠던 저에게 그 한 문장은 딴사람이 되라는 소리더군요.

그래도 글을 읽고 좀 더 단호히 결심했고 그런 뜻을 남편에게 전했습니다. 며칠밖에 지나지 않았고 그래서 아직 장담은 못하지만 남편이 좀 달라졌고 저는 싫어해서 평생 해 본 적 없는 운동을 시작했어요. 몸 관계도 훨씬 부드러워지고 남편이 저를 배려해 주는 게 느껴집니다.

글을 읽고 생각했어요. 나에겐 성적 만족이 중요한데 요구해도 해주지 않으면 내가 나에게 만족을 주면 되겠네. 상황이 어떻든 나는 내 즐거움을 포기하지 않겠다. 그래서 남편한테 그런 얘기를 하고 자위를 위해 바이브레이터를 사달라고 했어요.

제가 살 수 있지만 그런 마음을 알리려고 일부러 부탁했어요. 그날 이후부터 남편의 변화가 더 커졌습니다. 무엇이 남편 마음에 변화를 일으킨 것인지 잘 모르겠지만 뭔가 달라졌어요. 감사드려요.

소중한 변화 정말 감사합니다.

　이런 '건강한' 변화 하나하나가 가끔 지치기도 하는 제게 얼마나 큰 힘이 되는지 모르실 겁니다.

　감사합니다.

성 상담사 치아 드림

섹스리스가 정말 질병이라면 대한민국은 아마 병의 고통으로 신음하는 좀비들의 세상이 되지 않을까 싶습니다. 경제가 좋지 않을 때 실제 경제지표는 크게 낮지 않아도 민생 체감경기는 최악인 것처럼, 대한민국 섹스리스 부부와 관련된 통계에 비해 주변에서 느껴지는 실제 체감 섹스리스 부부 지수는 정말 형편없습니다.

물론 섹스리스는 실제로 병원에서 의사의 진료를 받고 약을 처방받거나 수술을 받아야 하는 질병은 아닙니다. 하지만 제가 보기에는 웬만한 전염병과는 비교도 되지 않을 만큼 대한민국을 병들게 하고 있는 중병이며 이로 말미암은 사회적 폐해는 날이 갈수록 심각해져 가고 있습니다.

그렇다면 섹스가 없는 것이 왜 나쁠까요? 반대로 섹스가 왜, 어떻게 몸에 좋은지부터 확인해보겠습니다. 아래의 내용은 제가 주장하는 것이 아니라 논문, 칼럼, 신문기사 등에서 의사분들이 말씀하신 것들을 몇 개 뽑아본 것입니다.

1) 섹스는 조깅이나 농구만큼이나 운동 효과가 있어서 심장을 튼튼하게 해줍니다. 2) 스코틀랜드 로얄 애든버러 병원 연구결과, 주당 3회 이상 섹스를 하는 사람의 몸은 동년배보다 평균 10년 더 젊다고 합니다. 섹스할 때 분비되는 성호르몬이 체지방을 줄여주고 근육을 늘려주

며 노화를 방지하기 때문입니다. 사실 이런 것들이 원래 호르몬의 역할이기도 하죠. 3) 섹스할 때 뇌에서 분출되는 엔도르핀과 옥시토신은 진통의 효과가 있는데, 이 분출과정이 반복되면 통증에 대한 면역이 강해집니다. 4) 섹스로 증가한 혈액 내 항체인 면역글로블린 A는 감기 같은 호흡기 질환의 저항력을 키워주고 암세포를 죽이는 백혈구의 일종인 T림프구도 증가시킵니다. 5) 섹스로 여성호르몬인 에스트로겐이 많이 분비되면 골다공증 예방에 도움이 되며 남성호르몬인 테스토스테론의 분비가 촉진되면 뼈와 근육의 건강에 도움이 됩니다. 6) 섹스로 향상된 심폐기능은 혈압을 떨어뜨려 심근경색이나 뇌졸중의 위험을 낮추어줍니다. 7) 여성이 임신 중 섹스를 하면 임신중독증의 위험이 낮아집니다. 8) 섹스로 인해 뇌에서 분비되는 엔도르핀은 우울증 치료에 도움이 되고, 부교감 신경을 자극해 잠을 잘 자게 한다는 연구 결과도 있습니다. 9) 왕성한 섹스는 남성에게 흔한 전립선관련 질병의 예방에도 크게 도움이 됩니다.

하지만 사실 부부간 섹스의 가장 좋은 점은 '건강'이 아닙니다. 의료진의 이런저런 논문과 칼럼, 언론 인터뷰 등에서는 섹스가 거의 만병통치약인 것처럼 보이지만 개인적으로 솔직히 말씀드리자면, 매일 주기적으로 하는 운동도 저 정도의 효과쯤은 있지 않을까 생각합니다.

제가 중요하게 생각하는, 운동으로는 결코 얻을 수 없는 또 다른 섹스의 효능은 따로 있습니다. 그리고 이것은 어떤 이론과 실험으로도 정확하게 원인을 밝히지는 못할 것 같습니다. 그것은 바로 '섹스는 부부간의 모든 문제를 씻은 듯이 해결한다'는 것입니다. 심지어 로또에 당첨되지 않고는 해결될 것 같지 않았던 재정적인 문제까지도 말입니다. 둘이 함께 허리띠를 졸라매고 헤쳐 나가기로 다짐했다는데 로또 따위가 비교될 수 있겠습니까?

섹스리스였던 부부가 주기적으로 성생활을 즐기게 되면, 1) 주기적으로 바람피우던 남편이 바람을 끊고 가사를 돕기 시작합니다. 2) 시댁을 욕하던 아내가 남편 몰래 시부모에게 용돈을 보냅니다. 3) 자정 전에 귀가하는 일이 없던 남편이 초저녁 퇴근 시간에 전화하여 시내로 불러내 같이 외식하고 들어가자고 합니다. 4) 공부하라고 외치며 아이들과 씨름만 하면서 남편은 거들떠보지도 않던 아내가 퇴근한 남편이 집에 들어오자 겉옷을 받아주며 회사에서 힘든 일은 없었느냐고 자상하게 묻기 시작합니다. 5) 뚱뚱한 아내가 옷을 갈아입는 모습이 야해 보여 나도 모르게 아랫도리에 텐트가 쳐집니다. 6) 배 나온 남편의 몸이 이상하게 성적 매력을 풍겨 가슴이 콩닥거리기도 합니다. 7) 남편은 조금이라도 더 아내의 집안일을 도와주려 노력합니다. 8) 아내는 어떤 친구모임에 가는 것보다 남편과 외출하는 것이 행복하다고 합니다.

이 거짓말 같은 이야기들은 제가 상상으로 지어낸 것들이 아닙니다.

저와의 상담을 계기로 섹스리스를 극복한 실제 부부의 변화와 논문, 사례집 등에서 발췌한 내용입니다. 섹스리스 관련 보고서에 언급된 이 마법 같은 변화들을 도대체 어떻게 이론으로 설명할 수 있을까요? 그리고 이런 엄청난 변화들을 과연 운동 따위로 얻을 수 있을까요? 그러니 정말 섹스리스는 '질병'이 맞는 것 같습니다.

하지만 아무리 건강에 좋아도 무슨 소용이며, 결혼생활이 처음처럼 다시 핑크빛으로 행복해진다 해도 이 무슨 그림의 떡이란 말입니까? 당장은 저 인간과 살이 닿는 것조차 싫은데 말입니다. 하기 싫은 걸 억지로 하려면 아마 없던 병도 생길걸요? 도대체 저 사람들은 무슨 약을 먹었기에 저렇게 된 거랍니까?

우선 통계부터 살펴보겠습니다. 2014년 동아일보와 한국성과학연구소가 20대에서 50대 성인남녀 1,000명을 대상으로 진행한 리서치 결과, 10명 중 4명은 최근 2개월간 배우자 또는 연인과의 성관계 횟수가 월 1회 이하라고 답을 했습니다.

이 조사의 가장 흥미로운 부분은 조사대상에 20대가 있다는 점입니다. 학생 대상 설문조사에서 공부 잘하는 몇몇이 집단의 평균을 확 끌어올리는 경우가 있듯이, 만약 이 조사에서 20대를 뺐다면 결과가 어떠했을까요? 장담컨대 50%도 넘었을 것입니다. 심지어 40대, 50대 부부로만 한정했다면 거의 80%에 육박하지 않았을까 싶은 생각도 듭니다.

섹스에 대해 쉬쉬하고 부끄러워하는 한국의 사회 분위기 때문에 '즐겁고 건강한 섹스'가 무엇인지에 대해서는 배울 방법조차 없었고 그래도 야동 선생님으로부터 배운 기술이나마 어떻게 좀 써먹어 보려고 했더니 이번에는 과도한 업무량에 치이고 육아 스트레스에 밟혀 파김치가 되어 버렸습니다. 이런 몸 상태로 도대체 무엇을 할 수 있다는 말입니까? 울고 싶은 놈 뺨 때린다고, 가뜩이나 상황도 이런데 시부모님은 시부모님대로 직장 상사는 상사대로 사람을 괴롭힙니다. 더군다나 사랑의 유효기간은 평균 18개월에서 최대 3년밖에 되지 않는다고 하니, 이쯤 되면 섹스고 뭐고 그냥 포기하고 서로 익숙해지고 무뎌져 갈 수밖에 없을 것 같습니다.

결혼생활 연차가 늘어가면서 남편의 퇴근 시간이 설레었던 신혼 초는 기억도 나지 않습니다. 언제나 거실 구석 그 자리에 있는 에어컨처럼 남편이나 아내의 존재는 당연하게만 느껴집니다. 어쩌다 살과 살이 닿아도 푹신한 소파 이상도 이하도 아닌데다가 만지고 빨고 넣는 방식도 언제나 똑같아서 이건 도대체 사랑해서 하는 애무인지 애액 나오라고 수도꼭지 트는 행동인지 도무지 분간도 안 됩니다.

못 생겼어도 엘리베이터에서 만나는 이웃집 아줌마에게서 더 성적 매력이 느껴지고, 멜로드라마 속 남자주인공의 한 마디 한 마디에 탄성 지르다가 문득 고개 돌려 보게 된 남편의 모습은 그야말로 씹다 뱉은 오징어 꼴. 도대체 어떻게 이런 남자와 이런 여자가 서로 바라보며 섹스하고 싶은 생각이 든단 말입니까?

문득 '언제부터 우리가 이랬지?' 하고 뒤돌아 생각해봅니다.

임신 중에는 아이에게 나쁜 영향을 미칠까 봐, 첫 아이 낳고 모유 수유하면서는 도무지 성욕이 생기지 않아서, 이후에는 하루하루가 지옥 같은 육아에 지쳐서 점점 섹스는 물 건너가고 급기야 둘째가 생기면서 종지부를 찍은 경우.

미친 상사 하나 잘못 만나서 집에까지 일거리를 들고 와 일해야 하는 팔자도 서러운데, 은근히 요염한 눈빛 건네며 남 사정도 모르고 달려드는 아내가 왜 그리 아무 생각 없이 머리 비어 보이던지 나도 모르게 짜증 내기를 두세 번. 자존심에 상처받은 아내는 그 이후 절대 덤비지 않았을 뿐만 아니라 이제는 내가 덤벼도 처절한 거절로 상처 주는 복수의 화신이 되어버린 경우.

이유는 모르겠지만 언제부터인가 발기가 약해지고 아직 젊은데 약은 먹기는 싫고 들키기도 싫고 자존심이 상해서 "피곤해.", "오늘도 야근이야." 핑계 대기 바빴던 날들. 집에는 가지 않고 애꿎은 회사 후배 데리고 3차까지 술 마시며 아내의 유혹을 몇 번 이리저리 피해 다녔더니 이제는 남편 보길 돌같이 하는 아내 덕분에 발기되는지 확인조차 불가능해진 경우.

집안일을 도와주나, 따뜻한 말 한마디 해주나, 그렇다고 돈을 많이 벌어오나, 여행이라도 자주 데리고 다니나, 뭐 하나 맘에 드는 게 없는 인간이 자기도 남자라고 가끔 술 처먹고 발정 나서 새벽에 자는 사람 깨우는데, 돌아보면 허리띠 풀어 바지는 반쯤 벗겨진 채 냄새나는 입으로 뽀뽀하려고 달려들면 '그냥 이걸 죽이고 나도 죽어버릴까?' 하는 생각 들다가도 인간이 불쌍해서 그냥 화나 버럭 내고 베개 들고 아이들 방으로 피난 가서 아이들 껴안고 잠자곤 했던 경우.

섹스리스 부부를 다룬 각종 논문과 사례집에 등장하는 사연들만 열거해도 책 한 권은 거뜬히 나올만한 구구절절한 사연, 사연, 그리고 사연들. 상황이 이런데, "섹스리스 부부여, 섹스하라. 당신의 인생이 달라질 것이다."라니요? 지금 약 올립니까? 섹스하면 좋은 거 누가 모르냐고요. 하기 싫은데 어쩌란 말이에요?

아~ 도대체 이놈의 살기 **빡빡한** 대한민국에서 해답이 있기는 한 건가요?

내가 바라는 것을 이루려면, 원하는 것이 자신의 생각이고 자신의 행동이어야 합니다. "남편이 나를 사랑했으면 좋겠습니다.", "아내가 잔소리하지 않았으면 좋겠습니다."가 아니라 "내가 남편의 사랑을 느끨 수 있었으면 좋겠습니다.", "내가 아내의 잔소리에도 기분 나쁘지 않았으면 좋겠습니다." 이어야 한다는 거죠.

생각해봐 주세요. 타인의 생각, 타인의 행동, 타인의 상황을 바꾸는 게 쉬울까요? 내 생각, 내 행동, 내 상황을 바꾸는 게 쉬울까요? 가난 때문에 매우 힘들게 살아가는 사람이 가난을 극복하는 방법으로 매주 로또를 사면서 언젠가는 당첨되길 바라는 것과 자신보다 더 가난하고 어려운 사람을 생각하며 본인의 상황을 긍정적으로 바라보고 개선할 수 있도록 노력하는 것 중 어느 쪽이 더 현실성이 있을까요? 혹시 담배나 도박, 술 같은 중독성 물질을 끊으려고 노력해보신 적 있나요? 쉽던가요? 심지어 나 자신도 내 맘대로 조절하기 쉽지 않다는 걸 절실히 깨닫게 되실 겁니다. 그런데 가족이나 친구 등 타인의 중독을 끊게 하는 건 어떨까요? 그건 쉽지 않은 게 아니라 거의 불가능에 가깝습니다. 다시 말씀드리지만 무언가를 간절히 원한다면, 그걸 얻는 가장 현명한 방법은 바로 '나를 바꾸는 것'입니다.

모든 문제 해결의 첫 시작은, '내 생각을 바꾸는 것'입니다. 상대의 행동이나 상황이 어떠하든 그것을 받아들이는 내 생각을 바꾸는 것입니다. 내 생각, 즉 신념이 바뀌면 나의 행동이 바뀌게 됩니다. 꼴 보기 싫어서, 역겨워서, 힘들어서 나도 모르게 상대에게 함부로 하던 나의 행동들이 이해와 용서에서 비롯된 포옹으로 바뀌게 됩니다.

그렇게 내 행동이 바뀌다 보면 이제는 그런 나를 보면서 상대의 생각과 행동도 변하게 됩니다. 물론 처음에는 변화된 나의 행동에 어이없어할 수도 있습니다. "약 먹었어?" 하지만 머지않아 곧 나의 행동에서 진심을 발견하고는 상대도 흔들리기 시작합니다. 그렇게 자연스럽게 상대의 생각과 신념이 바뀌고 그렇게 시간이 지나면 드디어 행동도 생각에 맞게 바뀌게 됩니다.

 **방법**

자, 이제 내 생각이 바뀔 준비가 되었다면 같이 한 번 바꿔볼까요? 섹스리스를 해결하기 위해 바꾸어야 하는 '내 생각'은 딱 두 가지뿐입니다.

첫째, 섹스는 반드시 필요한 것이고 많이 할수록 건강에도 좋고 부부관계에도 좋다는 믿음입니다. 섹스는 해도 그만 안 해도 그만인 행위가 아니라 부부생활에 반드시 필요한 것이라는 믿음 말입니다. 언뜻 듣기에 쉬운 말 같지만 실제로는 아닙니다. 섹스리스인 부부가 섹스리스를 극복하기 위해 제일 먼저 넘어야 하는 가장 높은 산은 바로 '섹스리스가 문제'라는 인식이거든요. 실제 섹스리스가 오래 굳어진 부부를 보면 지금 그대로도 큰 불편함 없이 행복해 보입니다. 성욕이 없으며 아예 기대도 하지 않으니 마음이 힘들거나 괴로운 것도 없는 상태입니다. 종교로 치면 해탈의 경지라고 할까요?

물론 이 경지에 오른 것이 무조건 문제는 아닙니다. 해결하려고 힘들어하는 것보다 차라리 모든 욕심이 사라진 이 경지가 생활하기에는 나을 수도 있습니다. 다만 이 경지가 위험한 이유는 언제든 쉽게 깨질 수 있는, 유리로 만든 '편안함'이기 때문입니다. 다른 사람과 아주 사소한 대화를 나누던 중에, 혹은 문득 베란다 창문 너머로 하늘에서 내리는 탐스러운 눈송이를 봤을 때, 이 유리는 갑자기 와장창 깨어지곤 합니다. 눈물이 나고 살아온 모든 삶이 후회되다가 극한으로 치달으면 자살까지 이어질 수도 있죠. 자살까지는 아니더라도, 아주 쉽게 불륜의 함정으로 빠져들게 되기도 합니다.

둘째, 상대를 아빠와 엄마가 아니라 남자와 여자로 바라보는 것입니다. 누군가를 양육해야 하는 의무가 있는 동반자가 아니라 서로의 마음과 육체를 탐하는 여자와 남자 말입니다. 연애 시절 나를 설레게 했던 그 남자와 그 여자로, 적어도 나만이라도 돌아가야 합니다. 하지만 이 역시 결코 쉬운 일은 아닙니다. 나 혼자 아무리 노력해봐야 결국 내 곁에 있는 사람의 모습은 '같이 TV 보며 누워서 코딱지를 파고 손가락으로 조물락거리고 있는 남자'이거나, '담배 끊어라, 술 그만 마셔라. 잔소리만 연방 날리고 있는 악마'일 뿐이니까요.

구체적이지 않은 생각은 관념에 그치는 경향이 있습니다. '남편의 행동을 긍정적으로 생각하자.', '그가 나를 사랑한다고 생각하자.', '저 여인도 여자다. 내가 10년 전에 그렇게 따라다녔던 여자.' 이런 추상적인 생각들은 변화에 전혀 도움이 되지 않습니다. 생각과 상상을 조금만 더 구체적으로 만들어보시기 바랍니다.

남편의 똥배가 너무 귀엽다. 만져보고 싶네.

내 아내의 입술이 저렇게 예뻤던가?

우리 남편 허벅지 우람한데? 맞아, 내가 저기에 반했었지.

누워있는 아내의 치마 속으로 팬티가 보이네. 살짝 들춰보면 어떨까?

혹시 이 말들에 아주 조금이라도 심쿵하셨나요? 그렇다면 바뀔 가능성이 매우 큰 분이십니다. 이 말에도 별 감흥이 없으셨나요? 그렇다면 조금 더 구체적으로 남편이나 아내를 상대로 성적 상상을 펴나갈 필요가 있는 분입니다. 본인이 원하는 성적 판타지를 담아서 말입니다. 생각을 세팅하셨으면 이제 그 생각이 마음껏 날개를 펼 수 있도록, 방해되는 환경을 바꾸실 차례입니다.

매일 쌓여 반복되는 산더미 같은 집안일에 지쳐 있는데 섹스하고 싶을까요? 장난꾸러기 아이들과 종일 씨름하고 나서 녹초가 된 몸이 남편을 원하겠느냐고요. 회사업무에 종일 시달리고 돌아왔는데 아내의 치마 속 팬티가 야하게 보일 리 없습니다.

아내의 집안일을 최대한 분담하시기 바랍니다. 정말 바빠서 안 된다고요? 그렇다면 가사도우미라도 쓰세요. 돈이요? 술집 몇 번 안 가면 파트타임이라도 고용할 수 있으실 겁니다. 아이들도 마찬가지입니다. 사랑스럽죠. 내버려두면 불안한 마음도 알겠습니다. 하지만 그냥 집에 두고 (어리다면 어딘가에 무조건 맡기고) 두 분만 훌쩍 여행을 떠나 버리세요. 배우자가 싫다고 하더라도 무조건 손목 끌고 나가세요. 서울만 벗어나도 투덜거림이 덜할 겁니다.

이런 일시적인 변화 말고 근본적인 변화도 필요합니다. 돈이 아까워 아이들을 반나절만 유치원에 보냈다면 이제는 눈 꽉 감고 종일반에 보내세요. 은행대출을 받아서라도 말이죠. 남는 시간이요? 뭐 할 생각하지 마시고 그냥 낮잠 자고 쉬세요. 그렇게 생긴 시간에 못했던 집 안 대청소하고, 묵혀두었던 계절 빨래하면 말짱 도루묵입니다. 할 일 없이 그냥 있는 게 싫으면 친구 꾀어서 동대문으로 쇼핑가거나, 커피전문점에서 서너 시간 수다 떠세요.

  남자분들은 하는 일의 딱 10%만 무조건 줄이시기 바랍니다. 회사에서 잘린다고요? 먹고사는 데 필요한 돈이 그만큼 덜 벌린다고요? 그렇게 생각하면 할 수 있는 일 아무것도 없습니다. 그러던 말던, 그냥 줄이는 겁니다. 상사 눈치 보며 참던 월차, 연차, 휴가 모두 내십시오. 좀 더 용기 있다면 휴직도 좋고요. 회사 끝나면 누구랑 만나 한잔하던 습관 딱 끊고 그냥 집에 들어가십시오. 목적은 하나입니다. 아시죠? 내 몸을 아내와 섹스하고 싶게 만드는 것 말입니다.

  몇 가지 문제가 될 만한 환경을 더 바꿔 볼까요? 자주 가는 술집에서 일하는 매력적인 마담의 가슴골과 잔소리하는 아내의 가슴골 중 어느 것을 더 훔쳐보고 싶을까요? 김유신 장군처럼 과감하게 말의 목을 치시기 바랍니다. 암에 걸렸다 생각하고, 딱 2주만 금주하면서 집에 일찍 가보는 겁니다.

  시부모가 미워 죽겠는데 그 아들이 예쁠 리가 있나요. 남편분이 생각을 바꾸시기 바랍니다. 시부모도 친부모로 생각하고 극진히 모셔야 한다는 생각을 버리세요. 이 세상에 있는지도 모르고 살아왔던 사람들인데 어느 날 갑자기 어머니, 아버지라 부르고 무슨 요구를 하셔도 부모님이니까 이해하라고요? "나는 너를 딸처럼 대하는데 너는 왜 아직도 나를 엄마처럼 대하지 않니?" 서운해하시는 시어머니의 마음은 알겠는데, '어머니, 우리 엄마는 저에게 집안일 시키며 하녀처럼 부리지 않거든요.' 남편분은 분명히 아셔야 합니다. 아내분에게 시부모는 남남입니다. 그것만 인정하시면 됩니다. 만약 부모님이 불쌍하다 생각이 들면 남편분이 부모님께 잘하시면 됩니다. 본인이 아끼는 아들이니 부모님도 좋아하실 거예요. 그리고 나서 부부간의 대화에서 아예 '시부모'라는 단어를 없애 버리면 제일 좋습니다. 어차피 여러분의 자녀 세대에 가면 사라질 단어랍니다.

"당장 이자 낼 돈이 필요한데 팔자 좋게 섹스라니요. 한 푼이라도 더 벌어야죠." 맞습니다. 자본주의 사회에서 지당하신 말씀입니다. 그렇다면 미친 사람처럼 돈부터 만들어 봅시다. 내가 지금 가장 필요한 게 돈이라면 말입니다. 두 분이 무릎 맞대고 마주 앉아 목표부터 정합니다. 돈은 더 버는 방법과 덜 쓰는 방법이 있는데 더 버는 건 능력 좋은 사람에게나 해당하는 일이니 우선 '덜 쓰는' 작업부터 시작합니다. 두 분이 그날그날 쓴 돈을 적는 노트를 만드십시오. 매일 적고 토론하고 아낄 수 있는 항목을 두 분이 합의하여 정한 후 그 항목에는 돈을 쓰지 마십시오. 단, 이자 낼 (필요한) 돈만 만들어지면 욕심 그만 부리고 그때는 팔자 좋게 섹스 생각으로 넘어가기입니다.

발기부전이라면 이 책의 '남성-발기부전 편'을 읽고 열심히 노력해서 음경을 곧추세우는 노력부터 하고 불감증이라면 이 책의 '여성-불감증 편'을 읽고 느끼는 연습부터 시작하고 나서 섹스로 넘어가자는 뜻입니다. 그렇게 자신과 자신을 둘러싼 모든 것을 섹스에 최적화된 환경으로 만들어 놓았다면 이제 서서히 '행동'으로 나아갑니다.

무언가 대단한 시작이 될 것 같은 '행동'의 시작은 하지만 어이없게도 그저 '미소와 웃음'이면 충분합니다. 그냥 아내를 보고 (혹은 남편을 보고) 미소 짓고 그냥 웃으십시오. '무슨 소리야? 미친놈 소리 듣지.' 들어도 무슨 상관이랍니까? 가족인데. 목적이 뭔지 궁금해 하지 마십시오. 그래서 뭐가 어떻게 변하는지도 궁금해 하지 마시기 바랍니다. 그냥 미소 짓고 그저 웃기만 하시면 됩니다. 한번 해보시면 알게 됩니다. 웃음과 미소의 힘이 얼마나 강력한지.

술 마시고 늦게 들어왔다, 남편 몰래 카드로 명품 가방을 긁었다, 아내의 생일을 잊었다, 청소하다 남편이 아끼는 피규어를 박살 냈다 등 모든 경우에 써먹어 보시기 바랍니다. 그냥 웃기만 하라는 게 아닙니다. 미안하다는 말, 다시는 안 그렇겠다는 말은 전처럼 하되 죄지은 표정 말고 굳은 표정 말고 슬픈 표정도 말고 그저 미소 짓고 있거나 웃고 있는 것입니다. 압니다. 정말 미친놈처럼 보일 겁니다. 하지만 막상 해보시면 아마 의외의 반응에 본인도 놀라게 되실 겁니다. 굳이 그런 미안한 경우가 아니라도 평소 생활 속에서 무조건 웃음과 미소로 다가가십시오. 그냥 해맑게 웃어주세요. 평소 같으면 짜증 날 일을 시켰어도 그냥 웃으면서 흔쾌히 대답해보세요. "오케이~하하하.", "당신 무슨 좋은 일 있어?" 하는 질문이 날아오면, "당신이랑 사는 게 행복해서 그러지." 이렇게 가볍게 닭살 멘트 하나 날려주시기 바랍니다.

이렇게 미소와 웃음으로 분위기를 조성하고 나면 다음은 '대화'입니다.

대화 없는 부부가 무엇을 할 수 있겠습니까? 대화는 곧 섹스입니다. 하지만 대화가 조금만 진행되면 싸움이 되는 부부가 태반이죠. 그러니 아이 교육이나 시댁문제, 술, 담배, 돈 같은 서로의 의견이 갈릴 수 있는 민감한 주제는 피하시기 바랍니다. 어차피 대화해봐야 답 나오는 주제, 아니잖아요? 대신 여행, 영화, TV 프로그램, 외식, 선물 같이 즐거운 주제로 대화를 시작합니다.

그렇게 대화하는데 익숙해졌다면 이젠 아주 조금씩 '섹스'라는 소재를 대화 속에 넣어 봅니다. 나이 들면서 생기는 자기 몸의 변화나 자녀의 2차 성징, 자위도구 샀다가 낭패를 본 옆집 아줌마 이야기나 비아그라를 먹기 시작한 친구 이야기 같은 거 말이죠. 사소하고 별거 아닌 거 같은데 제삼자가 가만히 듣고 있으면 분명히 서로 야한 이야기하고 있는 것 같은 분위기 말입니다. 섹스 이야기를 나눈 남녀가 실제로 섹스하게 될 확률이 90%라는 말도 있습니다.

이렇게 대화 속에 섹스라는 소재까지 자연스럽게 들어갈 수 있는 분위기가 형성되었다면 이제 아내와 남편은 서로에게 이런 행동을 하면 좋습니다.

우선 아내분이 해야 하는 행동은 '직접적인 유혹'입니다. 남자는 시각에 가장 민감하다고 이미 말씀드렸습니다. 목표는, 남편이 당신을 여자로 보게 하는 것입니다. 시작 기준은 부부동반 모임에 갔을 때 남편 친구의 시선을 의식해서 자신을 꾸미는 수준입니다. 딱 그만큼만 평소보다 조금 더 옷을 신경 써서 입고, 가끔 가볍게 화장도 해주며, 행동도 조심하시는 겁니다. 옷이 없다면 사고 화장품이 없다면 당장 인터넷 쇼핑몰에서 구매하세요.

다음은 수위를 조금 높여 생활 속에서 의도적으로 힐끗힐끗 속옷을 노출하는 단계입니다. 짧은 치마 입고 청소하거나 남편 눈앞에서 식탁에 음식을 놓으며 가슴골 깊은 곳을 보여주고, 남편이 거실에서 방으로 들어오는 타이밍에 속옷을 갈아입는 것도 좋은 방법입니다.

시각적으로 충분히 유혹했다면 수위를 조금 더 높여 볼까요?

옆에서 자는 남편의 음경을 불쑥 만지거나 애무해본 적이 있으신가요? 허리춤으로 손을 밀어 넣거나 반바지라면 밑에서부터 올라가도 좋겠죠. 처음에는 흠칫 놀라거나 버럭 화를 낼지도 모릅니다. 나이 먹더니 밝히는 여자가 됐다고 타박을 할지도 모르죠. "당신이 좋아서 그러지."라고 대답하며 웃어주면 그만입니다. 미소와 웃음의 힘, 말씀드렸죠? 자존심 상해하지 말고 그렇게 진심을 담아 몇 번 더 유혹하면 특별히 성적인 문제를 겪고 있는 것만 아니라면 진심으로 싫어하는 남편은 없습니다.

남편이 좀 익숙해졌다면 '연인과 부부-애무 편'을 참고하셔서 주기적으로 음경을 애무하거나 마사지해주셔도 좋습니다. 섹스하자고 덤비는 게 아니라 그냥 마사지해주는 거니까 부담 갖지 말라고 하세요. 남편도 기분 좋게 해주고 음경도 단련시키고 일거양득이죠. 가끔은 그대로 자위까지 해주셔도 좋고요.

남편이 당신 모르게 발기부전이나 조루 등으로 고민 중일 가능성도 있습니다. 이때 무엇보다 중요한 것은 당신은 남편의 그런 문제(발기부전, 조루 등)에 하나도 개의치 않는다는 것을 은연중에 보여주는 것입니다. 결코 실망한 표정이나 반응을 보여서도 안 되고 함께 해결하자는 적극적인 의사표현도 하지 않는 게 좋습니다. 그런 성적인 문제가 이 세상에 존재하는 것조차 모르는 사람으로 보이시면 성공입니다.

그리고 수단과 방법을 가리지 말고 이 책을 남편분이 거들떠볼 수 있게 해주세요. 목차만 펴도 발기부전이나 조루 같은 단어를 보시게 될 테니 자연스럽게 관심 두고 읽게 되실 겁니다. 하지만 대놓고 남편

책상 위에 올려놓거나 하시면 안 됩니다. 그건 "나, 발기부전이나 조루에 대해서 아주 잘 알거든. 그거 읽고 고쳐라."라는 협박 이상도 이하도 아니니까요.

좀 더 적극적으로 키다리 아저씨가 되어주실 수도 있습니다.

조루라면, 우선 서로의 몸을 탐닉하는 애무시간을 지금보다 더 길게 가져 애무하는 것만으로도 서로 즐겁고 행복한 시간을 만드시기 바랍니다. 또 남편의 음경이나 고환, 회음부를 마사지하듯 오랫동안 애무해주시고, 본인은 클리토리스 애무를 충분하게 받으시기 바랍니다. 만약 남편분이 삽입 후 빠르게 왕복운동을 시작하면 "당신 몸을 느끼고 싶어. 천천히 움직여줘." 등의 말로 남편의 왕복운동 속도를 저지시켜 왕복운동 시간을 길게 이어가시기 바랍니다. 왕복운동의 속도가 줄어들면 남자는 그만큼 사정욕구를 덜 느끼게 됩니다. 본인 역시 왕복운동 중 남편의 음경이 질 안쪽으로 서서히 밀고 들어오고 천천히 빠져나가는 모든 감각 하나하나를 다 느끼시면 좋습니다. 몇 가지 체위를 시도해봐서 남편은 사정감이 적고 부인은 더 느낄 수 있는 체위도 찾으시기 바랍니다.

아내분이 직접 훈련을 시켜주실 수도 있습니다. 이 책의 '남성-자위편'을 읽어보신 후 음경과 음낭, 회음부 마사지를 직접 해주시는 것입니다. 이때 중요한 것은 "더 오래, 기분 좋게 해주고 싶으니 사정하고 싶으면 꼭 사전에 말해 달라."라고 하시는 겁니다. 그리고 남편이 사정하고 싶다고 말하면 마사지를 멈추고 음경을 손으로 약간 강하게 쥐어주시기 바랍니다. 그렇게 한동안 있으면 남편의 사정욕구는 사라지게 됩니다. 그럼 다시 천천히 마사지를 시작합니다. 이렇게 평소에 사정욕구조절을 해주시면 조금씩 남편의 조루증상이 나아지는 것을 느끼게 되실 겁니다.

대표적인 발기부전의 원인으로는 심혈관 질환, 야동중독, 수면부족, 과도한 스트레스, 음주, 흡연, 경제적 위축, 탈모치료제 부작용 등이 있습니다. 남편의 발기부전이 어떤 것에서 기인했는지를 확인하신 후 아내로서 노력할 수 있는 행동을 하시면 됩니다. 예를 들어 채소와 과일 위주의 식단만 장기간 준비하셔도 심혈관 질환은 많이 호전될 수 있으니까요.

가장 중요한 것 중 하나는, 남자는 여자와 달리 섹스를 정말 중요하게 생각하는 존재이므로 남편과의 섹스를 거부하는 것은 곧 그 사람을 잃는 것과 같다는 사실을 명심하시는 것입니다. 이 차이를 이해했을 때 비로소 남편과의 섹스리스 극복을 위해 무언가를 준비할 마음이 생기실 테니까요.

대화 속에 섹스라는 소재까지 들어갈 수 있게 되었다면, 이제 남편은 아내를 유혹하기 위해 이런 행동을 하면 좋습니다.

여자들이 섹스하고 싶어지는 때는 남자의 알몸을 보았을 때가 아닙니다. 상대에게 마음이 움직일 때, 상대를 사랑한다는 마음이 들 때, 상대가 나를 진심으로 돌보고 염려하고 배려한다는 느낌이 들 때, 상대의 애정을 확인하고 싶을 때 등이죠. 그렇다면 해야 할 것과 하지 말아야 할 것이 분명하게 구분되실 겁니다.

우선 하지 말아야 할 것부터 말씀드리면, 섹스가 건강에 좋으며 관계도 좋아진다고 말하며 무조건 덤비는 행동입니다. 절대 섹스하고 싶어서 접근하는 게 아니라는 사실을 분명하게 보여주셔야 합니다.

해야 할 첫 번째는 '칭찬'입니다. 칭찬도 추상적이면 와 닿지 않고 일부러 하는 거 완전 티 납니다. 구체적으로 칭찬하시기 바랍니다. "당신 참 예뻐."가 아니라 "당신, 손목이 원래 그렇게 예뻤나?"로, "당신 정말 음식 잘해."가 아니라 "난 당신이 해주는 김치찌개가 세상에서 제일 맛있어."로, "당신 같은 동안이 또 있을까?" 대신 "당신 나이에 눈가에 이렇게 주름이 없는 여자가 또 있을까?"로 말입니다.

그다음 해야 할 일은 '이야기 들어주기'입니다. 그냥 아내에게 말을 시킨 후 듣기만 합니다. 정말? 그래? 그렇구나 등의 추임새는 필요하죠. 그건 매너이자 상대의 말을 귀담아듣고 있다는 표현이기도 합니다. 하지만 이것도 너무 남발하면 '영혼 없는 공감'이란 것이 금방 들통납니다. 그러니 제발 진심으로 공감해서 들어주시기 바랍니다.

이야기를 들어주면서 또 명심해야 할 것은 절대 무언가를 해결해주겠다는 사명감으로 이야기를 들으시면 안된다는 것과 아내의 이야기가 결코 당신을 비난하는 게 아니라는 것입니다. "누구 남편이 이번에 벤츠로 차를 바꿨대."라는 말은 그냥 그렇다고 소식을 전하는 것이지, "그런데 우린 사는 게 이게 뭐야?"라는 뜻이 아닙니다. "운동하고 싶은데 아이들 학원 때문에 시간 내기가 어려워."라는 말은 그냥 그렇다는 거지, "어떻게 시간 낼 수 있을지 방법 좀 찾아줄래?" 라는 뜻이 아니라는 겁니다.

이렇게 칭찬과 경청으로 충분히 분위기가 부드러워졌다면, 생활 속에서 조금씩 스킨십을 시도하시기 바랍니다. 누워있는 아내의 머리카락을 쓸어준다거나 귀를 후벼주겠다고 허벅지 위에 눕혀 보거나 설거지하는 아내의 뒤에서 조심스럽게 허리를 안고 백허그를 한다거나 길을 걸으면서 아내의 손을 살며시 잡는다거나 하는 식입니다.

이런 스킨십의 단계까지 무르익고 나서야 여자분들은 마음이 조금씩 열리며, 이 단계까지 오는 데 몇 년이 걸릴 수도 있습니다. 이제 여기에 공기가 상쾌한 밤거리, 와인, 호텔, 음악 등의 분위기까지 더해준다면 섹스리스 따위는 가볍게 극복할 수 있을 것입니다.

남편, 그리고 아내 여러분. 부탁 하나 드리고 싶습니다. 제발 서두르지 마시고 빨리 변화가 오지 않는다고 쉽게 실망하지 마시기 바랍니다. 몇 년, 몇 십 년 이어진 섹스리스가 한순간에 무너지겠습니까? 섹스리스를 극복하는 시간은 섹스리스로 살아온 시간 만큼이라는 말도 있습니다. 지금 읽으시는 건 글이니까 진도가 빠르게 나갔지만 우리가 시도해야 하는 건 현실입니다. 인내를 가지고 실망도 하지 말고 조금씩 서로에게 다가가는 과정을 즐겨주시기 바랍니다.

　마지막으로 꼭 드리고 싶은 말이 있습니다. 관계는 바라보기입니다. 내가 아내를 '내 인생을 망치는 원흉'으로 바라보느냐, '나 때문에 고생하는 고마운 사람'으로 바라보느냐는 내 생각과 행동 모두를 규정합니다. "둘의 관계에서 괜히 나만 손해 보는 것 같아."보다는 "손해 보면 어때? 사랑하는 내 아내를 위해 뭐 더 할 게 없을까?"라고 생각하시다 보면 어느덧 나조차 깜짝깜짝 놀랄 정도로 행동이 바뀌게 됩니다. 그리고 그렇게 변한 나 때문에 바뀌어 가는 아내분의 변화에 또 한번 놀라서 기절하게 되실지도 모릅니다. 아내분들 역시 여러분의 남자를 너무 외롭게 하지 않으신다면 섹스리스는 생각보다 빠르게 여러분의 곁을 떠나게 될 것입니다. 여러분의 무관심이 남편의 발기부전과 섹스리스의 원인이며, 여러분의 사랑과 관심이 그 완벽한 해결책일 수 있으니까요.

　제가 분명하게 장담할 수 있는 것은 과정이 때론 힘들고 꽤 길게 걸리더라도 일단 섹스리스에서 벗어나기만 하면 반드시 '정말 잘했다.'라는 생각이 들 거라는 사실입니다. 삶의 질이 엄청나게 높아질 테니까요. 진심으로 응원하겠습니다.

저자 블로그 http://orichia.blog.me

관계 수업

초판 1쇄 발행 · 2016년 12월 10일
초판 6쇄 발행 · 2021년 5월 20일

지은이 · 치아
펴낸이 · 김동하

펴낸곳 · 책들의정원
출판신고 · 2015년 1월 14일 제2015-000001호
주소 · (03955) 서울시 마포구 방울내로9안길 32, 2층(망원동)
문의 · (070) 7853-8600
팩스 · (02) 6020-8601
블로그 · http://books-garden1.blog.me
이메일 · books-garden1@naver.com

ISBN 979-11-87604-07-5 (03190)

· 이 책은 저작권법에 따라 보호받는 저작물이므로 무단 전재와 무단 복제를 금합니다.
· 잘못된 책은 구입처에서 바꾸어 드립니다.
· 책값은 뒤표지에 있습니다.